最強のビジネス文書
ニュースリリースの書き方・使い方

井上岳久 著

宣伝会議
養成講座シリーズ

リリースはビジネスの万能ツールである

この世の中には文書が多すぎる!

みなさん、この世の中には文書が多すぎると思いませんか?

特にビジネスの世界ではそうです。ひとつの商品を企画するにしても、上司に企画の確認を取るための稟議書、会議で情報を共有するための企画書、商品が完成してからは社内や関係者に情報を伝えるための通達書、その商品を流通や小売店に売り込むための営業ツール、お客様に購入していただくためのパンフレット、etc……。忙しいビジネスマンは朝から晩までパソコンに向かい、文書作りに追われているといっても過言ではありません。

私も若い頃はそのようにして忙殺されるサラリーマンの一人でした。ここではまず、私の苦い体験談をお聞かせしましょう。

私は30代前半から半ばまで、横浜・伊勢佐木町にあった「横濱カレーミュージアム」の責任者兼プロデューサーを務めていました。オープン当初こそ華々しかった動員者数も、1年ほどであっという間に低迷し、その状況を打開するため私が選ばれたのです。

私が解決の切り札として目を付けたのは、リリースをメディア（マスコミ）に配信して、記事や番組にしてもらう「広報・PR」の手法を使うことでした。メディアに紹介されることは効果絶大で、見事、動員数はV字回復を遂げ、オープン当初を上回るまでになったのです。その当時のことは、拙著『咖哩なる広報～伝説のテーマパーク「横濱カレーミュージアム」奮闘記～』をご一読いただければ幸いです。

その頃、メディアの注目を集めるために私が取った戦法は、とにかくリリースを出して、出して、出しまくることでした。最も多い年で年間になんと300本ものリリースを配信したのです。休日を除けば毎日1本以上はリリースを出していたわけですから、我ながらよくやったものだと思います。もちろん、受け取る側には「こんなに送られても……」と困惑する人もいるにはいましたが、それはほんの一握り。たいていのメディアは横濱カレーミュージアムの存在を認知し理解を深めるものとして受け入れてくれました。中には毎日リリースが届くことを面白がって、そのこと自体を記事にしてくれた記者もいたくらいです。

とはいえリリースを出すからには、何かしらのネタがなくてはいけません。横濱カレーミュージアムは全国から多数のカレー店がテナントを出していたので、搾り出せばネタは出てきましたが、それとともに私からも提案を持ちかけたりカレーディアンという企画集団を組織しイベントを実施したりして、なんと年間に100本もの企画を打ち出していたのです。テーマパークの成否は、リピーターの存在です。同じお客さんに何度も来たいと思ってもらえるようになるには、いつ来ても新しいことをやっているような面白さがなくてはいけません。私が責任者になってからの横濱カレーミュージアムは、まさにそんな、何度来ても楽しいテーマパークだったと自負しています。

華々しい成功の裏で、社内には七人の敵

こう書くと、実に華々しい成功談・自慢話に聞こえるかもしれません。実際、経営改革は順調に進み、会社としては望ましい状況だったに違いありません。

けれどその裏側で、私自身はボロボロに疲れ果てていました。

何しろ年間100本の企画を立てて、300本のリリースを配信しているのですから（リリースの下書きなどをしてくれるアルバイトはいましたが、子供のいる女性で、定時で帰社してしまうので、ほとんどの業務は私一人が背負っているような環境でした）。休みはおろか、息をつく暇さえありません。

さらに、そうした多忙さ以上に私を悩ませていたのが、社内の人間関係でした。「男は敷居を跨げば七人の敵あり」ということわざがありますが、まさに私には多くの敵がいて、関係者からはクレームの嵐だったのです。

クレーム内容の多くは「聞いてないよ」。例えばあるテレビ番組で、横濱カレーミュージアムにあるメニューの中から「男性が好きなスタミナカレーベスト10」を決定する企画が組まれました。私たちは当然、テナントに優劣をつけることはできないので、こういう場合は新しく入ったテナントを優先することに決めており、各店にも会議で説明していました。ところが、いざ放送されると、ある店主＝オーナーが「聞いてないよ！」と、ものすごい剣幕で怒鳴り込んできたのです。そこはスタミナカレーを売りにしている店だったので、7位という中途半端な結果だったのが不満なのも分からなくはありません。ましてや各店主は一国一城の

主、売り上げにも直結するし、こだわり派でうるさい方も多いのです。だけど私にも言い分はあります。その店は大事な会議にもかかわらず、店長が代理で出席して、話も適当に聞いていて、店主にきちんと伝えていなかっただけなのだから、私が責められる筋合いはまったくありませんでした。

ただこれも、通達書を全店に配布していれば、「ちゃんとお知らせしてありますよね？」と言い返すのも簡単だったはずです。その手順をきちんと踏まなかったのが私の手抜かりと言えば言えますが、とにかくそれを書いている暇すらも当時は1分もなかったのです。

他にも「情報がギリギリすぎる」と、会議でネチネチ攻撃してくる他部署の嫌味な部長もいました。これは自分で言うのもなんですが、私の活躍を妬んで、足を引っ張るための行為でした（世の中にはそういう残念な人が必ずいるものです）。けれど早めに文書にして通達していれば、こんな無用なツッコミを受けずに済んだはずだと、今の私なら分かります。

賢明な読者の中には、「企画書は無かったの？」と思う方もいるかもしれません。当時、ミュージアム運営の決裁権は私が持っていたので、企画書も作っていなかったのです。それに今、コンサルタントになって多くの企業とお付き合いをさせてもらって分かったのですが、大企業ならいざ知らず、ほとんどの企業では企画書など作っていません。必要に迫られて私が代わりに企画書をまとめてさしあげると、「井上さん、こんなにちゃんとしたものを書いてくださって！」と感心されるほどです。中小企業では上司の鶴の一声で企画が決まり、話を口頭で伝えたり、メモ書きで済ませたりするため、わざわざ企画書など作らないのが実態なのです。でもそのせいで、上司の言うことがコロコロ変わってしまうことや内容の細部が不明瞭で齟齬があるなどの弊害があり、後で確認するためにも、文書があるに越したことはないのです。

だけど、繰り返しになりますが、当時、広報の業務をしていたのは私とアルバイトの2人きり。企画立案やリリースの配信だけでなく、日々のミュージアム運営やメディアの取材対応など仕事は山積みです。到底こなせる量ではなく、今日が何曜日なのかすら分からないほどへとへとになっていました。

その上、社内には七人の敵。いつも何かに追い立てられているような気分です。体の疲労に加え、精神的な不安と焦りで、業績とは裏腹に私はどん底の状態に陥っていたのです。

そうか、リリース1本でいいんだ!

そんな時、私に解決の糸口を与えてくれた人がいました。

それは取引先の広報マンでした。私たちは同じ広報担当ということで意気投合し、時々飲んでは情報交換をする間柄でした。その人は年齢も上で、いくつもの企業を渡り歩いてきた広報の大ベテランだったので、悩みを聞いてもらうことも多かったのです。その日もウイスキーを片手に、とても自分一人でこなせる仕事量ではないことをぼやいていたところ、その人が言ったのです。

「でも井上さんは、リリースをあんなにたくさん作ってるんでしょ? それを社内文書や対外文書にも使っちゃえばいいじゃないの」

それは私の頭には全くない発想でした。

「うちなんかね、新企画の通達も全部リリースで代用しているし、花見や歓送迎会なんかの社内イベントもリリースにしちゃってますよ」

言われてみれば、リリースというのは、企画や商品などの基本情報やセールスポイントを、要点を絞り込んで、読み手に分かりやすいように意識して作っているもの。もちろん5W1Hはきっちり押さえてあります。

ならば読み手が社内の人間や関連会社、営業先、消費者であっても、(必要に応じて若干の手を加える場合はあるものの)リリースで十分に通じるはず。何も企画書だからといって、格式ばって書く必要はないのです。さらに読み手に興味を持ってもらえるような作り方をしているので、その先輩が話すように、社内イベントなど人を呼び込む用途にも向いています。

(何だ、今まで作ってたリリースを汎用すればよかったんだ!)

目からうろこが落ちるとはこのことです。

それからは業務環境が劇的に改善しました。従来通り、私は企画を立てるとまず、リリースを書きます。そのついでに、内部の関係者に必要な情報を書き足して、社内に配布してしまいます。これで誰からも文句を言われる心配はありません。クレームを言われる前に解決してしまうこの爽快さ!

精神衛生面が良くなると、不思議と仕事もはかどるものです。考えてみればこれまで、クレームに対処する時間や、そのことでグチグチ悩む無駄な時間も多かったのかもしれません。気分良く仕事に専念できるようになり、私の仕事効率はどんどん高まっていきました。

さらなる副産物としては、それまで消費者やメディアだけを意識して書いていたのが、取引先や社内の人間など、別の読み手を意識するようになったことで、リリースの質も向上したのです。その結果、商談の成功率もなんと約2倍に跳ね上がったのです。

だから私は、自信を持って、リリースを最大限活用することを皆さんにおすすめします。これは今、世の中で叫ばれている「働き方改革」への対策にもつながる話です。私はここで述べたような、ビジネス文書をリリースに統一し、社内外で役立てて業務を効率化する方法を「リリース汎用法」と名づけました。ぜひ、ビジネスに関わるすべての方に読んでいただきたいと思います。

第5章 入門編を卒業した中級者へ ～リリースをワンランクアップさせる方法～ 85

第2部 実践編

第1部 導入編

リリースの基礎知識、そしてあらゆるビジネス文書にリリースを活用する「リリース汎用法」を紹介。実際に「リリース汎用法」をシステムとして導入するステップと、リリースの基本的な書き方を解説します。

第1章

リリースとは何かを知る

そもそもリリースとはどんなものなのか

本論を始める前にまず、リリースとはどんなものかを簡単に説明しておく必要があるでしょう。恐らく、テレビや新聞、雑誌などのメディア業界で働いている人以外は、日常生活の中でリリースに触れる機会は皆無に近いと思われるからです。

リリースとは自社の新商品など、PRしたい案件の概要を簡潔な文書にまとめ、メディア（マスコミ）に配信するものです。新しい情報を発信するという意味合いでニュースリリースと呼ばれたり、メディア向けに情報を発信するためプレスリリースと呼ばれたりもします。これを見て、メディアが面白いと興味を持ってくれれば、番組の企画や記事の題材として取り上げてくれます。するとそれを見た視聴者や読者が関心を持ってくれて、購買につながるという仕組みです。メディアが番組や記事の内容を、すべて独自の取材で作っていると思ったら大間違いで、多くはそんな風に、企業や団体などから持ち込まれた情報をもとにしてコンテンツを作っているのです（もちろん、大手メディアは独自で企画を練ったコンテンツを柱に据えていますが、ネットメディアなどは持ち込みの情報だけで成立しているところも多々あります）。

リリースを配信する側にしてみれば、有料広告を出さなくても、無料のリリースを配信することでメディアのスペースを確保して自社商品をＰＲできるのです。経費削減が叫ばれている中、高い広告料は節約したい最たるもののひとつですから、これほどありがたい話はありません。そして、それ以上に近年では、リリースで自社の情報を発信することは世の中に自社の誤ったイメージを広めることなく目指す方向へブランディングできる方法として、重要性が増しています。だから多くの企業や団体が、このリリースをベースにしたＰＲ活動（「広報・ＰＲ」といいます）に力を入れています。

「広報」という部署の存在は知っているものの、何をやっているのか分からないと思っていた人も多いのではありませんか？　かつての広報は、外部からの問い合わせに対応するだけの受動的な部署であることが多かったのですが、２０００年頃に経営戦略の中核に広報・ＰＲを据え積極的に展開する「戦略広報」という考え方が欧米から日本に入ってきて、そこから、広報は自ら進んで情報を発信していく能動的な部署に変化したのです。私はこの動きをいち早くとらえ、２０００年代前半から、能動的な広報・ＰＲを武器にして、自身の広報の仕事や、企業の広報コンサルタントなどをこなしてきたわけです。

リリースは「短時間」「効果的」を究極まで追求した文書

注目していただきたいのは、リリース独特の書式です。

リリースは「タイトル」「リード」「本文」「添付資料」といった、メディア向けの独特な書式が確立されているのが、会議資料など他のビジネス文書と大きく異なるところです。

なぜこのような書式が生まれたのかというと、それは必要に迫られたからです。情報番組の制作部や新聞の編集部などには、毎日数十から数百通ものリリースが届きます。ただでさえ多忙を極めるディレクターや記者たちは、とてもすべてに目を通すことはできず、斜め読みの中で自分の感性にピンと来たものだけを残して、あとはそのままゴミ箱行きです。**要るリリースか要らないリリースか、それをジャッジする時間はわずか15秒**とも言われています。

逆にリリースを配信する側としては、その15秒で興味を持ってもらえるような文書を作らなくてはなりません。タイトルに注目度の高いキーワードを並べたり、1枚目の目立つ場所にインパクトのあるビジュアルを配置したりして、記者たちの興味を喚起する工夫をします。「平素、お世話になっております」というような、まどろっこしい前置きなどは入れないのも、このためです。

つまりリリースとは、「いかに短時間で効果的に、必要なことを伝えるか」を究極のところまで追求した文書と言えます。こう書くと、リリースがいかに、ビジネス文書として優れた素晴らしいツールであるかが、分かっていただけるかと思います。

日本ではリリースを書ける人自体が希少価値

先ほど、日本には2000年代前半に戦略広報の概念が入ってきたと書きました。数えてみれば、そこからすでに20年近い年数が経っています。にもかかわらず、日本における広報・PR自体は、まだまだ初期段階と言わざるを得ません。さすがに大手では戦略広報の観念が広まり、メディアへの高い採用率を目指すリリースにトライする企業も増えています。しかし、その内容を見ると、まだまだ「使いこなせている」とは言い難い状況です。大手ですらそうなのですから、中小企業ではさらに広報・PRは定着していません。もっとも、中小企業で小回りの利いた広報・ＰＲを駆使して見事業績に結び付けている企業もあります。しかし、そもそも社員数の少ない企業では、広報に人員を回す余裕がないことが多く、広報活動すらできていないのが実情です。だからこそ、広報・ＰＲに乗り出している企業と乗り出していない企業とでは大きな差が生まれています。

では、なぜ大手でリリースを書ける人が育たないかというと、日本の企業に特有の「ジョブローテーション」というシステムがあるからです。すべての社員に会社の全体像を知っているオールラウンダーになってほしいという考えは一理ありますが、対照的に欧米の企業では各人が何かしらのスペシャリストになることを求められます。広報担当者は特にそうです。広報の業務も、メディアの人間に顔を覚えてもらったり、付き合い方を知ったり、リリースを書くにしても熟練性が必要です。何度もリリースを書いてみて、反響が少なかったなら何が悪かったのかをそこから学び、次は改善して少しでも成果につなげていく。そうしたトライ&エラーを繰り返して身に着けていくものです。けれどそうなる前に、日本の企業では3年程度で他の部署に異動になってしまうので、いつまで経っても効果的なリリースを書ける人材が育たないのです。

社内文書を全部リリース形式にしてしまいませんか?

日本では広報担当者ですらリリースを書けない人が多い状況なので、他部署の人にはもちろんリリースの書き方は知られていません。けれどその書き方を知れば、はじめに「リリースはビジネスの万能ツールである」でも書いた通り、リリースは他のあらゆるビジネス文書にも汎用が可能です。

しかもリリースには、シンプルで伝わりやすいという特性があります。もしかすると、みなさんがこれまで作っていた企画書や稟議書の、上司のウケが良くなかったとしたら、それはまとめ方が良くなかったために途中で飽きられてしまっていたのかもしれません。それをリリースの書式に当てはめて作ってみたらどうでしょう？　企画のセールスポイントや要点が要領よくまとまっていたら、上司もきっと、あなたの企画の素晴らしさに気づいてくれるに違いありません。営業先でうまく自社商品をアピールできなかった不器用なあなたも、リリース形式にまとめれば、要領よく売り込むことができるかもしれません。

つまり、リリースの書き方は広報だけが知っていればよいというものではなく、企業のあらゆる部署で働く人たち全員が知っておくべきものだということです。

リリースは書き方が簡単なだけでなく、多くの文書がリリース一本で事足りるのですから、仕事効率は高まり、知的生産性は飛躍的に向上します。日々、文書作りに浪費していた労働時間が、3分の1や4分の1に短縮でき、今、世の中で求められている「働き方改革」へと直結します。

だから私は声を大にしていいます。

「**社内文書を全部リリース形式にしてしまいませんか？**」

小さなことですが、業務効率が著しく向上し、ひいては経営改善に大きく寄与することは間違いありません。リリースとはそんな万能ツールなのです。

第2章
リリースのポテンシャルを知る

リリースの文章構成法はビジネスに最適

さて、ビジネス文書の書き方には大まかに定型があります。

そのすべてに、リリースの書き方を応用してもいいのではないかというのが、私の考え方です。なのでここでは、一般的にビジネスでよく使われる文章の構成法と、リリースの書き方（「リリース法」とします）を比べながら見ていきたいと思います。

文章の構成は、大まかに「順を踏んで結論に近づいていく」か「先に結論を言ってしまう」の２つに分かれます。前者の代表的な手法のひとつが「論文法」と呼ばれるもので、序論→本論→結論のいわゆる「三段論法」です。非常に論理的で無駄がなく、納得感が高いため、調査報告書などに向いています。

同じ順を踏む手法でも、みなさんおなじみの「起承転結」という「四段論法」もあります。これは「転」という意外性があり、遊びと読み応えがある分、社内報などの読み物に向いています。

対して「先に結論を言ってしまう」構成法を「頭括構成法」といいます。中でも「結論理由法」は、結論と理由だけで完結し、非常にシンプルです。営業報告書は、前置きなど必要なく、○○社への営業が成功した

ビジネスでよく使われる文章の構成方法

構成法	三段論法	四段論法	頭括構成法		
具体的名	論文法	起承転結	結論理由法	プレップ法	リリース法
フロー	序論 ↓ 本論 ↓ 結論	起 ↓ 承 ↓ 転 ↓ 結	結論 ↓ 理由	導入結論（POINT） ↓ 理由（REASON） ↓ 具体例（EXAMPLE） ↓ 結論（POINT）	要約 ↓ 具体的内容 ↓ 補足
場面	調査報告書 など	社内資料 （社内報等）	営業報告書 など	商品開発書など	メディア 向け資料
部署	調査部署	人事総務部	営業部	マーケティング部 経営企画部	広報部

（井上戦略PRコンサルティング事務所で作成）

か、しなかったかという結論と、その理由はどこにあるのかという分析だけで十分で、無駄のない構成です。

商品開発書などには「プレップ法」という手法を用います。これは最初に導入結論（POINT）があり、次に理由（REASON）、具体例（EXAMPLE）と続き、最後にまた結論（POINT）が来ます。その頭文字をとってプレップ法です。最初に結論をいっておきながら、具体例を交えて論を強化し、最後の結論に至ります。

本書の主題である「リリース法」も、**最初に大切なことを見せる「頭括構成法」に分類されます**。冒頭の「タイトル」でまず、案件のポイントを提示します。次の「リード」で、全体を短い文章で要約します。続いて「本文」で具体的な内容を説明し、ここまでをA4サイズ1枚に収めます。そして、入りきらなかった情報を「添付資料」で補足します。こうした文章構成は、先にも述べたように、とにかく読み手に短時間でポイントを伝えようと工夫する中で確立されてきた、リリース独自のものです。広報畑に20年近く関わり続け、その作り方を完全マスターした私から見ると、この書式はビジネスには最も有効と確信しています。

だから、この構成法を、他の文書にも汎用してみることをお勧めするのです。

例えば上司に企画の確認を取るための「稟議書」や会議で情報を共有するための「企画書」をリリース法で書いてみましょう。そのままもしくは少し手を加えるだけで、社内や関係者に情報を伝えるための「通達書」、商品を流通業者や小売店に売り込むための「営業ツール」、消費者向けの「パンフレット」などにも使えるはずです。

また「調査報告書」や「社内報」でも、最初にタイトルをつけてポイントを提示してみてはどうでしょう。このポイントに惹かれて、読み手も従来の形式より興味を持ってくれます。なにしろリリース法は読み手の興味喚起を意識した文章構成法なので、あらゆる文書で効果を発揮するのです。

あらゆるビジネス文書がリリース法で書ける

ここまで述べてきたように、リリースとは本来、メディアに向けて情報を発信するツールですが、対メディア以外でも効力を発揮します。営業、商品企画、マーケティング、人事、経営企画、総務、生産など、経営のあらゆる分野でリリースの書式が使え、例えば次のような資料も作成できます。

・商品サービスの企画書

・商品案内（外部への発信用）
・社内通達資料（人事制度の新設・変更や組織変更、総務関係など）

新しい部署の誕生や新入社員の紹介、福利厚生制度、細かなところでは「ゴミの出し方が変わりました」など、社内の人が知っておくべきなのに伝わっていないことは多数あります。そうした事項もリリースで配信すれば、社員たちにしっかり伝わります。

・経営情報（社長訓示、経営方針、経営戦略、M＆Aなど）

実際に社長の年頭訓示などを社員たちに配布し、社外にもリリースで配信する企業もあります。

・商談レポート
・社内イベント告知（社内運動会、インフォーマルな飲み会など）

こうした業務以外の楽しい情報も、リリース形式で告知すると、参加者の数が格段に違います。

・議事録
・各種報告書
・調査データのまとめ

マーケティング部門や調査部門などが、調査結果を社内に知らせるために作ります。広報ではこれを外部向けにまとめて「調査リリース」としてメディアに配信することもあります。

それぞれの文書については第3章の「職場でのリリースの使いこなし方を知る」で詳しく説明します。

リリースが万能ツールである理由

では改めて、リリースがあらゆる文書に応用できる「万能ツール」である理由を考えてみましょう。

1 メディア向け資料なので、分かりやすく伝わりやすい

リリースは、分かりやすさを突き詰めた文書だと言えます。

ひとつはレイアウト面。パッと見ただけで相手に内容が伝わるよう、シンプルなレイアウトで作っています。先ほどもいったように、記者たちがリリースを選ぶ時間は15秒です。そのため、15秒で全体の内容を把握できる構成にしており、タイトルやメインビジュアルなどだけで概要を把握できるのが理想です。枚数を極力A４サイズ１枚に収めるのも、短時間で読んでもらうための配慮です。

もうひとつは文章面。リリースは新聞や雑誌の記者たちが理解できることを基準に書いています。メディアの記者は優秀で、幅広い事象について広く浅い知識は持っていますが、例えば製薬業界や建築業界などの、業界におけるスペシャリストではありません。だから**リリースの文章は主語と述語が明確な短文を用いて表現をします**。なるべく専門用語は使わず、誰が読んでも理解できるように書きます。また有能な広報は、多忙な記者がリリースの一部分をそのまま引用して記事にまとめられるよう、５Ｗ１Ｈをはっきりさせた分かりやすい文章を書くようにしています。

このように、二つの面から「分かりやすさ」を追求しているので、どんな文章に応用しても、伝わりやすい文書が作れ、社内外の優れたコミュニケーションツールになるのです。

2 発信者側も短時間でラクに書ける

リリースはA4サイズで、基本はたった1枚、多くても3枚程度で、シンプルに完結させます。それにフォーマットが確立されているので、そこに当てはめるだけで文書を完成させることができます。だから実に短時間で整った文書を作れるわけです。慣れてくれば1〜2時間で書き上げることができますし、熟練した人なら15分程度で作れる人もいるでしょう。つまりリリース法なら、どんな文書も15分から1、2時間程度でまとめることが可能なのです。

3 思考や情報の整理に最適!

文書作成に時間がかかる最大の理由は、「書く内容がまとまっていない」ことに尽きると思います。言いたいことがまとまる前に書き出して、ああでもない、こうでもないと書き直すうちに、迷宮に入っていくのです。

けれどリリース法なら、考えがまだ整理できていない段階でも、フォーマットに従って書き進むことができます。タイトルに入れるべき最も伝えたい内容や、メディアに響くキャッチーな内容は何か。パッと読み手の目を引くような数字的要素は何か。そうしたことをピックアップするうちに、あなたの思考も整理できるというわけです。

進行中の案件に関わっている人間の頭の中だけにあって、言葉などで表されていないものを「暗黙知」といいます。この暗黙知に5W1Hを与え、情報を明文化して「形式知」にする働きもリリースにはあります。

実は役所の文書はリリースベースでできている

リリースを様々な文書に応用しようというのが本書のテーマですが、意外なことに「お役所」では、すでにその手法を取り入れています。

それはいわゆるメディア向けの「プレスリリース」とは少し形式が異なりますが、省庁や自治体では、各部署の担当者がリリース的な資料を作成し、社内資料及び対外資料に活用することが多いのです。そしてその資料のことを「リリース」と呼んでいます。

もう少し説明すると、役所の「広報部」は一般企業の広報とは機能が異なります。

一般企業の広報は「コンテンツの加工、リリース作成、配信」などの広報業務全般を請け負うのに対し、役所の広報部は基本的にはリリースを記者クラブに投げ込む「配信」だけを担当します。もし取材依頼が来ても広報部は担当部署につなぐだけで、実際の取材対応は、各部署にいる広報担当者が担うのです。だから広報部とは呼ばず、「報道部」と称している役所もあります。そのため役所では、基本的に広報部は一部の案件を除いてリリースを書かず、事業部署の担当者がリリースを書くのが通例なのです。

といっても、各部署の事業担当者は総じて多忙ですし、広報の専門家ではないのでリリースの書き方も知りません。そもそも文章を書くこと自体苦手な人も多く、そのまま対外的なリリースに用いると分かりにくいため、一般企業のように読み手に伝わるリリースにしようとレベルアップを図る自治体も増えています。そこで私が全国の多くの役所で研修を担当させていただいているというわけです。

一般企業の人にこの体制を話すと驚かれることも多いのですが、実際のところ、広報が事業担当者に取材してリリースをまとめるよりも、事業担当者自身がリリースを書いた方がいいという考え方もあります。なぜなら、その案件に関して一番詳しいのは事業担当者に他ならず、案件の特徴やセールスポイントを最も熟知しているはずだからです。そして案件に対して一番愛着を持っているのも事業担当者であり、その「熱」は確実にリリースにも表れます。

そんなわけで、役所ではすでにリリースベースの文書を作成して多方面に活用しており、このことは「リリース汎用法」の正しさを証明しているのではないでしょうか。

リリースの思考法は商品開発・経営企画にも通じる

ここまではリリースの「書式」に着目し、他の部門でも応用できるという話をしてきました。今度はリリースを作る際の「思考法」や「切り口」「まとめ方」に触れ、それらが商品開発や経営企画などの企画部門に応用できるという話をしたいと思います。

1 ニュースバリューを意識する

広報担当者はリリースを作る際に、この案件にはニュースバリューがあるかどうかをしっかり見極めます。すなわち、**世の中の関心事につながっているか、時事性はあるか**、を判断しているのです。時代の流れに沿っている案件であれば、メディアが取り上げる可能性は高まります。反対に時代の流れから外れていれば、メディアには黙殺され、リリースの無駄打ちになる可能性もあります。たとえ社内の同僚から「渾身の力作だからリリースを出してプッシュしてよ」と懇願されても、そこは冷静に判断しなければなりません。あるいは仕事ができる広報担当者ならば、何か時事性のある話題と絡められないか頭をひねり、多少強引にでも「聖地巡礼」など今日性のある話題に結び付けて配信したりします。それくらい、広報にとって「ニュースバリュー」は重要なのです。

これは開発者にとっても必要な思考法です。開発に携わる人たちは、自分たちが生み出した商品は当然素晴らしいと思っているし、自信と愛着もありますが、それゆえに客観的な視線が持てなくなってもいます。いったん冷静になって、その商品が時流に合っているかどうかを考えてみましょう。通常、機能や品質、価格などのベネフィットを重視して開発しますが、ここに時流などのニュースバリューの視点を付加すると、メディアを通じた広報的なアプローチが可能となりヒットの確率が格段に高まります。

その企画はメディアに送った時に、テレビや新聞が飛びつきそうな企画ですか？　メディアが飛びつく企画というのは、すなわち消費者が飛びつく企画でもあるのです。

2 表現が的確かを意識する

リリースは大まかに「タイトル」「リード」「本文」の３つのパートに分かれており、それぞれに役割があります。**タイトルは「キャッチーなタイトルで目を引く」、リードは「全体の内容を短文で簡潔にまとめる」、本文は「必要な情報を分かりやすく過不足なく説明する」**ということでしょう。企画段階で、このタイトル、リード、本文の各パートを意識して的確に表現し、まとめられると、売り出し時の威力が変わってきます。

タイトルは、企画で言えばネーミングやコンセプトに当たります。同じ商品であっても当初はまったくヒットせず、商品名を変え、もしくはコンセプトを再構築した途端に、大ヒットしたというのはよくある話です。あなたの企画はパッと興味を喚起し、つい耳に残ってしまうようなネーミングやコンセプトでしょうか？　平凡な名前やありきたりのコンセプトではせっかくの企画が埋もれてしまいます。

リードは企画の骨子を簡潔にまとめることに当たります。あなたの企画は、商品やイベントを簡潔に言い表すことができるものでしょうか？　簡潔に言い表せないということは、自身でもその企画の特徴がよく理解できていないということでもあります。そぎ落として、結局のところその企画はどういう趣旨のものなのかを、改めて自分の中で整理してみましょう。

本文は読んで納得感のある文章が求められます。あなたの企画は、文章としてまとめてみた時に納得感のあるものに仕上がっているでしょうか？　このリードや本文の部分が的確に表現できていると、その商品は有望と言えます。

3 取材しながら発想する

発想法のひとつに「取材発想法」というものがあります。取材をしながら、企画の着想を得て、取材を繰り返しながら内容を広げ掘り下げまとめていくという方法です。実はリリースを作成することは自然にこの発想法で企画をしていることになります。

リリースの作成には各種の取材が必要となります。すでに案件が決まっている時は関係部署だけに取材すればよいですが、これといったネタがなく、けれどそろそろメディアに何か情報発信をしたいという時もあります。広報担当者は常に社内を歩き回り、ネタ探しをしています。日々歩き回ることで、各部署に名前を覚えてもらえるようになり、徐々に向こうから情報がやってきます。「うちの部署でこんな面白い話題があるんだけど、ネタになるかな？」という具合です。それひとつだけではネタにならなくても、あちらの部署のアレと、こちらの部署のコレとを合わせ技にしたら面白いネタになる、ということもあります。それは足を使ったあなただけが見つけることができる情報です。

これは企画部門にも言えることです。人と接し、刺激を受けること。そうして仕入れた情報を、世の中にとって価値があるかどうか自問し、価値ある形に調理していくこと。まさにリリース作成は、「発想法」の一種なのです。

リリース汎用法は中小企業で特に有効

リリース汎用法は、大企業以上に中小企業で取り入れるとさらに効果を発揮します。というのは、中小企業が抱える様々な課題に対処できるからです。

1 企画書が書けるようになる

語弊を恐れずに言えば、中小企業には文章が得意な人が、概して少ないものです。普段から業務の中で文章を書く機会が少ないので、どんどん文章に対して苦手意識が増大してしまうのです。もし文章を書ける人がいても、人手不足で、文書作成にあてる時間はありません。

私が中小企業のコンサルタントをしていて驚くのが、「企画書が存在しない企業が多い」ということです。会議などで企画を検討しても、文書にまとめることをせず、メモ書きや口頭伝達だけで進めていくのです。文書化しないので、内容が非常に曖昧で、全体像は社長や企画立案者の頭の中だけにしかないのが最大の問題点です。明文化されていないので、会議を重ねても何度も元の場所に戻ってしまいます。次の回では社長や企画立案者の言うことが変わっていたりして、遅々として企画が進まず、立ち消えになってしまう企画も多いのです。また、部署間の伝達もスムーズではなく、伝達漏れが多く発生します。効果測定もできないので、すべての企画がやりっ放しの自己満足に終わりがちです。

そこにリリースがあれば、企画の指針となり、これらの問題を解決することができます。リリースは、Ａ４サイズ最低１枚でまとめられ、文章もかみ砕いて書くので、中２レベルの文章力で十分と言われています。そう考えれば誰にでも書くことができるはずで、別に大企業のエリートのように賢い文章を書こうとしなくても、伝えようとする熱意さえあれば問題はありません。

2 情報発信ができるようになる

中小企業は万年、人手不足で、広報の専任担当者などいない企業がほとんどです。だから外部に情報を発信したくてもできず、新商品やイベントなどの情報が伝わらず売上が拡大していきません。代理店に広告を頼もうとしても、打ち合わせ時に渡す資料すらなく、代理店がヒアリングする企業もあります。チラシを作る業者やホームページを作るライターにも、その都度いちいち同じことを説明しているので、ひたすら時間の無駄ですし、情報のばらつきも生じます。

けれど事業部の人間がリリースの書き方さえマスターすれば、上記のような場面でもリリースを手渡して、口頭では簡単に補足するだけで済みます。たとえ広報の専任担当者がいなくても、他の仕事と兼務でも十分資料は書けるので、外部に情報を発信していくことができます。

3 社内の業務フローが確立する

中小企業では社内の業務フローが確立していないことも多々あります。人が足りず、複数の業務を兼務しているため、全員が日々の仕事で精一杯で、改めて業務フローを見直すタイミングがないからです。しかし社内の業務フローが曖昧だと、必要な情報がきちんと流れていきません。仕事が場当たり的になり、ミスが多く成果も上がらないものです。

そうなると誰か処理能力の高い１人だけにしわ寄せがいくのもよくあることです。中小企業でマーケティング部や広告部がある企業では、担当者は殺人的に忙しいのが一般的です。他部署から情報を収集して広告を作る他に、ホームページ更新やＳＮＳ発信などの新規業務も追加されて、あっぷあっぷしている人をよく見かけます。かつての私のように休みがほとんどなくて、ノイローゼみたいな顔をしている人もいて、かわいそうなくらいです。

けれど**リリース汎用法だと、まずリリースで全社に統一された情報が伝わり、どこかで仕事がストップすることがありません**。各部署が自分の担当事案を、責任を持って書けばいいので、よその部署に負担がかかることも少なくなり、間違いも減ります。ひいては、全社的にメリットをもたらします。

第3章

職場でのリリースの使いこなし方を知る

リリースを120％使いこなす流れ

「リリース汎用法」の理論が分かったところで、今度は職場での実際的な使い方を解説したいと思います。リリースをどのように補強し、職場で活用するかを、順序立てて説明していきます。

1 企画担当者がリリースを作成

最初は商品開発部や研究開発部、営業企画部など、企画を立てた部署が、ベースとなるリリースを作成します。これは社内の情報共有が主な目的なので、あまり気を張らなくても大丈夫です。５Ｗ１Ｈをきちんと盛り込み、内容が正確に伝わることを心掛けましょう。

2 社内資料として活用する

リリース作成者は、自ら上司への稟議書や、社内の会議資料、企画が通った後は関係部署への通達書などに使います。研究開発部などが作ったリリースには専門用語も多数入っているでしょう。同じ部課内であれば、研究者同士なのでそれで通じますが、総務部や経理部などでは全く理解できない用語もあるはずです。そのため「部課内用」と「全社用」を用意すると実用的です。

3 外部に発信する

ベースのリリースを受け取った各部署は、それぞれの担当者が用途に合わせてバージョンアップしながら外部に発信します。

a. 広報部がメディアへ発信

本来の「プレスリリース」としての利用です。広報部が加筆修正する際には、主にメディアが求める「ニュースバリュー」を補足することが必要です。開発部や企画部などに聞き取り調査をし、世の中の動向をリサーチして、その案件についてどの部分をクローズアップすればメディアに響くかを見極めながらリリースを加工します。どうしても専門用語を使う場合は、注釈も必要です。配信と同時に自社ホームページにも張り付けて、取材も誘導しましょう。

b. 営業部が取引先へ発信

実際に商品を販売する店舗で必要なのは、商品の詳細な仕様です。それが分かっていないと、消費者に販売することができません。そこで営業部署は、主に商品仕様や他社と比較した機能、価格、ベネフィットを加えてリリースをバージョンアップします。

リリース使いこなしフロー

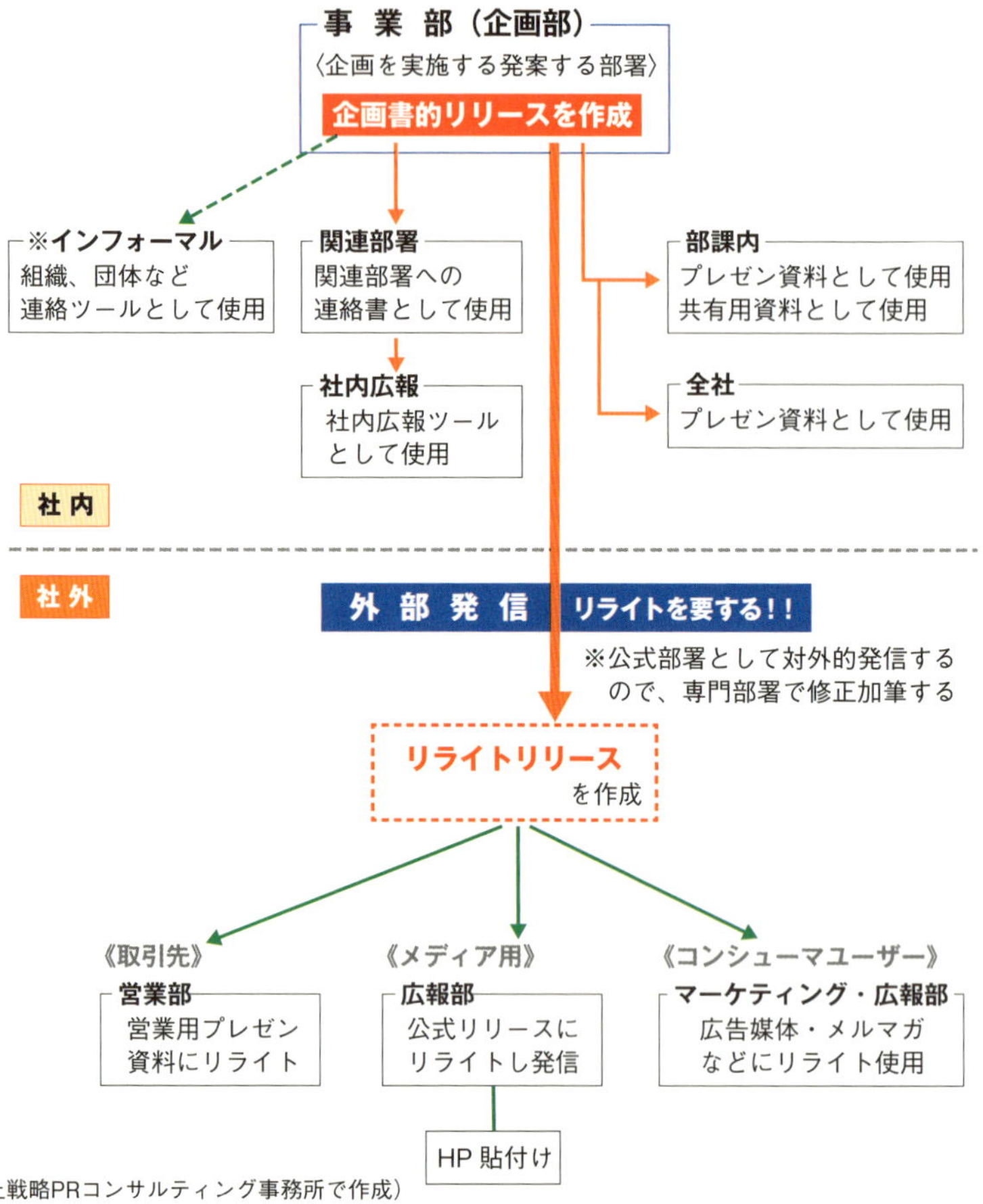

（井上戦略PRコンサルティング事務所で作成）

C. マーケティング部などが消費者へ発信

商品の情報を直接消費者に発信するために加工して使用します。販促イベントや、ホームページやメルマガなどのオウンドメディアで使用します。いずれも消費者の購買意欲を刺激するため、「コピー」や「デザイン性」など、視覚的なインパクトを強化して利用しましょう。

具体的なリリースの使い方

次はさらに細かく、リリースの具体的な使い方と利用シーンを説明していきましょう。

【社内発信用のリリース】

1 企画立案

企画書をリリースの体裁で作成します。商品開発部や研究開発部、販売促進部、営業企画部、人事企画部など、企画を立案する部署は多数あります。これまで作っていた企画書を、タイトル・リード・本文という構成のリリース法で作るようにしてみましょう。要点が分かりやすく、メリハリの利いた企画書になるはずです。部署内で上司に提案したりする際に使います。そしてこれから先のステップでも、このリリースがベースになっていくので、ここでしっかりしたリリースを作っておくことが肝心です。

2 社内プレゼン

社内会議で企画を通すために提案する際の資料です。この場合は、1のリリースを少し加工することをおすすめします。プレゼン資料に必要なのは、説明する順番に資料がまとまっており、流れるように説明できることです。タイトルやリードはそのままでいいのですが、本文を話す順に沿って詳しくまとめましょう。作成するのは商品開発部や研究開発部などです。

3 社内連絡

晴れて企画が通った後に、社内に情報を共有する資料に使います。本書の冒頭で書いたように、私はこの作業に手が回らずに社内からクレームを受けてしまいました。企画が通った段階で全社に配布してしまえば、誰からも「聞いてないよ」と文句を言われず、その後の業務もスムーズに進みます。内容的には1で作ったリリースに、2の会議などを経て軌道修正された内容を補足します。これがしっかりできていれば、社内報や社内新聞などにも流用できますし、次の対外発信ツールにも、ほぼそのまま使えます。

【対外発信用のリリース】

4 メディア向け

いわゆる本来の「プレスリリース」です。企画を対外的にPRしていくために広報部が使います。従来は広報部が企画部署に聞き取り取材をしてまとめることが多く、的確に企画意図を汲み取るために多大な時間が必要でした。企画部署の人たちも忙しいので、なかなか時間をとってもらうことができず、広報部は苦労することが多かったのです。けれど「リリース汎用法」なら、企画部が最初から企画をリリース形式でまとめているので、広報部はそれを対外向けになるように、ほんの少しの手直しをするだけで済みます。企画部署にしてみても、意図がずれることなくリリースに反映されるので、お互いにメリットがあります。

5 販売先向け

営業部や販売部が使う営業資料にも、リリースは最適です。セールスポイントが的確にまとめてあるので、

企業における実践的リリースの活用法

	発信先	リリースの使い方	内容
1	社内発信	企画書的使用	企業内の様々な企画内容をまとめ資料として使う。
			（対象部署）商品開発部、販売促進部、研究開発部、人事企画部、営業企画部など
2		社内プレゼン使用	社内での発表やプレゼンテーションの際に使う資料として使う。
			（対象部署）マーケティング部、経営企画部、商品開発部、研究開発部など
3		社内連絡使用	全社もしくは各部署への伝達する資料として使う。
			（対象部署）全部署
4	対外発信	メディア向け使用	リリースの本来の目的であるメディア向けに発信する資料として使う。
			（対象部署）広報部
5		販売先向け使用	営業企画書、商品案内書として営業や販売時に使用する資料として使う。
			（対象部署）営業部、販売部
6		仕入先向け使用	仕入先に説明する際に使用する資料として使う。
			（対象部署）生産部、工場、資材部、広告部など
7		広告使用	メルマガ、ニュース配信サイトなどの広告として使う。
			（対象部署）広告部
8		販促使用	POP、ポスター、展示物などとして使う。
			（対象部署）販売促進部、店舗など
9		リクルート使用	学生、転職希望者、学校などの資料として使う。
			（対象部署）人事部、総務部など
10	その他	その他	様々なツールの代用として使う。（社内記録資料、報告書、社内新聞など）
			（対象部署）各部署

（井上戦略PRコンサルティング事務所で作成）

営業先でも非常に説明がしやすく、その企画の良さが短時間で伝わります。たくさんの言葉を駆使して説明しなくても、目で資料を見てもらったほうが伝わりやすいこともあるものです。営業部や販売部は、わざわざ営業用の資料を自分たちで作る手間が省け、業務時間が大幅に短縮できるだけでなく、営業成績向上にも寄与するはずです。

6 外部業者向け

外部の業者というのは、販売先だけではありません。商品を生産するための仕入先などもあります。そうした相手に説明する際の資料としてもリリースは使えます。商品の企画意図が先方に的確に伝わるので、仕入れや生産もスムーズになります。対象部署は資材部や生産部、生産する工場にも渡しておくといいでしょう。企画意図が伝わっていると生産部署の士気も高まるものです。また、広告部が代理店などと打ち合わせをする際にも資料として使えます。

7 広告ツール

広告（新聞や雑誌、テレビCMへの広告出稿など）とは別に、リリースをそのまま掲載する媒体もあります。PR TIMESや@Pressなどのリリース配信サイトは、実質ネットでの情報拡散効果を目的とした広告媒体となっています。ここにリリースを出しておくと、検索で引っかかって、自社のホームページまでたどり着いてもらえますし、リリースの原文が他のポータルサイトなどにも転載されます。近年はオウンドメディアも重要です。自社ホームページに資料として掲載しておくのはもちろんのこと、自社ファンに配信するメルマガにもそのまま流用できます。インターネット社会の現代では、リリースの汎用範囲はますます広がっています。

8 販促ツール

リリースは販売促進にも使えます。商品の展示会を行うときには展示物やリーフレットとして便利です。また実店舗で使うＰＯＰやポスターに加工することもできますし、スーパーマーケットのコーナーにリリースをそのまま貼っている企業もあります。特に「〇万個販売達成！」「売上１位！」などの達成リリースは、店舗でも目立ち、消費者の購買意欲を刺激するのに大いに役立ちます。

9 リクルート使用

会社説明会や多くの企業が集まる企業説明会などで、入社を志望してきた人たちに渡す資料にもリリースは使えます。経営やイベントに関するリリースを配れば社風がリアルに伝わりますし、業績好調を伝える達成リリースなどを渡すと、より良い人材の獲得につながります。少子高齢化社会で、人材確保が企業の共通課題となっている現代において、リリースはリクルート活動にも力を発揮するのです。

「＋α」でリリース活用の場をさらに広げる！

ここまではリリースを広報以外の分野に応用する話をしてきましたが、今度は「リリース＋α」でパワーアップして、さらに活用シーンを広げる話をしたいと思います。リリースは必要最低限まで情報をシンプルに絞ったツールなので、他の資料を補うことで、より多くの用途に使うことができます。

1 詳細な資料を見せたい場合／会社案内・ファクトブック

会社案内はご存じのように、入社を希望する人たちや取引先を始め、部外者に対してどんな会社なのかを紹介する冊子です。ファクトブックもやはり、対外的に自社や商品のことを紹介するツールですが、よりデータを充実させたデータブックのようなものです。初めて営業する際に、いきなり単発のニュース案件が書かれたリリースだけを持って行っても納得しない企業も多いので、会社案内やファクトブックも一緒に持参するようにしましょう。ファクトブックはあまり耳慣れない名称かもしれませんが、1冊作っておくと、取引先との話のタネにもなり、より自社を理解してもらえる便利なツールです。

2 ビジュアル要素を見せたい場合／写真集・広告資料・動画・現物

最近の流行りは、リリースに加えてビジュアル要素を見せる手法です。例えば住宅会社では、特徴的な住宅を、写真集を作って、リリースとともに配布することがあります。新聞に載せた大きな広告をスクラップしておいて、リリースとともに見せるのも、いかに力の入った商品であるかが相手に伝わって効果的です。中にはパソコンに動画を入れて見せる企業もあります。リリースは紙媒体で枚数も限られるので、視覚効果を加えることでさらに訴求力を高めることができます。もちろん、持ち運びできるものなら実物、すなわち商品そのものを持っていく方法が最も効果があります。

3 時系列で情報を訴求したい場合／交渉アプローチブック

新規の取引先に商品を売り込むなど、これまでの経緯をまとめて知らせたいときがあります。そんなときも、普段からリリースを作成しておけば、それを時系列にまとめて綴じるだけで、ほんの数分で効果的な交渉アプローチブックが作れます。日頃からこまめにリリースを作っておくことの大切さが、一番実感できる瞬間です。

職場へのリリース導入方法

次は「リリース汎用法」を、社内にどのように導入していくかを、時系列で解説します。

1 発案者が提案

まず、発案者であるあなたが、自身の部署で「リリース汎用法」を取り入れたいと提案します。

2 導入を検討

社内で導入を検討してもらいます。発案者は「リリース汎用法」が社内全体にいかに有効であるかを、各方面に訴求し、根回しをしましょう。

3 社内コンセンサス・導入決定

各部署の理解を得て、キーマンの決裁により、社内的に「リリース汎用法」の導入が決定します。

4 導入計画及びルール作り

実際の導入日を決定し、それに向けて逆算して導入計画を立てます。それと並行してリリースのルールやマニュアル作りも進めます。作成の期日や書式などをルール化しておくと、導入後もうまく事が運びます。多くの場合、発案者であるあなたが主体となって計画もルールも作ることになるでしょう。

5 社内研修

各部署でリリース担当者を決めてもらい、担当者を集めて研修を行います。リリースの事例を見せながら、本書に書いてきた基本理論の説明をし、作成トレーニングをします。私のような専門家の添削を受けることも有用です。

6 テスト運営

モデル部署を定めてテスト運営をします。いきなり全社的に導入すると混乱が生じる可能性があるため、一部の部署でテスト運営をするのがベターです。

7 順次、取り扱い部署を増加

必要性の高い部署や希望部署から優先して導入していきます。

8 全社で導入、完全運用

手応えがつかめたら、いよいよ全社的に導入します。

9 勉強会の開催

各部署の担当者がリリースの現物を持ち寄り、定期的に勉強会を開催してレベルアップを図ります。他の部署のリリースと見比べることで自身のリリースの課題も見つかります。そうして各部署が試行錯誤し、触発し合うことで、リリース汎用法は徐々に完成形に近づいていきます。

「リリース汎用法」の導入実例紹介

さて、この「リリース汎用法」をリアルに実感していただくためにも、導入事例を紹介したいところです。これまで私がコンサルタントを引き受けている多くの企業では実際に導入していただき、感謝もしていただいています。しかしコンサルタントの立場上、守秘義務で紹介することができず、残念な限りです。

そこでここでは、横濱カレーミュージアム時代からリリース汎用法を駆使している私が代表を務める「カレー総合研究所」の事例を紹介していきたいと思います。

カレー総合研究所＝カレー総研は、スタッフ10名の小さな企業ではありますが、契約研究員やカレー大學講師、全国の調査員などのネットワークがあり、常時１００名ほどの人材を動かしています。

メーカーやコンビニエンスストアなどの商品開発コンサルティング、クライアントであるカレー店のプロデュース、まちおこし、シンポジウムなどのコンサルティングから、出版、講演、カレー大學の運営、10以上のカレーサイトの運営、カレーの最新情報発信、メディアの企画まで実に様々な業務をこなしています。さらにインドの有名料理学校ＩＩＣＡ（International Institute of Culinary Arts, New Delhi）と契約してレトルトカレー（ＩＩＣＡチキンコルマカレー）の販売もしています。

通常であれば、この仕事量をこなすには30人以上はスタッフが必要でしょう。実際、外部の人からは、私の会社は相当大きな会社だと思われているようです。しかし実態は、そのおよそ三分の一の人数でこなしているのです。

スタッフは最少の人数でやっているので、たくさんの文書を作ることができません。そこで私がフルで駆使しているのがリリース汎用法です。考えてみれば私は、横濱カレーミュージアムでリリース汎用法に出会って以来、ずっとこの仕事術に助けられてきています。

カレー総研の場合、ベースとなる企画リリースは、企画担当である私がまとめることがほとんどです。ただ時には、スタッフの誰かがプロジェクトリーダーになることがあるので、その場合は担当者が書きます。リリースができると、これを使って社内スタッフや契約スタッフに通達します。

私がPRのプロであるだけに、弊社にはリリースを書けるスタッフが5人以上います。メディアにリリースを配信する際は、専門のリリース作成スタッフが3人いて、私が作ったベースに対外向けに必要な情報を加味して形式を整え、私がニュースバリューなどを再チェックして、配信担当者が配信するという流れです。配信後には、このリリースをブログにも掲載しますし、加工してメルマガの記事や配信サイトにも利用するなど、多岐にわたって活用しています。

カレー総研の実例を大公開！

例えばＩＩＣＡに、提携でカレーを作りたいと申し出たときも、リリースやファクトブック、動画などを持参して交渉に当たりました。カレー総研は日本国内でさえメジャーな会社ではないのに、インドで知られていないのは当たり前の話です。まして相手はインド最高峰の料理学校ですから、ある意味恐れ多い話です。けれどリリースなどの資料を持参したおかげで、弊社が日本国内でもカレーに熱心に取り組んでいる企業だと理解してもらうことができ、無事に提携にたどり着くことができたのです。

その時に「リリース汎用法」で作成し、実際にビジネスに活用した書類の数々をお見せしましょう。

1 企画立案用リリース

社内スタッフとの情報の共有化、そしてＩＩＣＡ及びＩＩＣＡのコーディネート企業（商社及び通訳）などへの通達で使用しました。ここでもっとも重要なのは企画の意図なので、企画の背景や目的などを本文の前面に押し出しています。スケジュールや想定価格、販売先など実務に必要な情報も、この段階では記載していません。

提携するＩＩＣＡやメニューのコルマカレーについても、日本ではほとんど知られていないので、それぞれ1ページずつ割いて詳しく解説し、関係者への理解を促しています。

通常の企画書と大きく違うのは、タイトルやビジュアルがあることでしょう。タイトルを付けたことで、一目でどういう企画が動き出すのかが、本文を読む前から把握できますし、ビジュアルが入っていることで読み進めるモチベーションがアップします。社内関係者に対しても、読みやすい資料を作る配慮は必要です。

また、一部内容を変更して、製造企業との交渉でも使用しています。

＜企画立案用リリース　1枚目＞

GENERAL RESEARCH CENTER
カレー 総合研究所
CURRY

２０１×年×月×日

商品企画書

News Release

日本初！インド最高峰の料理学校のカレーを商品化

インド有名料理学校IICAと業務提携しカレーをレトルトで販売

2018 年春の発売を目標にプロジェクトをスタート

株式会社カレー総合研究所（代表：井上岳久／東京都渋谷区）は、同社の運営する市民大学「カレー大學」とインド短期留学で業務提携しているインドで有名な料理学校 IICA とレトルトカレーの商品化を開始します。留学における業務提携から、新たに商品化の契約を締結し本格的に商品開発を進めていきます。

＜企画背景＞・カレー大學は 2014 年よりインド・デリーに「IICA 短期留学」を実施していましたが、本場インドと日本のカレーの差を強く感じ商品化を思い立ちました。
・日本においても本場のインドカレーをインドに行かなくても食べることができるようにレトルトカレーで販売すればニーズがあります。
・インド料理学校の IICA は日本における販売にも積極的であり協力が得られそうである。

＜目　　的＞ 日本のレトルトカレーのレベルアップ＝マンネリ化しているレトルトカレーに旋風を巻き起こす！
※本場一流のインドのカレーの作り方による複雑かつ職人技のスパイステクニックを駆使したレトルトカレーを世に送り出すことで業界全体の活性化及び底上げを図る。
●2018 年のカレー総合研究所 10 周年の記念としても発売したい！

＜商品概要（案）＞
商品メニュー：次の条件を満たす商品を IICA と協議して決定
・日本において日本人に馴染みのあるインド料理
・IICA の特徴優位性のあるメニュー
●第一候補は「コルマカレー」
想定価格：　500～700 円
販売者：　当社（株式会社カレー総合研究所）
製造企業：　カレー総合研究所の提携メーカー、もしくは製造実績のあるメーカー
→IICA のレシピを基にカレーメーカーに打診する。
発売予定日：　2018 年６月（予定）
プロモーション：　基本的には広報のみ（広告は一切しない）
販売先：　一部の量販店限定（商品価値を理解しブランドとして育ててもらえる小売店）
ネット販売で直販
※一部の特殊ルートでも販売を検討（住宅業界、金融業界など）

IICA
NEW DELHI

＜スケジュール＞
201×年○月　IICA へカレーメニュー案を打診
201×年○月　IICA へカレーメニューの決定
201×年○月～○月　レトルトカレー製造企業の選定と交渉
201×年○月　製造企業を決定
201×年○月～201×年○月　レトルトカレー開発及び IICA への確認
201×年○月　レトルトカレー初回生産
201×年○月　営業＆プロモーションをスタート
201×年○月　発売

CURRY
GENERAL RESEARCH CENTER
カレー 総合研究所

＜企画立案用リリース　2枚目＞

GENERAL RESEARCH CENTER
カレー 総合研究所
CURRY

参考資料

■IICA について

IICA (International Institute of Culinary Arts, New Delhi)

2005 年にシェフ、ヴィレンデル・S・ダッタ氏（現 IICA 会長）が創業。ダッタシェフは、45 年に渡りインド国内外で飲食業に従事してきました。創業以来 13 年間、フルタイムコースとパートタイムコースで、料理、製パン、製菓の講習を行い、インド国内だけでなく海外で働くプロのシェフを養成しています。それと同時に、食品飲料業界での研究開発の需要にこたえるナレッジセンターの役割も担っています。IICA は、シティ＆ガイド（イギリス）、エデクセル（イギリス）、世界司厨士協会連盟（WACS）インド料理フォーラム（Indian Culinary Forum）の認定校です。

＜IICA の創業理由及び経緯＞

需要が高まっている専門教育を受けたレベルの高いシェフを輩出すること、また食品業界でのナレッジセンターとなることを目的として設立されました。

＜IICA のインド料理学校業界での位置付け＞

IICA は現代のインドで最初に設立された料理学校の一つです。受講コースは国際的機関に認定されており、業界でも評価の高いプロのシェフによって運営されているのが特徴。

＜IICA の教授法の特徴＞

授業の中での実習を重視しています。

フルタイムコースでは、実習と理論を 7 対 3 の割合で行っています。

＜IICA の優位性＞・インド全土へ料理人の輩出数：卒業者数 4000 人以上

ME「Best Institute for Culinary Art in India」2013 年

パールブルーアワード・卓越したサービス部門「Most

nstitute in India」（インドで最も有望な私立料理学校賞）

学と提携＞

性）　2017 年マスターシェフ・インディア準優勝

ト（男性）レストラン Imperfecto ヘッドシェフ

男性）レストラン　Italiano ヘッドシェフ

e Birmingham（バーミンガムの大学）と提携

への転入が認められ、3-4 年生のコースの履修ができる。

いは仕事をしている有名企業＞

プールの現地法人ワールプール・インディアとのシェフ・

ピ開発、シェフの養成、ワールプール製品を用いた調理の

CURRY

p. 2

GENERAL RESEARCH CENTER
カレー 総合研究所
CURRY

■コルマカレーについて

＜料理の定義＞

コルマとは、インド亜大陸発祥の料理で、肉や野菜などの具材を油で炒め、少量の水やストックで蒸し煮にし、スパイスを加えてソースにしたもの。

コルマという名前は、ウルドゥ語で「蒸し煮」を表す「コマ」という単語に由来します。

＜料理の味の特長＞

コルマは、スパイスをマイルドに使用するものと、大量に使用するものがあり、具材には羊肉や鶏肉、牛肉、ジビエなどを用います。肉と一緒に、ほうれん草や蕪などの野菜を一緒に加えることもあります。王家を意味する「シャヒ」という名前で呼ばれる種類もあり、庶民が日常的に食べる料理ではなく、宮廷で食される位の高い料理だったことが伺えます。

＜作る上でのポイント＞

1．肉を柔らかくジューシーにするため、塩と砂糖を溶かした水に肉を漬け込みます。

2．粉末のスパイスをすべて混ぜ合わせ、水に溶かしてから油に入れることで、スパイスが焦げず、苦みが出るのを防ぎます。

3．香りづけ用のスパイスは最後に加えます。（グリーンカルダモンパウダー、ガラムマサラ、ナツメグパウダー）

＜インド人にとってのコルマの位置付け＞

コルマは伝統的な料理で、イスラム教徒に特に人気があり、祭りやお祝いごとなど、人々が集まるときには必ず提供されるメニューです。

＜インドにおける料理分類＞

コルマの歴史はムガール帝国がインドに侵攻してきた 16 世紀に遡ります。ムガール帝国の宮廷料理で、肉を蒸し煮にしてスパイスを加えたコクのある煮込み料理で、地方により様々な味があります。

CURRY

p. 3

＜企画立案用リリース　3枚目＞

2 メディア用リリース

晴れて商品が完成し、広報・ＰＲの目的でメディアへ配信したリリースです。この場合、どんなカレーであるかという商品特性が重要なので、それを前面に押し出しています。1で大きく取り上げていた開発理由と背景も、メディアには響く一要素なので、コンパクトにまとめて掲載しています。ＩＩＣＡとコルマカレーについては、1で詳しくまとめておいたので、それを半分ほどの文量にすることで効率よく作業ができました。カレー総研とカレー大學の存在もだいぶ知られてはきましたが、まだまだ知らないメディアや、初めて接触するメディアもいるので、どんな企業が開発した商品なのかをきちんと知ってもらうために３枚目で説明しました。

＜メディア用リリース　１枚目＞

GENERAL RESEARCH CENTER
カレー 総合研究所
CURRY

日本初！※
インド最高峰の料理学校のカレーを商品化！

２０１８年７月７日

News Release

インド本国の本物のインドカレーを食べたことがありますか？

インドへ行かなくともレトルトで、自宅で簡単に食べることができます！

インド最高峰のインド料理学校IICAのカレーをレトルトで商品化
「IICAチキンコルマカレー」 7月20日(金) 全国発売

①訪日インド人やインドで学んだ日本人が作るカレーでなく、
インド本国の一流シェフが作る正真正銘、本物のカレーを発売します
②インド最高峰といわれるインド料理学校 IICA のインド一流ホテルの味のカレーを
厳しい指導の下、カレー大學とサンハウス（ハウス食品の子会社）など、日本を代表するカレープロ集団が試行錯誤の苦労の末、商品化しました。
③第一弾は、日本では馴染みがないが、インド定番料理「コルマカレー」を紹介。
日本カレー史に刻まれるカレーとなることを確信しています。　※セレブインディア調べ

日本で唯一のカレーコンサルティング会社である株式会社カレー総合研究所（代表：井上岳久／東京都渋谷区）は、同社の運営する市民大学「カレー大學」で、インド最高峰といわれるインド料理学校 IICA と業務提携し、真のインドカレー「IICA チキンコルコカレー」を7月20日（金）に販売スタートします。「インド一流シェフの味を日本のみなさまに味わってもらいたい」というインドの方の熱い想いに応え、カレー大學が２年の歳月をかけ、商品化に成功しました。

■商品名　IICA チキンコルマカレー
（価格）700 円税別

■発売日　7月20日（金）一般販売スタート（小売店、ネット通販）

■ネット通販　※カレー大學及びカレー総合研究所ホームページ　販売特設コーナー
http://www.currysoken.jp/kormacurry/

■販売者　株式会社カレー総合研究所

■商品特長
①インドで最もポピュラーと言われる「コルマカレー」をインド最高峰の料理学校 IICA のレシピの基づきレトルトカレーとして商品化。（※「IICA」及び「コルコカレー」は別紙詳細）
②本場インドの味を忠実に再現。インドの一流シェフの厳しい指導の下、３０回以上の試行を繰り返し、極上の味を実現。インド人のこだわる絶妙なスパイス感が表現できました。
③インド最高峰の料理学校レシピを再現したのは日本初※！
カレー総合研究所 10 周年の記念としての販売商品です。

↑斬新なパッケージ

開発理由と背景

① カレー大學は 2014 年よりインド･デリーに「IICA 短期留学」を実施していましたが、
本場インドと日本のカレーの差を強く感じ商品化を思い立ちました。
② 本場一流のインドのカレーの作り方は工程が複雑かつ職人技のスパイステクニックが必要であるため、本場の味の再現に時間と技術を要まししたが、忠実に再現できました。

《お問い合わせ》株式会社カレー総合研究所

CURRY
カレー総合研究所

＜メディア用リリース　2枚目＞

GENERAL RESEARCH CENTER
カレー 総合研究所
CURRY

IICA (International Institute of Culinary Arts, New Delhi)

インド国内外で活躍する専門性の高い料理技術を有するシェフの育成と食品業界でハイレベルな調理知識の提供を目的にインドで高名なシェフであるヴィレンデル・S・ダッタ氏（現IICA会長）が2005年に設立。

創業以来13年間、料理、製パン、製菓の各分野においてインド国内だけでなく海外で働くプロのシェフを養成している。それと同時に、食品飲料業界での研究開発の需要に対応すべく、ナレッジセンターの役割も担っている。

現代インドで最初に設立された料理学校の一つでインド全土へ料理人の4000人以上の料理人を輩出している。受講コースは国際的機関に認定されており、業界でも評価の高いプロのシェフによって運営されているのが特徴。シティ＆ガイド（イギリス）、エデクセル（イギリス）、世界司厨士協会連盟（WACS）、インド料理フォーラム（Indian Culinary Forum）の認定校にもなっている。また、イギリスUniversity College Birmingham（バーミンガムの大学）と提携しIICAのディプロマ保持者は同校への転入が認められている。

TIME「Best Institute for Culinary Art in India」2013年（インド最優秀料理学校賞）、パールブルーアワード・卓越したサービス部門「Most Promising Private Culinary Institute in India」（インドで最も有望な私立料理学校賞）など数多くの賞を受賞している。

“コルマカレー”ってなに？

…ール帝国時代の宮廷料理）で、肉や野菜などの具材を油で炒めた…てスパイスを加えてソースを加えた、コクのある煮込み料理全般を…味がある。
…蒸し煮」を表す「コマ」という単語に由来する。

…用するものと大量…肉や鶏肉、牛肉、…うれん草や蕪など
…で呼ばれることも…料理ではなく宮廷…わかる

p. 2

＜メディア用リリース　3枚目＞

GENERAL RESEARCH CENTER
カレー 総合研究所
CURRY

カレー大學
Curry College

カレー大學とは?!

カレーを体系的かつ実践的に学ぶことができ、カレーを理解する必要不可欠な知識全般を習得します。単なる知識としてだけでなく、ビジネスや家庭で実用的に実践できる「生きた学問」として学ぶことを目指しています。カレー界の第一人者である井上岳久が監修したテキストをもとにわかりやすく学べます。日本最高峰のカレー講座といえるでしょう。

カレー大學ホームページ ▶ www.currydaigaku.jp

新しいスタイルで学ぶ!!

Eラーニング®で自分の好きな場所、時間で学ぶことができる

通学講座もあります。

- 講座形式は二つあり、ネットで好きな時間、場所で学ぶEラーニングと、通学して直接学ぶリアル講座（講座開催予定を確認して予約）があります。
- 全6講座／約5時間。Eラーニングは学習期間は1ヶ月です。
- 通学講座は一日集中講座が主となります。
- カレー大學卒業後、認定試験に合格されますと「カレー伝導師」として認定されます。また、OB会に入会すると様々な特典が受けられます。

3段階でステップアップ!

そしてさらに！

カレー博士インターン
カレー大學院
カレー大學

たかがカレー、されどカレー。
知っているようで知らないカレーを極めればビジネスに、家庭に、地域に活かせる!

カレー総合研究所」とは？

「カレー総合研究所」は、横濱カレーミュージアムの責任者兼プロデューサーを務めたカレー研究の第一人者、井上岳久が中心となり、2007年3月に設立。日本人の国民食とまで言われているカレー文化をさらに盛り上げ、カレー文化の発展、さらにはカレーを通じた日本の食文化全体の向上を図ることを目的とした機関です。

広範囲にわたる調査を基に、カレーの最新トレンドを的中させる分析力には、マスメディアや飲食業界でも定評があります。

カレーの商品／メニュー開発や飲食店／イベント企画／まちおこしのプロデュース、マスコミ向けのカレー情報提供、番組／雑誌特集企画の立案・サポート、全国有名カレー店の料理人や料理研究家の派遣事業、カレーの料理教室／その他講演・講習の開催といったさまざまな事業をこれまでに展開。料理で家族や地域のつながりを深める「家カレー向上プロジェクト」や「絆カレープロジェクト」も大きな賛同を集めています。今後も、カレーを中心とした食にまつわる、さまざまなコンサルティングビジネスを展開することによって、日本人とカレーとの結びつきをもっと強めていきたいと考えております。

【カレー総合研究所の詳細に関しては、以下のホームページＲＬまで】　http://www.currysoken.jp/

CURRY

p. 3

3 営業用リリース

「ＩＩＣＡチキンコルマカレー」は、ネットでトライアル販売をしたところ、いきなり楽天のカレーデイリーランキングで1位を獲得。テレビ通販のベストセレクションに選ばれるなど次々に引き合いが来ました。その頃、クレーンゲームの設置台数でギネスブックにも載っているエンターテインメント企業の株式会社東洋と、クレーンゲームで吊り上げたカレーをゲームセンター内で飲食できるようにしたい、という企画が持ち上がりました。それならスーパーマーケットなどで購入できるありふれたカレーでない方がいいだろうと、私は「ＩＩＣＡチキンコルマカレー」を提案することにしました。営業用リリースはその営業時に使用したものです。タイアップは1社限定であることや、カレー総研と共同でPR展開できることなど、営業先にとってのメリットを訴求。２ページ目ではカレー大學とＩＩＣＡがきちんとした信頼関係にあることも見せています。

＜営業用リリース　１枚目＞

GENERAL RESEARCH CENTER
カレー 総合研究所

株式会社東洋　御中

「カレー大學プロデュース/インドの最高峰レトルトカレー」をゲーセンは東洋専用で独占販売することができます。

201×年×月×日
株式会社カレー総合研究所　井上

株式会社カレー総合研究所（代表：井上岳久／東京都渋谷区）は、同社の運営する市民大学「カレー大學」で、インド最高峰といわれるインド料理学校 IICA と業務提携し、真のインドカレー「IICA チキンコルマカレー」を7月20日（金）から販売します。弊社と一緒に今までにはないコンセプトでプレミアムなレトルトカレーで販売とともに PR の仕掛けを共同で実施できます！

■企画概要
1、PR 広報の第一人者で日本を代表するカレーの専門家である井上岳久（井上戦略 PR コンサルティング事務所/代表、株式会社カレー総合研究所/所長）が、レトルトカレーを自社開発しクレームゲーム業界と共同で PR を仕掛けるという企画です。
2、日本でカレーのブームを常に巻き起こしているカレー総合研究所とカレー大學が主導で仕掛けていきますので、カレーを販売すると同時に PR 広報を学ぶことができます。
3、オリジナルのレトルトカレーは限定で展開します。ゲーム業界は東洋のエブリデーのみでの販売を予定しております。

■商品概要
商品名：カレー大學×IICA　チキンコルマカレー
価　格：（消費者への小売予定価格）700 円（税別）
特　長：①インドで No1 と名高い料理学校 IICA がレシピと料理技術指導し、
フェッショナル育成機関のカレー大學が
初のインド本物のインドカレーをレトルト

な料理である「コルマカレー」を商品化。
異なるインドの正真正銘コルマカレーを日本に知らしめます。
ンビニなどの一般小売店でなく、特殊ルートで展開します。

マカレーを商品化
カレー大學＜製造者＞サンハウス食品株式会社（ハウス食品の子会社）

ームの景品で販売可能な企業
税別）/ロット☞×万個
日☞×月×日

レトカレーを作るテストマーケティングになります。

GENERAL RESEARCH CENTER
カレー 総合研究所
CURRY

＜参考情報＞

■カレー大學
株式会社カレー総合研究所の下部機関。カレー業界の全体の底上げを目指し２０１４年に設立し、カレーのプロフェッショナル人材を育成している。カレータレントやカレーライター、カレー料理人など多数輩出している。

■IICA (International Institute of Culinary Arts, New Delhi)
インド国内外で活躍する専門性の高い料理技術を有するシェフの育成と食品業界でハイレベルな調理知識の提供を目的にインドで高名なシェフであるヴィレンデル・S・ダッタ氏（現 IICA 会長）が 2005 年に設立。
現代インドで最初に設立された料理学校の一つで、創業以来、料理、製パン、製菓の各分野においてインド国内だけでなく海外で働くプロのシェフを養成。それと同時に、食品飲料業界での研究開発の需要に対応すべくナレッジセンターの役割も担っている。
インド全土へ料理人の 4000 人以上の料理人を輩出している。受講コースは国際的機関に認定されており、業界でも評価の高いプロのシェフによって運営されている。シティ&ガイド（イギリス）、エデクセル（イギリス）、世界司厨士協会連盟 WACS、Indian Culinary Forum の認定校にもなっている。またイギリスのバーミンガム大学）と提携し IICA のディプロマ保持者は同校への転入が認められている。タイム TIME「2013 年インド最優秀料理学校賞」、パールブルーアワード・卓越したサービス部門「インドで最も有望な私立料理学校賞」など数多くの賞を受賞している。

IICA
NEW DELHI

■コルマカレーについて
コルマとは、ムガール料理（ムガール帝国時代の宮廷料理）で肉を蒸し煮にしてスパイスを加えたコクのある煮込み料理。コルマという名前は、ウルドゥ語で「蒸し煮」を表す「コマ」という単語に由来したインド発祥の料理。肉や野菜などの具材を油で炒め、少量の水やストックで蒸し煮にし、スパイスを加えてソースにした料理を指す。
＜料理の味の特長＞
コルマは、スパイスをマイルドに使用するものと大量に使用するものがあり、具材には羊肉や鶏肉、牛肉、ジビエなどを用いる。肉と一緒にほうれん草や蕪などの野菜を一緒に加えることもある。王家を意味する「シャヒ」という名前で呼ばれることもあることから庶民が日常的に食べる料理ではなく宮廷で食される位の高い料理だったことがわかる

■カレー大學と IICA が 2017 年に業務提携
カレー大學ではカレー界のエリート育成を目的としてインドの IICA に短期留学　を敢行している。毎回、大手カレーメーカーがカレー若手料理人、外食企業が参加している。2017 年には商品開発分野における業務提携を結んだ。

＜営業用リリース　２枚目＞

4 ファクトブック

メディア用リリースは短時間で読ませるために3枚に絞り込みましたが、例えば取材に来た記者にもっと詳しく説明したい場合には、少し情報が足りません。そのようなシーンで、さらに理解を深めてもらうために、使用したのがファクトブックです。商品パンフレットのようにデザイン性も高めて、手元に資料として保管してもらうことを想定しています。

<ファクトブック　1枚目>

＜ファクトブック　2枚目＞

IICA& カレー大學チキンコルマカレー開発ストーリー

キッカケはカレーの本場インドでの「ホンモノ」との出会い。

カレー大學は、カレーの本髄を伝える「カレー伝導師」を育てるべく、２０１４年６月２日カレー記念日に開校しました。日本で唯一、カレーを学術的に学ぶことができる市民大学です。開校から４年経った今、卒業生も増え続け、その活躍は業界でも注目されています。
カレー大學では、卒業生の中でメーカーの開発担当者や飲食店のメニュー開発者、カレー店の店主などを対象にしたカレーの本場インドへの短期留学を敢行しています。
留学では、カレーの知識を極めるべく、インドで本場のスパイス使いから宮廷インド料理まで、さまざまなカレーの知識と技術、調理方法などを実践方式で学びます。インドの料理人専門育成機関で日本人が学ぶことは珍しく、貴重な体験ができるとカレー業界のみならず食業界全般で話題になっているほどです。

このインドで専門的研修を実施しているが、インド料理学校として有名なＩＩＣＡ(International Institute of Culinary Arts, New Delhi）です。ＩＩＣＡは、インド国内外で活躍する専門性の高い料理技術を有するシェフを育成する料理学校です。その卒業生は国内外のホテルに 4,000 人以上輩出しており、しかも、数多くの料理賞を獲得します。レベルの高い料理学校としてインド国内で知られています。
カレー大學では、インド料理学校ＩＩＣＡと業務提携を結んでおり、ＩＩＣＡ社長　アルジュン・Ｓ・ダッタ氏にはカレー大學特別顧問に就任していただいております。短期留学コースでは、日本人向けの料理習得プログラムを作成し、ＩＩＣＡの施設で一流の講師から直接、調理指導を受けることができます。受講修了者にはディプロマ（卒業証書）が授与されます。受講した参加者のほぼ全員のから高い評価と高い満足を得ています。
　実は、この短期留学の際、参加者から必ず出る言葉があります。

『インドのカレーは、日本のカレーとは違う』

この言葉が、意味するものは何なのか・・・・・・。本場インドで食べるカレーが、日本で食べるカレーと全く違うと感じる理由はなんなのか？そこが今回、“チキンコルマカレー”を発売することになる出発点です。

IICA
International Institute of Culinary Arts, New Delhi

　インド国内外で活躍する専門性の高い料理技術を有するシェフの育成と食品業界でハイレベルな調理知識の提供を目的にインドでベスト 50 にも選ばれる高名なシェフであるヴィレンデル・S・ダッタ氏（現 IICA 会長）2005 年に設立。創業以来 13 年間、
　料理、製パン、製菓の各分野においてインド国内だけでなく海外で働くプロのシェフを養成している。それと同時に、食品飲料業界での研究開発の需要に対応すべく、ナレッジセンターの役割も担っている。
　現代インドで最初に設立された料理学校の一つでインド全土へ料理人の 4000 人以上の料理人を輩出している。受講コースは国際的機関に認定されており、業界でも評価の高いプロのシェフによって運営されている。イギリスのシティ＆ガイド、エデクセル、世界司厨士協会連盟（WACS)、インド料理フォーラムの認定校にもなっている。また、イギリスのバーミンガム大学と提携し IICA のディプロマ保持者は同校への転入が認められている。
　TIME「Best Institute for Culinary Art in India」2013 年（インド最優秀料理学校賞)、パールブルーアワード・卓越したサービス部門「Most Promising Private Culinary Institute in India」（インドで最も有望な私立料理学校賞）など数多くの賞を受賞している。

~1~

<ファクトブック　3枚目>

IICA& カレー大學チキンコルマカレー開発ストーリー

本当は知られていない、本当の〝インドカレー〟とは？

みなさん、インドカレーを食べたことがありますか？

『インド料理店で食べるカレー』がそうでしょ？・・・そうです！でも、実は違うのです。本格的ではあるのですが、実は日本国内で提供されているインドカレー、レトルトで販売されているインドカレーのほとんどが、日本人向けに食べやすいようにアレンジされたものなのです。ロール寿司などのアメリカの寿司と日本国内の寿司が乖離していることを思い浮かべてもらうとわかると思います。ですので、本場のインドで食べているインドカレーとは一味が違うといえます。

では、インドの“カレー”と聞いて、どんなカレーをイメージしますか？

辛いカレー？独特のスパイスの効いたカレー？、
実はカレー=CURRYは「色々な種類のスパイスを使ったインド料理」という意味。インドではスパイスを使わない料理はほとんどありません。つまり、インドでは毎日の料理がほぼカレーというワケです。日本で例えるならば、“和食”という総称の意味に近いかもしれません。


日本国内で提供されるインドカレーと現地インドで食べられるカレー、いったい何が違うのか？

インドでは、当たり前ですが日本のようなカレールウは使用しません。インドでのスパイスの調理方法は、種類も豊富、複雑多岐にわたり、スパイス配合も各家庭でも異なります。つまり、インドではスパイス=家庭の味、秘伝の技なのです。

話は戻りますが、短期留学に参加した生徒が驚いた、現地インドのカレーとの味の違いは、このインドならではのスパイスの調理法、秘伝の技が生み出す“スパイスの香り高さ”と“スパイスの切れ味”なのです。

時代が追いついた？！本当のスパイスを堪能できる味覚へ近づいた日本人

カレー大學学長の井上岳久はインド短期留学を重ねるうちに、「この味を日本で食べたい！」「インドに行かずとも、本場インド、現地のインドカレーを日本人にも味わって欲しい！」と想いが募ってきました。そして悩んだ末、日本での商品化を決心しました。

しかし、なぜ、何度もインドには行っていたのに、前回の短期留学でそう感じたのか？なぜ、今なのか？！思い返した時、すぐに答えは出てきました。

本場インドのカレーを味わえるだけの味覚に、日本人の味覚が追いついた、進化したのです。

~2~

＜ファクトブック　4枚目＞

IICA& カレー大學チキンコルマカレー開発ストーリー

日本国内では、しばらくカレーは家庭の味、定番のカレールウで作るお家で食べるカレーが主でした。カレーのブーム、トレンドが動き始めたのは2000年以降です。
よく知られているところでは、「カレーうどん」や「スープカレー」「カレー鍋」、近年では「バターチキンカレー」「グリーンカレー」ブームと常に進化し続けています。家庭で作って食べるカレーから専門店で食べるカレーに、定番から作り手の個性が光るカレーに、まろやかなカレーからスパイスを感じるカレーに…、多種多様に変化しています。日本人が知らず知らず幅広いカレーを食べているうちにカレー及びスパイスの味の詳細かつ繊細な部分が分かるようになっていったといえます。カレーを食べて「カレーがおいしい」でなく「クミンとカルダモンの香りがよい」に代わってきたのです。カレーを学問として追究している井上学長の視点から見ても驚く点でした。

これは、日本人の持つ味覚＝五味の繊細さと鋭さとともに、日本人の美食への探求心、味覚の追求がカレーにも活かされたもので、“味覚に敏感な日本人なら当然”と言えるでしょう。カレーだけでなく、ラーメンやポテトチップス、ピザなど、本家をしのぐ勢いで日本独自で進化していることでも明らかです。

ここ数年、特に、際立ったカレートレンドとなっている「スリランカカレー」「大阪スパイスカレー」の台頭は「日本人のスパイスに対する抵抗感の無さ」、さらに「より多くのスパイス使用を求めている姿」が明らかになっています。スパイスの味わい方もよりダイレクトに、より本格
まで日本では見かけなかった珍しい
る時代に来ていると説明できます。
ンドカレーを日本人に味わってほし

日本のカレートレンドの歴史

2001年	カレー専門店
2003年	カレーうどん
2004年	スープカレー
2005年	フレンチカレー
2006年	白カレー＆黒カレー
2007年	カレー鍋ブーム
2008年	個性派キーマカレー
2009年	ベジキーマカレー
2010年	カレーうどん
2012年	バターチキンカレー
	グリーンカレー
2013年	新甘口カレー
2014年	シズル系カレー
2015年	生野菜×カレー
2016年	スリランカカレー
2017年	大阪スパイスカレー

カレー総研提供

スリランカカレー

大阪スパイスカレー

コルマカレー〟を味わってほしい！

現地インドカレーは、インドでは最
るカレーです。「コルマ」は、ムガー
理）で、肉や野菜などの具材を油で
し煮にしてスパイスを加えてソース
般を言います。日本人の好きな繊細
コクが味わえる、極上の逸品です。

~3~

IICA& カレー大學チキンコルマカレー開発ストーリー

しかし、調理にはインドのカレーの作り方の工程が複雑かつ、職人技のスパイステクニックが必要なため、その味の再現が難航し、一度諦めかけました。ただ、井上学長の求める本場インドの“コルマカレー”の味の再現・開発にかける情熱は収まらず、インドのシェフの厳しい指導の下で、多くの時間と技術を要し、何と５０回以上の試行錯誤を繰り返し、とうとう極上の味“チキンコルマカレー”を実現することができました。井上学長の熱意とIICAの講師陣の粘り強い指導とレトルト製造工場のサンハウス食品（ハウス食品の子会社）の協力で、やっと開発と販売にたどり着くことになりました。

「IICA チキンコルマカレー」は、レトルトパウチです。数分、湯煎するだけで、本場インドのカレーを味わうことができます。
封を開けると、そこには今まで感じたことのないスパイスの豊かな香りが広がり、一口味わうと、本場インドの複雑なスパイスの刺激と素材のコクがあなたを包み込みます。一瞬でインドにいる心地になります。ぜひ、ご賞味ください。

コルマカレーとは？

「コルマ」とは、ムガール料理（ムガール帝国時代の宮廷料理）で、肉や野菜などの具材を油で炒めた後に少量の水やストックで蒸し煮にしてスパイスを加えてソースを加えた、コクのある煮込み料理全般をいう。地方により多岐にわたり種類と味がある。コルマという名前は、ウルドゥ語で「蒸し煮」を表す「コマ」という単語に由来する。

＜料理の特長＞
コルマは、スパイスをマイルドに使用するものと大量に使用するものがあり、具材には羊肉や鶏肉、牛肉、ジビエなどを用いる。肉と一緒にほうれん草や蕪などの野菜を一緒に加えることもある。
王家を意味する「シャヒ」という名前で呼ばれることもあることから庶民が日常的に食べる料理ではなく宮廷で食される位の高い料理だったことがわかる

《　商品概要　》
名称：チキンコルマカレー
販売者：株式会社カレー総合研究所
〒349-1154 東京都渋谷区代々木 2-26-5-502
TEL：03-6276-7266
商品タイプ：200g
価格：700円
発売日：2018年６月２０日よりカレー総研、カレー大學HPなどWEBのみにて先行予約開始
販売場所：カレー総研、カレー大學HPなどWEBのみにて販売

【　本件に関するお問い合わせ　】
株式会社　カレー総合研究所

~4~

＜ファクトブック　5枚目＞

コラボ企業もリリース汎用法を実践

もう1件、私がカレールウをプロデュースした事例も紹介しましょう。

鹿児島県の七呂建設とは、社長の七呂恵介さんが私のPR講座を受講しに来たことで知り合いました。私がカレーの専門家であり、ハード面の「家」とソフト面の「カレー」がコラボしたら面白いのではないかという話になり、鹿児島名産の黒豚を使ったご当地カレールウの企画を進めました。七呂さんはとても熱心な方で、わざわざ東京に社員2名を通わせ、カレー大學を卒業してカレー伝導師の資格も取得させました。リリースの事例はカレー総研ではなく、七呂建設が作成したものです。

1 社内連絡用リリース

七呂建設社内で共通理解をしてもらうために作成しました。私がコンサルタントを務めているとはいっても、普段から付き合いがあるのは社長と広報担当者など一部の社員だけなので、この企画が始動したら「何でウチは建設会社なのに、カレーの販売を始めるんだ?!」とびっくりする社員がいるかもしれません。そうならないためにも開発理由を説明し、私がカレーの専門家として数々のテレビ番組に出演していることや、自社が今後どのようなイベント（モデルハウス内での試食発表会など）を開催するのかという流れについても理解を促しています。

＜七呂建設社内連絡用リリース　1枚目＞

鹿児島県注文戸建住宅年間棟数 No.2！

七呂建設 ニュースリリース

SHICHIRO★NEWS

2018.9. ×

鹿児島名物「黒豚」の味の特徴を最大限に引き出したカレールウ発売！

商品名　**「黒豚を美味しく食べるカレーの素」**

商品資料、及び商品発売 11/22＆試食発表会 11/21(水)について

鹿児島を拠点とするハウスメーカーとして、今年で創立 58 周年を迎える株式会社七呂建設（本社：鹿児島市石谷町、代表取締役：七呂恵介）は、鹿児島の誇る名物「黒豚」の味の特徴を最大限に引き出したカレールウ「黒豚を美味しく食べるカレーの素」を 11 月 22 日（水）に発売します。

発売にあたり、プレス試食発表会を 11/21(水)に吉野モデルハウスで開催します。東京より「マツコの知らない世界」や「世界ふしぎ発見」などの多数メディアに出演したカレー業界のレジェンド、井上岳久氏（カレー総合研究所 所長）が講演を実施します。

■鹿児島カレールウの商品概要について

＜キャッチ＞鹿児島に来たら名物「黒豚」の専用カレールウでカレーを作ろう！

鹿児島県人なら月 1 回は黒豚カレーを作ろう！

＜特長＞①鹿児島の誇る名物「黒豚」の味の特徴を最大限に引き出したカレールウを開発しました。

開発プロデュースは NO1 と言われるカレー業界カリスマ、井上岳久(カレー総合研究所代表)

②無添加(化学調味料、合成着色料など一切使用していない)体にやさしいカレーで子供も安心！

③家族の幸せを実現する住宅メーカーの七呂建設が家族団欒のきっかけ作りでカレーを考えた。

味しく食べることのできるようコクのある黒豚に合わせスパイ

。

住宅メーカーで当社の家はで族の絆を強める家を作り続けて

ソフト面としてカレー作りを提案したい。

なってもらいたいという思いからカレー開発を決意。（レトルトで

で作らないので、作り家族で同じものを食べるルウを選定した。）

う分野があり横須賀海軍カレー、札幌スープカレー、門司港やき

が、鹿児島にカレーの名物がない。

しては寂しく思い、住宅メーカーで食品会社ではないが、ご当

レーといえば、「黒豚カレー」と言われるまでにしたい。

レーの専門性を極めようと東京の「カレー大學」に通い、見事

資格(カレー伝導師)の取し、チームを組閣し本格的に開発する

形　状：カレールウ(フレーク状)
販売価格：500 円（税別）
販売者：(株)七呂建設
販売場所：七呂建設ショールーム土産販売所他

担当部署：広報　　担当者：[redacted]
E-mail：[redacted]

鹿児島の誇る名物「黒豚」の味の特徴を最大限に引き出したカレールウを発売

当社は、鹿児島の誇る名物「黒豚」の味の特徴を最大限に引き出した、鹿児島にふさわしい特製カレールウ「黒豚を美味しく食べるカレーの素」を開発しました。

とけやすいフレークタイプ

コクのある黒豚に合わせたスパイスの配合と味付けとなっており、黒豚の旨さを十分に引き出すルウのバランスが絶妙です。アレンジ料理にも使いやすいフレークタイプとなっています。

さらにこのカレールウは「無添加」です。化学調味料、合成着色料など一切使わず、お子さまでも安心して食べることのできる、体にやさしいまろやかなカレーに仕上がりました！

カレー業界のレジェンド「井上岳久」氏（カレー総合研究所 所長）が直々にプロデュース！！

日本ナンバー1 と言われるカレー界のレジェンドといわれるカレー総合研究所所長の井上岳久氏にプロデュースをお願いいたしました。数々のヒット商品を生み出し手腕を当社でもいかんなく発揮してもらいました。

井上 岳久 氏

試食会では同氏をお迎えし、講演を行っていただきます。講演の内容は、「全国ご当地カレー事情と鹿児島について」と題し、全国のご当地カレーの現状に加え、鹿児島のご当地カレーの状況について話していただきます。日本におけるカレーの第一人者からカレーの最新事情を知ることができます。

井上《いのうえ》 岳久《たかひさ》

株式会社カレー総合研究所 所長
カレー大學学長

カレー業界をけん引する、業界の第一人者。横濱カレーミュージアム・プロデューサーを経て、現職に至る。さまざまなカレーブームを巻き起こしたことでも知られる。商品開発にも定評があり、1,000 以上ものレシピを開発し、加工食品は大手メーカーを中心に 100 以上を企画発売し、いずれもヒット商品になっている。

プレス試食発表会 概要

イベント名：七呂建設
「黒豚を美味しく食べるカレーの素」
発売記念　プレス試食発表会
主　　催：(株)七呂建設
開催日時：11 月 21 日(水) 10:30～13:00
会　　場：(株)七呂建設 吉野モデルハウス

10:30 代表 挨拶　10:35 七呂建設について
10:40 カレーについて解説
開発理由(背景・目的・開発ストーリーなど)
カレールウの特長
11:00 講演：井上岳久/カレー大學学長
「全国ご当地カレー事情と鹿児島について」
11:20 ゲスト出演（確定後、発表）
11:30 試食と質疑応答　12:00 適宜、取材対応
13:00 終了

- 2 -

＜七呂建設社内連絡用リリース　2枚目＞

2 メディア用リリース

メディアに向けては、どのようなカレーであるかという商品特性とともに、やはり建設会社がカレーを販売するというユニークさがこの企画のポイントだと思うので、開発理由もしっかり説明しています。2～3枚目ではコラボしているカレー大學や私のことを紹介し、異業種だからといって遊び半分でなく、真剣に取り組んだ企画なのだということを伝えています。

見比べていただけば分かるように、2は1をアレンジして、対外的に必要な情報を追加して作っているので、一から作成するよりも、はるかに短時間で完成させることができたそうです。

こんな風にリリース汎用法には、短時間で加工できて、様々な用途に活用できるメリットがあります。

＜七呂建設メディア用リリース　１枚目＞

鹿児島県注文戸建住宅年間棟数 No.2！

七呂建設 ニュースリリース

SHICHIRO ★ NEWS

2018. 9.18

鹿児島のご当地カレールウを開発！鹿児島を代表するカレーにします！！

鹿児島名物「黒豚」の味の特徴を最大限に引き出した

新商品「**黒豚を美味しく食べるカレーの素**」11/22 発売

当社のカレーチームが鹿児島初＆日本で最南端のカレー伝道師認定を取得し開発！！

当社は「家族団欒」を大切にし、「家族の絆を強める家づくり」を推進！！

　鹿児島を拠点とするハウスメーカーとして、今年で創立 58 周年を迎える株式会社七呂建設（本社：鹿児島市石谷町、代表取締役：七呂恵介）は、鹿児島の誇る名物「黒豚」の味の特徴を最大限に引き出したカレールウ（フレーク状）を開発し、11/22(土)より発売します。

※販売開始日の前日 11/21(金)にプレス向け試食会を開催する予定です。

カレールウのパッケージ

カレールウの特長

①鹿児島の誇る名物「黒豚」の味の特徴を最大限に引き出したカレールウ（フレーク状）を開発！

②化学調味料、合成着色料など一切不使用！！
無添加で体にやさしいカレーで、子供も安心！！

③家族の幸せを実現する住宅メーカーの七呂建設が、開発専門チームを組織し開発！
家族団欒のきっかけ作りでカレーを考案！！

◆黒豚を美味しく食べるカレーの素◆

名　　称	カレールウ（フレーク状）
内 容 量	120g（4 皿分）
販売価格	500 円（税抜き）
販 売 者	株式会社七呂建設 鹿児島市石谷町 1273-1
販売場所	七呂建設ショールーム 土産販売所、他（予定）
特　　長	無添加
発 売 日	2018 年 11 月 22 日(木)予定

〜 開 発 理 由 〜

　当社は、「家族団欒」を大切にする住宅メーカーで、家族の居住空間を作ると同時に、家族のふれ合いが大切だと考えています。そのきっかけとして食事、みんなが好きなカレーに着目しました。「カレーを家族で作り、食べて、家族円満になってもらいたい」という思いから開発、発売します。

　さらに、鹿児島にはご当地カレーが少なく、当社としては寂しく思い、カレー事業に乗り出しました。カレーの専門性を極めようと東京の「カレー大學」へ通い、見事卒業！カレー資格を取得し、チームを組閣し、本格的に開発しました。

お問い合わせ先　株式会社七呂建設

- 1 -

＜七呂建設メディア用リリース　2枚目＞

鹿児島の誇る名物「黒豚」の味の特徴を最大限に引き出したカレールウを開発！

当社は、鹿児島の誇る名物**「黒豚」の味の特徴を最大**限に引き出した、鹿児島にふさわしい特製カレールウを開発しました。

コクのある黒豚に合わせたスパイスの配合と味付けとなっており、黒豚の旨さを十分に引き出すルーのバランスが絶妙です。

アレンジ料理にも使いやすいフレークタイプとなっています。

化学調味料、合成着色料など一切不使用！！無添加で体にやさしい！！

当社が発売するカレールウは、" 無添加" です。「体にいいものをお届けしたい」「お子様にも安心して食べてもらいたい」という思いで化学調味料、合成着色料などを一切使わずに仕上げました！！安心して食べることのできる体にやさしいカレーになっています。

家族団欒のきっかけ作りでカレーを考案！
カレーの開発にあたり、「カレー大學」へ通い、見事卒業！！

宅メーカーで、家族の居住空間を
と考えています。そのきっかけ
目しました。家という箱のハー
家族で作り、食べて、家族円満
トルトカレーではなく、カレー

ーの専門性を極めようと当社の
通い、見事卒業！鹿児島初＆日本
を取得し、チームを組閣し、本

カレー伝道師認定を取得した当社の社員２名、
向かって左：有村和馬、向かって右：米森愛
【撮影：七呂建設、撮影場所：カレー大學】

践的に学ぶことができ、カレーを理解する必要不可欠な知識全般を
識としてでなく、ビジネスや家庭で実用的に実践できる「生きた学
目指しています。カレー界の第一人者である井上岳久が監修したテ
やすく学べます。日本最高峰のカレー講座といえるでしょう。

大學ホームページ▶ http://www.currydaigaku.jp/

- 2 -

鹿児島名物カレーといえば「黒豚カレー」と言われるまでにしたい！！

カレー業界には横須賀海軍カレー、札幌スープカレー、門司港やきカレーなど日本各地に「ご当地カレー」といわれるものがありますが、残念ながら鹿児島には全国に名を轟かせるカレーはありません。この現状を当社としては寂しく思い、食品会社ではない住宅メーカーがご当地カレー事業に乗り出しました。

開発プロデュースは、日本ナンバー1 と言われるカレー業界のレジェンド、井上岳久氏！

カレールウの開発は、カレー業界における日本の第一人者のカレー総合研究所代表でカレー大學学長の井上岳久さんがプロデュース！

「鹿児島名物" 黒豚" の専用カレールウでカレーを作ろう」をキャッチフレーズに全国へ発信し、鹿児島名物に育てたいと考えています。

井上《いのうえ》 岳久《たかひさ》
株式会社カレー総合研究所代表。
カレー大學学長。
事業創造大学院大学客員教授。
1968 年生まれ。
カレー業界をけん引する、業界の第一人者。横濱カレーミュージアム責任者を経て現職に至る。カレーの文化や歴史、栄養学、地域的特色、レトルトカレーなどカレー全般に精通している。メディアに年 100 媒体に出演。慶應義塾大学、法政大学卒。

七呂建設 会社概要

◆会社名　株式会社 七呂建設
◆創　業　昭和 35 年 4 月 1 日
◆会社設　昭和 38 年 5 月 1 日
◆資本金　8,700 万円
◆事業概要
- 注文住宅 受注・設計・施工
- 収益物件（賃貸共同住宅、有料老人ホーム、保育園、グループホーム）受注・設計・施工
- 太陽光発電所 受注・設計・施工
- リフォーム 受注・設計・施工
- 宅地造成 企画・施工
- 外構工事 設計・施工
- 保育園運営 「なないろ保育園」
- シェルター 販売・施工
- 社員食堂 運営

◆従業員数　92 名（保育園スタッフを含む）
◆有資格者
- 一級建築士　6 名
- 二級建築士　10 名
- 一級建築施工管理技士　4 名
- 二級建築施工管理技士　1 名
- 福祉住環境コーディネーター2 級　3 名
- 宅地建物取引士　7 名
- 太陽光発電システム施工監理士　2 名

四季 ZEN
なないろ保育園

鹿児島を拠点としたハウスメーカーとして 58 年に渡る誠実な取り組みにより、地域の皆様からの信頼を獲得。着工棟数では、県内総合 2 位となっています。

- 3 -

＜七呂建設メディア用リリース　3枚目＞

第4章 リリースの基本的な書き方をマスターしよう

リリースもＡＩＤＭＡから

この章では、入門編としてリリースの基本的な書き方を解説していきます。その前にリリースの役割をおさらいしておきましょう。企業にとってＰＲしたい案件があるとき、いきなり放送局や出版社などのメディアを訪ねたり電話したりしてもらちが明きません。まずはＰＲしたい内容を紙にまとめてメディアに配信し、興味を持った記者にその媒体で紹介してもらうのがリリースの役割です。そこから取材に発展することもあり、非常にベーシックな方法でありながら効果は絶大。企業とメディアを結ぶ最も有効なコミュニケーションツールがリリースなのです。だから数枚の紙とはいえ、決して侮ることはできません。

いくらＰＲするコンテンツがかなりの自信作であっても、そのリリースがメディアの目に留まるものでなければ効果は半減してしまいます。情報が多すぎたり、複雑だったり、難解だったりすると、伝えたい内容がきちんとメディアに伝わりません。そのためには見栄えよくレイアウトしたり、情報を整理・加工したりすることが大切です。

マーケティングの世界では、消費者の購買に至るプロセスを表した「ＡＩＤＭＡ」「ＡＩＳＡＳ」などが有名ですが、これはリリースを手に取るメディアの記者たちの心理にも当てはめることができます。AIDMAはAttention（注意）→Interest（興味）→Desire（欲求）→Memory（記憶）→Action（行動）の5段階の頭文字です。

まずリリースではタイトルに織り込んだキーワードで〝注意〟を引きます。〝興味〟を抱いた人はタイトル全体とリードを読み、知りたい〝欲求〟が高まった人は本文に目を通します。そしてニュースとして発信する価値ありと判断されれば、記者の頭に〝記憶〟されます。そして情報を整理して取材するなどの〝行動〟を起こし、記事や番組として晴れて消費者の目に触れるわけです。

「分かりやすくが」基本

リリースには、必要な情報を効率よく盛り込める基本的な形態（レイアウト）があります。大きさはA4判で横書きです。まず冒頭に、自分がどこの会社であるかを名乗る「レターヘッド」を載せます。これはデザイン化して目につきやすくしている企業が多いです。そして「タイトル」「リード」「本文」と続き、最後に「所在地・連絡先」を掲載します。あまり枚数が多いのも考えものなので、ここまでは1枚に収め、他に添付したほうが効果的な資料があれば、2枚目、3枚目を添付するようにしましょう。

本文の文字の大きさは11ポイントで1文50字以内が読みやすいです。メールでリリースを送信する機会が増えておりカラーが主流の現在、他社のリリースに埋もれてしまわぬようモノクロは避けたほうがいいでしょう（ファクスで送信するときはモノクロになったとしても、ベースはカラーで作成しておくのがベストです）。読み手がメモできるように適度な余白を空けておくことも必要です。

内容には５Ｗ１Ｈを必ず入れましょう。「日本〝初〟」や「業界〝ナンバーワン〟」など、インパクトのある言葉を入れるといいですが、根拠を明確にすることが大切です。もしそれが虚偽だったとなると、あなたが送るリリースは今後一切取り上げてもらえなくなるので、慎重を期し、はっきりした統計はないけれど自社で調べたという場合は「当社調べ」と注意書きを添えます。誤字や脱字も命取りです。またメディアの人たちにも分かりやすいよう、自分たちの業界では当たり前の言葉でも専門用語は極力避けましょう。

内容のインパクトが肝心

まずは15秒で、〝あっ〟と言わせるものを目指しましょう。そのためにも「タイトル」と「リード」で目立つことが重要で、タイトル案は最低でも３つ以上は考え、一番いいものを選んでください。

次にやや精神論になりますが、リリースには気持ちをこめて、一生懸命伝えたいことを書きましょう。メディアの人たちは職業上、行間を読むのが得意です。ＰＲする案件に対する愛情が感じられなければ、取り上げる気も失せてしまうのです。書きあがったら同僚などの第三者に一読してもらうといいかもしれません。そして第三者に「スゴイ！」と思ってもらえるまで書き直しましょう。

また時事的キーワードや社会との接点を感じさせるワード、例えば「ＣＳＲ」「食育」「少子高齢化」「環境」などを織り込むことも有効です。メディアは、現在世の中の関心が高まっていることを掲載したいのですから、それに関連した案件であれば取り上げられる可能性は高くなります。また記者はそれぞれ自分のテーマを持っていますから、それに合致するキーワードが入っていれば間違いなく目を留めるでしょう。

次の章からは、実際に企業が配信したリリースを見ていきますが、実例に入る前に、基本のポイントを解説していきます。この章を参考にして、まだリリースを書いたことがない会社はぜひ第1作を。すでにリリースを配信している会社も、自社のリリースをぜひ見直してみてください。リリースが充実すればメディアに取り上げられる回数となって返ってきます。着実に成果の上がる、手応えのある楽しい仕事であると実感できるはずです。

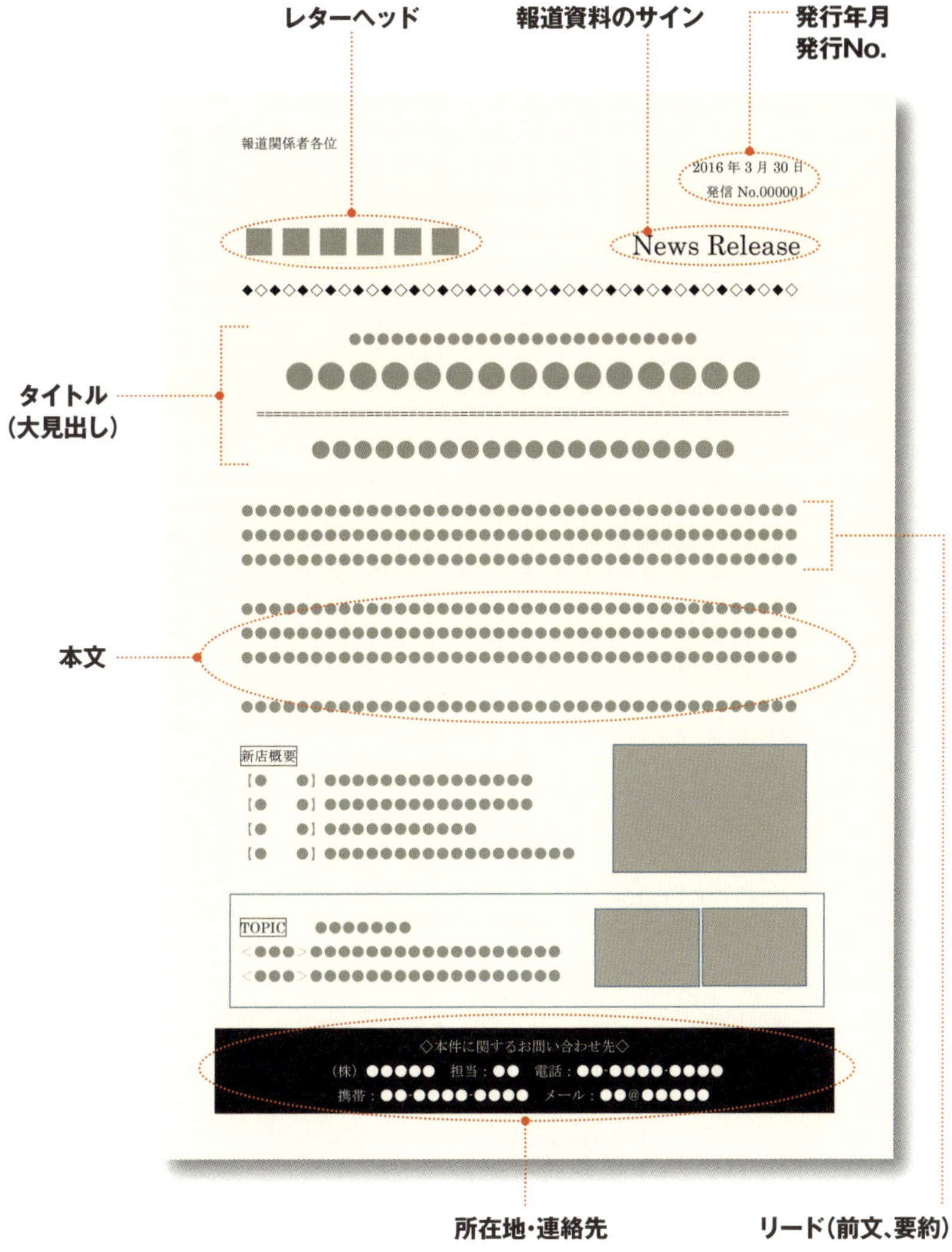

【リリースの基本書式】

① A4横書き、1枚で（添付資料は2枚程度）
② レターヘッドに企業名（ロゴ）
③ 1文字11ポイント、1文50字以内
④ 5W1Hなど内容を正確に分かりやすく
⑤ タイトルにはインパクトのあるフレーズ

リリースの4つの効果

近年、企業が広報・PRに力を入れるようになり、新たに広報部門に配属される人、あるいは広報以外の部門であっても広報・PR視点が求められる場面がかなり増えています。かつてプロモーションの花形はテレビや新聞などのマス広告であり絶大な影響力を持っていましたが、ウェブの隆盛でマス媒体の力が低下したと言われています。

近年、それに代わるプロモーション手法として注目されているのが「広報・PR」で、その基本にして最大の武器であるのがリリースです。リリースの作成に必要なのは1枚の紙とペン、そしてわずかなファクスや郵便の通信費だけです。また、最近ではメールでの配信や、有料のリリース配信プラットフォームを通じてメディアに送付するケースも増えています。

ひとたびそれがテレビや新聞に取り上げられれば、数千万円、数億円の広告費を払ったのと同じ効果が期待できます。「少ない費用で大きな広報効果を生む」、それがリリースの役割と言えます。

リリースを活用しメディアに紹介されれば、次の4つの効果があります。

①マーケティング効果
②組織活性化効果
③財務効果
④リクルート効果

リリース ４つの効果

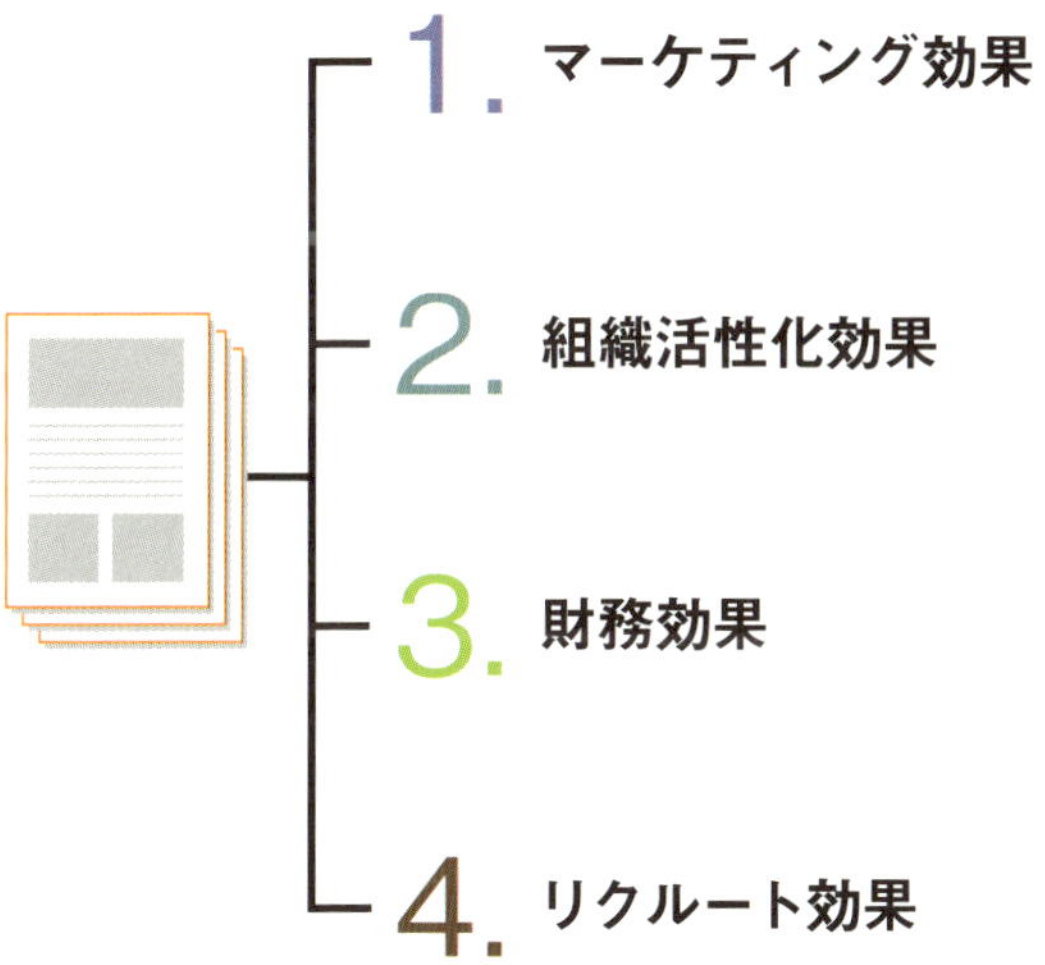

①の「マーケティング効果」は言わずと知れたプロモーション効果です。露出が多くなれば、当然商品や企業に注目が集まります。

②の「組織活性化効果」はどういうことでしょうか。社長が取材を受けたりしてメディアで発言すると、「うちの会社は注目されているんだ」と、社員の士気が高まります。同じ社長の発言でも、朝礼や会議などで発言するより、社員の心に響くのです。メディアに出演した社長がよく「日本一の給料を払える会社にしたい」と話しますが、これも社員を発奮させる、心理的な作用を狙っている場合があります。

③の「財務効果」は、メディアに取り上げられることで、金融機関の信頼度がアップすることを指します。上場企業なら、株価にも影響しますし、資金を調達しやすくなるでしょう。

④の「リクルート効果」はメディアに取り上げられることで新規入社の希望者が増え、より優れた社員を採用できるという効果です。毎年、「学生が就職したい企業ランキング」にランクインするのは、どこもメ

ディアに頻出する企業ばかり。よく名前を見聞きする企業は学生にとっても安心感があり、就職したいと思う大きな動機のひとつになっているのです。

このように広報・PRには単なるプロモーション効果以外にも様々な効果があり、企業としてはPRをしない手はありません。その第一歩がリリースの作成なのです。

リリースに入れるべき5つの要素

続いて、実際にリリースを作成する作業に入っていきます。まずは、先ほどご紹介したリリースの基本書式について詳しく見ていきましょう。私がリリースの2大原則と考えるのは、「A4サイズ1枚」「1リリース1テーマ」です。メディア関係者は多忙な人が多いので、あまり枚数が多いリリースが届くと、それだけで読む気が失せてしまいます。1枚に収めきれない場合は多少オーバーするのはやむを得ませんが、それでも2〜3枚までが限度です。

また、ひとつのリリースに2つ以上の訴求事項を入れると焦点がぼやけてしまいます。何をアピールしたいのかが伝わらなくなっては元も子もないので、あれもこれもと欲張らずに、1回のリリースで1テーマという原則を守るようにしましょう。

次に掲載する内容ですが、リリースは5つの構成要素から成り立っています。

①レターヘッド
②タイトル

リリースの基本書式

- A4サイズ1枚
- 1リリース1テーマ

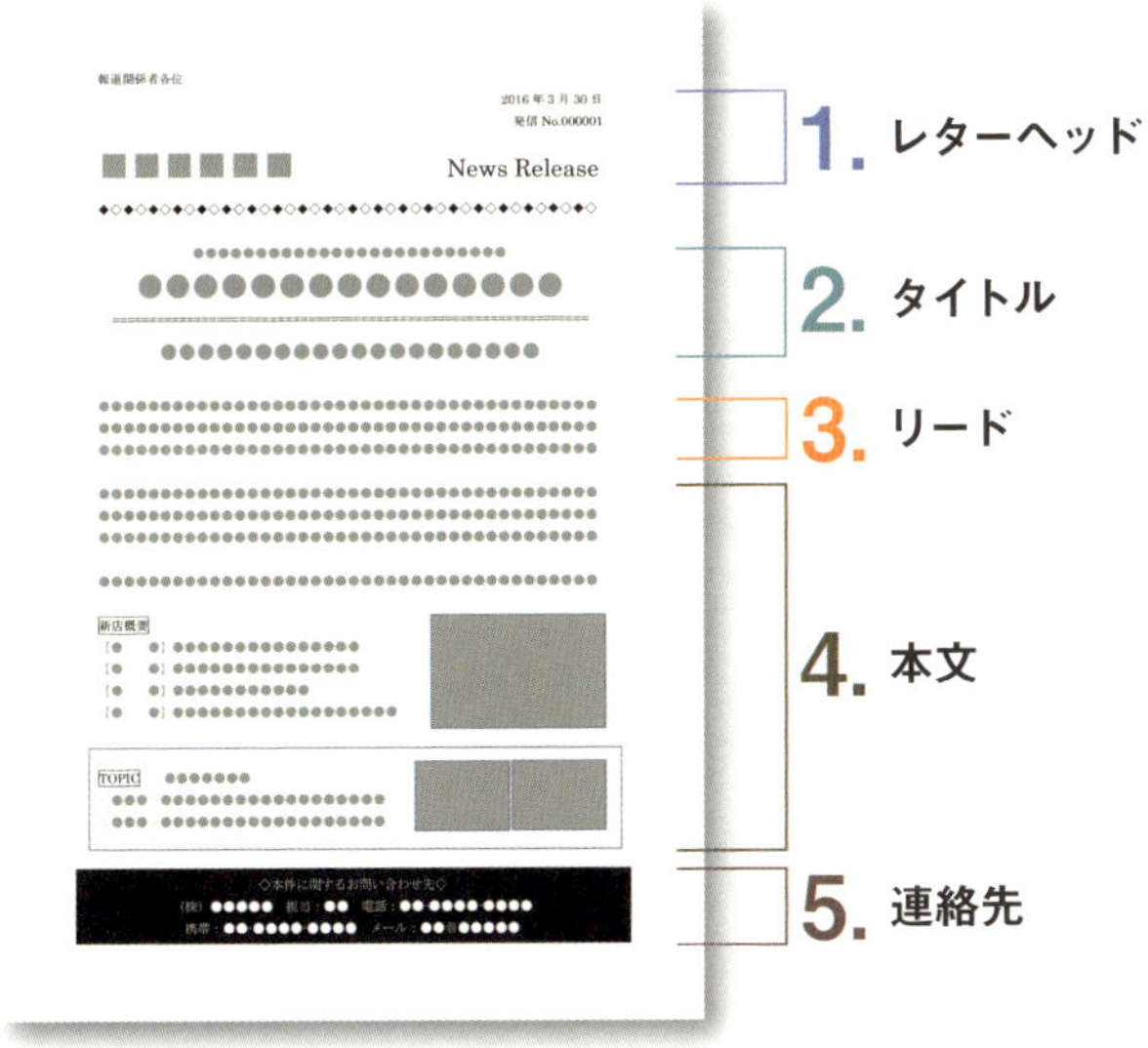

③リード
④本文
⑤連絡先

①の「レターヘッド」は、企業や商品をデザイン化したロゴなどを入れた、リリースの顔となる部分です。きちんと形を決め、毎回定型化し、受け取った相手が「あ、あの会社だな」と見てすぐ分かるようにしましょう。

②の「タイトル」はリリースの命ともいうべきもので、メディアに興味を持ってもらえるかどうかはこのタイトルにかかっています。読み手に最も刺さるコピーの力が重要であるのと、文字を大きくしたり太くしたりしてデザインとしても目立たせることが大切です。

③の「リード」は、リリースで伝えたいことを2～3行で要約します。忙しい人は

本文まで読まず、リードだけで内容を把握しようとするので、簡潔に中身を伝える文章が必要です。

④の「本文」もスペースが限られているので、ポイントのみを書きましょう。箇条書きに写真やグラフなどのビジュアルを付けるくらいの簡潔さが望ましいです。もしそれ以上に付け加えたい内容があれば、2〜3枚目に添付資料として加えます。

⑤の「連絡先」は、リリースを読んで関心を持ってくれたメディアが、発信元にアクセスするための基本情報です。企業名、部署名、担当者名、TEL、ファクス、企業所在地、自社サイトのURLは必須です。それにプラスして、担当者のメールアドレスや携帯電話の番号も入れると、「この広報はいつでも対応してくれそう」と、信頼感を与えるでしょう。

今後経験を積み、いくつもリリースを作成するうちに、この基本を応用した発展形に挑むことも出てくるかもしれません。しかしどんな場合でも、この基本がベースになるので、しっかり書式をマスターしてほしいと思います。

リリースの質を上げる5カ条

ここではリリースを書く際に、私が大切だと考える5つのポイントを伝授します。私は多くの企業からリリースの添削指導やアドバイスを依頼されますが、その際に指摘する率が高いのは次の3つです。

a．タイトルのインパクトがない

b．レイアウトが上手でない

改善のポイント５カ条

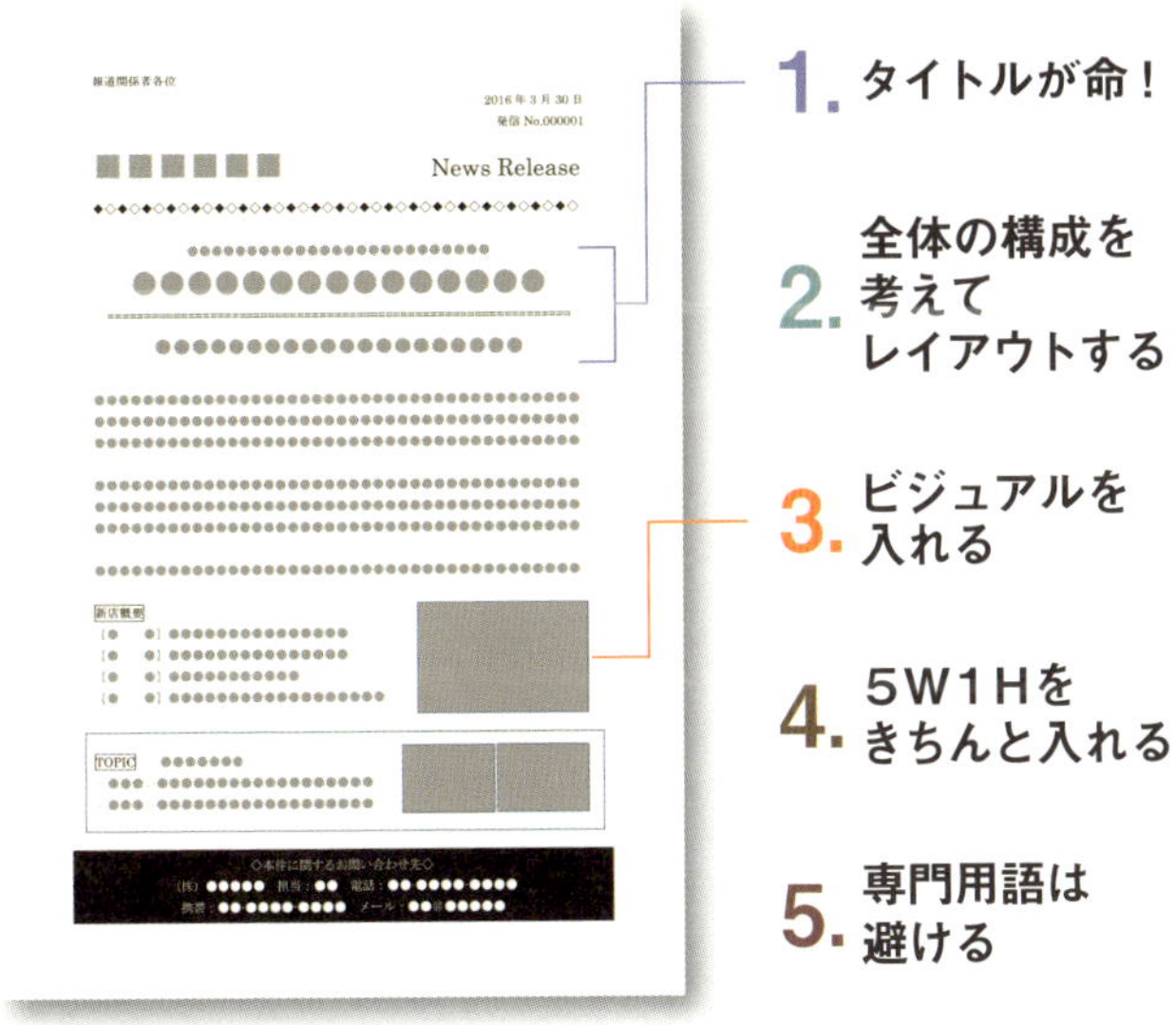

c．何が書いてあるか分からない

そして、これらを解決するのが以下の5つのポイントなのです。

まずaですが、タイトルを見ても読む気が起こらないリリースが多いのです。そこでポイント①は「タイトルが命！」。タイトルはリリースの導入口で、中身を読んでもらえるかもらえないかの分岐点ですから、全力を注いでください。私がよく言うのは「最低3案は考えろ」ということです。ひとつで満足せずに、いくつか案を考えて比較するうちに、本当に伝えたい大事なことが絞り込まれていくのです。

続いてb。文字が詰め込まれすぎていたり、切れ目が分からなかったりと、どこが一番伝えたい部分なのかが分からないレイアウト下手なリリースも多いです。上からレターヘッド、タイトル、リード、本文、連絡先のメリハリがきっちりとついているのがいいリリースの条件。よってポイント②は「全体の構成を考えてレイアウトする」。盛り込みたい内容を配置したら、一度少し離れて、客観的にリリース全体を見ましょう。ぎっしり要素を詰め込みすぎず、適度な余白を作るのも（もったいないと思うかもしれませんが）大事なことです。

ポイント③は「ビジュアルを入れる」。商品の写真やグラフを入れると文字だけに比べて目が休まりますし、百聞は一見に如かずというのは本当で、読み手の理解がぐっと深まります。

cは、単純に文章が下手という問題ではなく、必要な情報が抜けていたり難解な用語を使っていたりする不親切なリリースのことです。あいまいな情報をもらっても記事は書けませんから、読み手に伝わる文章にすることが重要。ポイント④は「5W1Hをきちんと入れる」。中学校の英語の授業で習った通り、だれが、いつ、どこで、なぜ、どんなふうに、何をしたかを、基本的すぎると思わずに意識して書くことが、「伝わる文章」への近道です。

ポイント⑤は「専門用語は避ける」。リリースを受け取るメディアの人は、あなたの業界の人ではありません。そのことを肝に銘じ、まったく業界に関して無知な人が読んでも通じる言葉で書くことが大事です。やむを得ず専門用語を使う場合は注釈をつけるようにしましょう。

以上①から⑤まで、たった5つのポイントを心がけるだけで、あなたのリリースは見違えるほど向上していくはずです。

記者の視点で内容を見返す

リリースとは記者に読んでもらい、記事にしてもらうための道具です。何を今さらと突っ込まれそうです

記者が記事にしたくなる
ニュースバリュー ６つのポイント

1. 特異性　今までになく、あっと驚くようなこと

2. 人間性　人間味があって感情に訴えること

3. 大衆性　多くの人が名前を知っていたり、関心があること

4. 社会性　広範囲、あるいは時代的に意義のあること

5. 影響性　社会に対して影響を与えること

6. 地域性　地域に限定された身近な情報であること

が、「ではどんな内容だったら記事にしたくなるのか？」と記者の視点に立って考えてみるのは大事なことです。古くからマスコミ業界で言われていることですが、ニュースバリューには６つのポイントがあります。

この６つは、時代が変わっても普遍的に人々の興味を引く鍵のようなものです。

少し古い例になりますが、約10年前にタレントの田中義剛さんが生み出した「花畑牧場生キャラメル」は当時のヒット商品のひとつで、メディアにも多数取り上げられましたが、この商品を例に検証してみましょう。

芸能人が自ら商品を企画したことが驚き（特異性）。名前だけ貸した「監修」はよくありますが、実質的な企画は極めて珍しい。また、キャラメルが生だという、今までにない特性も新鮮。田中さんは牧場の事業を始めたものの、一時は借金をして大変だったといいます。そこからの一発逆転の物語が人の胸に

響き、好感を与えます（人間性）。

田中さんといえば、「あのなまりのある素朴な感じの芸能人ね」とだれでも顔が浮かび、知名度は十分（大衆性）。未曽有の大不況で暗い話題が続く現代。商売が本業でないタレントが成功したということは社会に勇気を与えます（社会性）。事業経営者は負けていられぬと思うでしょうし、一般の人たちも「義剛さんを見習い、自分もがんばろう！」と希望を感じます。

この商品の成功で、彼の牧場がある地域は脚光を浴び、後に続けと他の市町村も同じようなまちおこしを始めました（影響性）。そして、北海道の商品ということで、最初はやはり地元のメディアが大々的に取り上げました（地域性）。それが火つけ役となって全国のメディアに広がり、空前の大ヒットに結び付いたのです。

こうして見ていくと、この商品は6つのポイントをすべて満たしている非常に優秀な商品で、たくさんのメディアが注目したのも当然の成り行きと言えます。そして多くの記者が記事にしたくなる商品は、好調な売れ行きにもつながっていくのです。あなたの会社の商品やサービスは、この6つのポイントに当てはまっていますか？　ひとつでも多く該当するポイントを見つけ出し、そこを前面に押し出してリリースを書くことを心がけましょう。

コラム1

リリース添削でありがちな落とし穴ベスト5

さて、私は広報会議のPR講座などで、リリースの添削を依頼されることが多々あります。添削のビフォーアフターを見せるとその効果が分かりやすいのですが、守秘義務があるので普段はなかなかお見せすることができません。ここでは私がコンサルタントを務めている住宅会社「エルハウジング」に協力してもらって、特別に実例を見せながら、添削の際にありがちな落とし穴をランキング形式で紹介したいと思います。81ページのリリースは、キャンピングの設備が整った、いま話題の「グランピング」ができる住宅のメディア向け内覧会のものです。実はエルハウジングはビフォーのリリースを一度配信したのですが、全くメディアが集まらず、私が修正したアフターのリリースを再配信したという経緯があります。

1位　タイトルが弱い

私がビフォーのリリースを見てまず思ったのは、「タイトルが弱い」ということ。「京都企業初」とありますが、正直、どれほどすごいことなのかがよく分かりません。確かに私も「○○初」はアピール度が高いと常々言っていますが、これではインパクトを与えられません。「ラグジュアリー」という言葉も抽象的です。そこで私は「初」は捨てて、「時事性」をメインに訴えることにしました。そもそも「首都圏でグランピングが流行している時流があって、それを京都の住宅会社で初めて取り入れた」のがこの商品の肝だと感じたので、そのことを簡潔にまとめたのがアフターのタイトルです。特に地方では「東京で流行っている」という文句はくすぐります。グランピング自体はまだ知名度が低いので「知っていますか？」と呼びかけて関心をそそう形式を取りました。

2位 ニュースバリューが意識できていない

前項にもつながることですが、タイトルのピントがずれていたのも、この案件の何がニュースバリューなのかが、正確に意識できていなかったからだと思います。そこでアフターでは、特に関西ではまだ知られていない「グランピング」がどういうものかを、タイトルとリードで、早い段階できちんと説明することにしました。そして、グランピングが東京ではブームになり始めていて、それを取り入れた住居がいかに時代の最先端を行っているかということを、きちんと伝えることに力を注ぎました。このお陰で、だいぶ納得感のあるリリースになったと思います。

3位 レイアウトが優先度の高い順になっていない

最も大きな改造として、レイアウトに手を入れました。そもそも内覧会呼び込みリリースなのに、内覧会の概要が3枚目になってしまっていたのでは意味がありません。ここはまず、内覧会の日時や場所を1枚目に持ってこなくては、記者たちも来てくれません。当日、どんなことが行われるのかが分かるように、タイムスケジュールも1枚目に載せました。

4位 ビジュアルが上手に活用できていない

ビフォーでは2枚目に詳細な間取り図が入っていたのを、アフターではばっさり切りました。確かに不動産案件に間取りはつきものですが、間取り図だけではグランピングのイメージが湧かないので、それよりは当日見に来てもらうことに力を注いだ方がいいと思いました。だから間取り図を外した分、当日事業説明をする営業部部長と、ゲストのグランピング専門家の顔写真を入れました。これは記者発表や内覧会などに来る記者にとっては、どんな写真が撮れるかがとても重要で、顔写真2人分のバリエーションは撮れると判断がつくからです。

5位　文字量が多い

ビフォーをパッと見た時の第一印象が、「文字が多くて、私が記者だったら読みたくないな」ということでした。特に1枚目の下3分の1以上のスペースを占める囲みの部分がそうです。ここには企業説明が入っており、普段なら私も、メディアに覚えてもらうために毎回入れるよう勧めますが、今回はそれよりも「グランピング」という耳なじみのない言葉の説明を入れることが先決ということと、文字数を減らしてすっきりさせるために外しました。

＜１枚目　Before＞

報道資料（記事掲載のお願い）

住むほどに幸せふくらむ
株式会社エルハウジング

平成２８年（２０１６年）８月２５日

京都企業初のグランピング住宅！
「メディア内覧会」を 9／3(土)開催!!
時間の使い方、コミュニケーションに重きをおく『ラクジュアリースタイル』を提供
自宅にいながら心地の良い時間を楽しめる屋上グランピングテラスを装備！！

株式会社エルハウジング（本社：京都市右京区　代表取締役：村井 孝彦）は、トレンドを捉えた事業戦略としてグランピング住宅を積極的に展開していきます。
分譲地：JR おごと温泉（滋賀県大津市雄琴５丁目字椿 313-1：全 30 戸予定）において第１弾となるモデルハウスを建設し、９月３日（土）にメディア向けモデルハウス内覧会を開催します。

▲現地 MAP

京都市、亀岡市、長岡京市、向日市、乙訓郡ならびに滋賀県において注文および分譲住宅を手がけるエルハウジングは、京都府において 10 年連続でNo.1 ハウスメーカー（※1）に選ばれるなど、地元密着企業として支持されています。「モノの所有」から「コト（体験）」へラグジュアリー（贅沢感）に対する消費意識が変化するなか、主要な住宅購入層となる 20 代、30 代のライフスタイルも多様化しており、住宅分野においても人と人との「豊かな繋がり」や「時間の使い方」に価値を感じる方々への対応が急務となっています。

そこで弊社では、これまでの快適空間づくりに加え「新しいラグジュアリ
マとして（１）日よけの整った屋上グランピングテラスと（２）計 44.5 帖
る家、（３）ヘリンボーン調の床材を採用の３つの要素を組み合わせた京滋
となるモデルハウスを本年９月３日（土）に滋賀県雄琴市に開設し、メデ

屋上活用にあたっては全国で 6,000 箇所の実績を持つ株式会社 innovation
プ場、店舗などで開発が進む『グランピング空間』ですが、生活に身近な
でのパッケージ提供は京滋エリアでは初めての取り組みとなります。
※1　住宅産業研究所調べ「2014 年度京都府着工棟数ビルダーランキング」

お問合せ先
株式会社エルハウジング　広報担当：
〒615-0073 京都市右京区山ノ内荒木町７番地

❶「京都企業初」が伝わりづらい
ラグジュアリーが抽象的

❷掲載のメリットが提示されていない

❸文字量が多い

＜１枚目　After＞

NEWS RELEASE

住むほどに幸せふくらむ
株式会社エルハウジング

平成２８年（２０１６年）９月１日

東京首都圏で大ブレイク中の「グランピング」を知っていますか？
京都企業でいち早く、このグランピングを自宅で楽しめる「グランピング住宅」を販売！
「グランピング住宅」販売スタート記念（モデルルーム開設）
「メディア内覧会」を 9／3（土）開催!!

株式会社エルハウジング（本社：京都市右京区　代表取締役：村井 孝彦）は、トレンドを捉えた事業戦略としてグランピング住宅を積極的に展開していきます。「グランピング」とは、Glamorous（グラマラス）な Camping（キャンピング）を略した造語で、従来とは異なるよりラグジュアリーで快適なキャンプを指します。分譲地：JR おごと温泉（滋賀県大津市雄琴５丁目字椿 313-1：全 30 戸予定）において第１弾となるモデルハウスを建設し、９月３日（土）にメディア向けモデルハウス内覧会を開催します。

【内覧会　概要】
■日時：平成 28 年９月３日（土）
　11：00〜12：00（受付開始：10：45〜）

■場所：滋賀県大津市雄琴５丁目椿 313-1 他
　（分譲地 JR おごと温泉駅内　17 号地）
　Google マップで「レイクビュー北雄琴」と検索してください。

▼現地 MAP

■タイムスケジュール
11：00　挨拶（5 分）
11：05　グランピング住宅　事業説明（20 分）
11：25　グランピングについての解説（15 分）
11：40　モデル内覧（10 分）
11：50　質疑応答
12：00〜食事会（自由参加）
※企画・内容および時間配分は当日若干変更する場合がございます。

【講演者情報】
グランピング住宅　事業説明
京都専門の不動産コンサルタント・プランナー
佐々木　博樹（ささき　ひろき）
（株式会社エルハウジング　営業部　部長）
営業職 13 年目／宅地建物取引主任者

お問合せ先
株式会社エルハウジング　広報担当：
〒615-0073 京都市右京区山ノ内荒木町７番地 58

❶❷「グランピング＝大流行」という引きでタイトルを強める

❸タイムスケジュールを１枚目に

❹❺ビジュアルを増やし文字量少なく

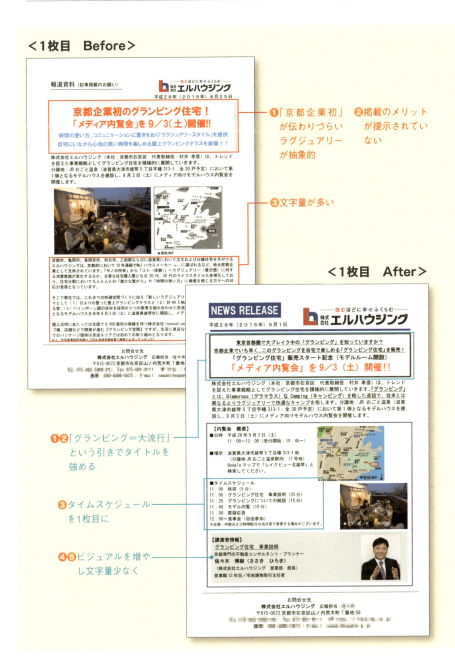

<2枚目　Before>

【モデルハウス「３つ」のこだわりポイント】

①屋上グランピングテラス（プラスワンリビング）
屋上に誕生するグランピングテラスは、階段を上るだけで気軽に行ける家族・仲間との格好のコミュニケーションの「場」です。部屋着のまま出勤前に子どもと一緒のお散歩時間、日中はママ友の集い、夜は夫婦水入らずのひと時など「時間」「お金」「距離」にとらわれない自分らしいライフスタイルをおくることが可能です。

「金属防水」の屋上全面施行のほか、化粧を兼ねた「床タイル」、また日よけ・目隠し・証明・収納空間を備えた「天然木の多機能パーゴラ」や「ポーチ」を標準装備しており、菜園プランターやジェットバス、オリジナル家具、全天候型スピーカーなど個人のライフスタイルを多彩に演出するオプションも充実しているところが新プランの大きな特徴です。

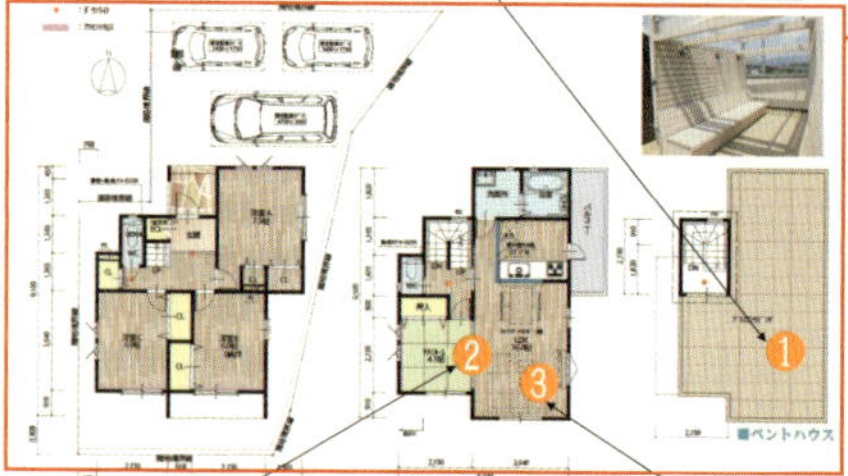

❹不必要なビジュアル

■1F　PLAN　　■2F　PLAN

②計 44.5 帖のファミリースペース
LDK、和室、屋上（プラスワンリビング）を合わせて 44.5 帖のファミリースペースがあります。家族間のコミュニケーションを充実させることのできる間取りです。

③ヘリンボー
1階の LDK に
ヘリンボーン
採用し、お洒
演出します。

［会社概要］
販売：株式会社エルハウジング
設立：1890 年 10 月
資本金：1,000 万円
代表者：代表取締役　村井　孝彦
所在地：京都市右京区山ノ内荒木町 7 番地 58

［モデルハウス
名称：JR おこ
物件所在地：
構造：新築木

<2枚目　After>

参考資料

<グランピング住宅の特徴>

特徴①日よけの整った屋上グランピングテラス
階段を上るだけで気軽に行ける家族・仲間との格好のコミュニケーションの「場」です。普段着のまま出勤前に子供と一緒のお散歩時間、日中はママ友の集い、夜は夫婦水入らずのひと時など「時間」「お金」「距離」にとらわれない自分らしいライフスタイルを提供します。
「金属防水」の屋上全面施工のほか、化粧を兼ねた「床タイル」、また日よけ、目隠し、照明・収納空間を備えた「天然木の多機能パーゴラ」や「ポーチ」を標準装備しており、菜園プランターやジェットバス、オリジナル家具、全天候型スピーカーなど個人のライフスタイルを多彩に演出するオプションも充実しています。

特徴②家族間のコミュニケーションを充実させる計 44.5 帖のファミリースペース
LDK、和室、屋上を合わせて 44.5 帖のファミリースペースがあります。無駄なスペースを排してリビングスペースを可能な限り広くし、家族が揃って過ごせる４人がけのソファーをゆったり置けるようになっています。家族で一緒に過ごすスペースを多くとることで、家族団らんの時間が増え、充実したコミュニケーションをとることができる間取りとなっています。

特徴③自然な木目調を味わえるヘリンボーン調の床材を採用
1階の LDK には自然な木目感を味わえるヘリンボーン調の床材を採用し、お洒落でリラックスできる空間を演出しています。

❺小見出し法を用いて
文字文字しさを緩和

<グランピングとは？>
グランピングとは、Glamorous（グラマラス）な Camping（キャンピング）を略した造語で、従来とは異なるよりラグジュアリーで快適なキャンプを指します。海外を中心に話題となっており、ホテルや宿泊施設でのグランピングが主流ですが、屋上庭園があれば、自宅で気軽に贅沢なグランピングを楽しむことができます。家族や仲間と至福のひとときを共有するのに最適です。「モノの所有」から「コト（体験）」へラグジュアリー（贅沢感）に対する消費意識が変化するなか、人と人との「豊かな繋がり」や、「時間」の使い方に価値を感じる世代のニーズに則したライフスタイルとなっています。

<特別ゲスト／グランピング専門家>
グランピングについて解説
勝谷　拓郎（かつたに　たくろう）
（株式会社 innovation　ライフスタイルマーケティングチーム
チームマネージャー）
身近な自宅屋上を活用した「ラグジュアリー」の最新トレンドをご報告します。

＜3枚目　Before＞

京都企業初のグランピング住宅！
「メディア内覧会」を開催します!!

2016年9月3日（土）［雨天決行］

＜受付開始：10：45～＞

FAX番号：[illegible]

株式会社エルハウジング [illegible]

■タイムスケジュール
11:00　ご挨拶
11:05　モデルハウス概要説明
11:25　グランピング概要説明
11:40　モデル内覧
11:50　質疑応答
12:00　食事会（モデル前　ブースにて）
（企画・内容および時間配分は当日若干変更する場合がございます。）

❸誘導リリースにも関わらずタイムスケジュールの登場が遅い

■開催場所　「JRおごと温泉」分譲地内　17号地
滋賀県大津市雄琴5丁目椿313-1他
（最寄駅）JR湖西線「おごと温泉」駅
徒歩14分

ご取材は、事前予約制とさせていただきます。参加をご希望いただける場合は、前日の9月2日（金）までにFAXにてご返信をお願いいたします。

事前にご取材を希望される場合は、直接のお電話をお願

貴社名・貴媒体名：
部署・ご芳名：
電話番号：
ご同伴人数：　　計　　名
カメラの有無：　　有　　無

当日のご連絡は、[illegible]へお願い致し

＜3枚目　After＞

京都企業初のグランピング住宅！
「メディア内覧会」を開催!!

2016年9月3日（土）［雨天決行］11：00～12：00

＜受付開始：10：45～＞

FAX番号：[illegible]

株式会社エルハウジング [illegible]

■タイムスケジュール
11:00　挨拶
11:05　グランピング住宅　事業説明
11:25　グランピングについての解説
11:40　モデル内覧
11:50　質疑応答
12:00　食事会（自由参加・モデル正面のブースにて）
（企画・内容および時間配分は当日若干変更する場合がございます。）

■開催場所　「JRおごと温泉」分譲地内　17号地
滋賀県大津市雄琴5丁目椿313-1他
（最寄駅）JR湖西線「おごと温泉」駅　徒歩14分

ご取材は、事前予約制とさせていただきます。参加をご希望いただける場合は、前日の9月2日（金）までにFAXにてご返信をお願いいたします。

事前にご取材を希望される場合は、直接のお電話をお願いします。

貴社名・貴媒体名：
部署・ご芳名：
電話番号：
ご同伴人数：　　計　　名
カメラの有無：　　有　　無

当日のご連絡は、[illegible]へお願い致します。

どうでしょうか。こうして比べてみると、ごちゃごちゃした感じがなくなってすっきりし、前半に重要なことが集中したリリースになったことが分かるのではないでしょうか。ぜひ皆さんも、リリースを作った際には、この5つの落とし穴にはまっていないかという視点で、一度確認してみてほしいと思います。

この案件については、アフターを配信し直したのに加えて、当初予定のなかった、内覧会の報告リリース（アトパブ）も配信することにしました。内容的には、メディア向け内覧会の後に実施した一般の見学会が、予定の150％を超える入場者数があったことを伝え、好調さをアピール。さらにその様子を撮影して、写真で雰囲気を伝えました。私も当日、現地に赴きましたが、見事な快晴で眼前には琵琶湖が広々と見渡せて、この眺望を載せない手はないと思いました。これまでは外国人が載っているグランピングの宣伝用のイメージ写真しかなかったのが、だいぶリアルに魅力が伝わるようになったと思います（実際かなり魅力的な物件で、弊社の関係者も別荘に欲しいと心が動いたくらいです）。

こうした軌道修正のお陰で、内覧会には中日新聞滋賀県版の記者が取材に来てくれました。1社だった分、丁寧な対応ができ、存分に取材してもらえて、大スペースの記事につなげることができました。またアトパブを見た産経新聞が、他社のグランピング宿泊施設の動向なども含めて記事にしてくれて、これがYahoo!のトップページに載ったのが大きかったです。それと中日新聞を見た朝日放送から取材依頼があり、テレビでも紹介されました。こうした報道のお陰で、モデルハウスはすぐに買い手がついたそうです。内覧会に来たのはたった1社と言うなかれ、それがうまく広まればこんな素晴らしい展開もあるのです。

第5章 入門編を卒業した中級者へ～リリースをワンランクアップさせる方法～

これからはリリースをさらに、ワンランクアップさせる12のテクニックを、実在する企業が実際に配信したリリースの事例とともに紹介していきます。ここで扱った実例は第2部の「実践編」で詳しく紹介しているので、詳細はそちらでチェックしてください。

1 タイトルは3行で書く

タイトルはリリースで最も重要な部分です。**ここで興味を抱いてもらわなければ、その先の本文を読んでもらえない**からです。テーマと概要が分かり、「おっ！」と思わせるようなタイトルを意識しましょう。

タイトルを1行や2行で書く企業もありますが、私は3行で書くことを推奨しています。それが一番効率的に必要な要素を入れ込め、相手にインパクトを与えられるからです。3行のうち、真ん中の2行目にこのリリースの主題を書きましょう。「□月□日に○○を新発売します」とか「△△が新規開店します」などです。

続いてその下、つまり3行目に2行目だけでは言い切れない補足事項を書きます。それで一応の要素は足りているのですが、これだけだと目を引きません。そこでメディアに「おっ」と思わせるようなこと、例えば「世界一」とか「業界初」などの文言を1行目に入れます。最初の1行目で顧客を呼び込んで、伝えたい主題を読んでもらう構成です。

実例を見てみましょう。典型的なのは田辺三菱製薬のリリースです。主題は同社の「レミケード®」という薬が川崎病に有効だという承認を取得したことです。それだけだと正直、難しくてなかなか関心を抱けませんが、1行目に「世界初」と入っていることで、「日本の製薬会社が世界で初めて認められたんだ」という関心が湧いてきます。同社のリリースはもともと、2行目と3行目だけで事務文書のようなタイトルだったのを、キャッチコピー的なフレーズを1行目に付加したことで、朝日新聞などの一般紙に掲載されたと広報担当者が話していました。

＜田辺三菱製薬＞

田辺三菱製薬　　Press Release

2015 年 12 月 21 日

報道関係各位

1行　**世界初、生物学的製剤として川崎病の承認取得**

2行　**抗ヒト TNFαモノクローナル抗体製剤「レミケード®点滴静注用 100」**

3行　**川崎病の承認取得について**

田辺三菱製薬株式会社（本社：大阪市、代表取締役社長：三津家 正之）は、本日、抗ヒト TNFα モノクローナル抗体製剤「レミケード®点滴静注用 100」（一般名：インフリキシマブ）について、既存治療で効果不十分な川崎病の急性期に対する効能・効果追加の承認を取得しました。

【本件のポイント】

- レミケード®は、生物学的製剤として、世界で初めて「川崎病」の効能・効果で承認を取得した
- 川崎病の急性期では、既存治療で効果不十分な場合があり、新たな治療薬の開発が望まれていた
- 今回の承認取得により、既存治療では効果不十分な川崎病患者さんの治療選択肢が拡大した

【本件の概要】

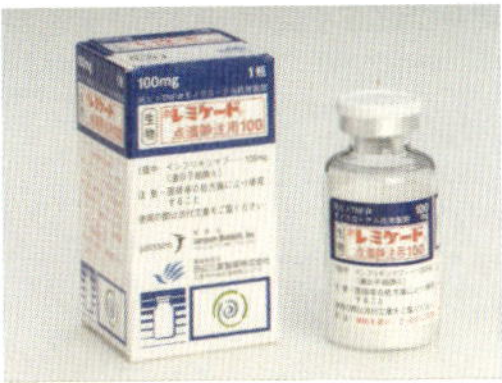

川崎病の急性期では、冠動脈病変（冠動脈の拡大や瘤の形成）の発生を抑えるために、発熱などの急性期症状を早期に鎮静化することが治療目標とされています。しかし、実際には既存治療では効果不十分で追加治療が必要な患者さんが存在し、そのうち、およそ４人に１人の患者さんに冠動脈病変をきたしてしまうとの報告もあることから、新たな治療薬の開発が望まれていました。

この高い医療ニーズを受け、当社は既存治療に効果不十分な急性期の川崎病患者さんを対象とした国内臨床試験を実施しました。その結果、レミケード®の有効性ならびに安全性が認められ、厚生労働省による優先審査を経て、早期に本適応症の承認を取得することができました。

なお、本剤は、「難治性川崎病」を予定される効能・効果として、2012 年に希少疾病用医薬品に指定されています。

今後は小児への使用に対しても本剤の適正使用推進ならびに市販後調査による安全性・有効性情報の収集を徹底し、より一層安心してご使用いただけるよう努めてまいります。

« 本件に関するお問い合わせ先 »
田辺三菱製薬株式会社　広報部
[illegible]

1

近畿大学のリリースは「うなぎ味のナマズ」を開発したということで、それだけで十分新奇性がありますが、1行目に「2店舗で限定販売」と入れたことで希少性が生まれ、より興味を喚起しています。「限定販売」という言葉に着目する人が多いのは皆さんご存じの通りですが、メディアも同じです。さらに「土用丑の日」という季節性のある言葉も入れています。こんなふうに1行目に限らず、タイトルには目を引くような言葉をなるべく多く入れ込むのがテクニックです。

また、近畿大学のリリースはフォーマットが整理されているのもよい点です。次のページで詳しく解説していきますが、タイトル↓写真↓ポイントという流れがとても理解しやすいです。

フォーマット例

タイトル

＋

写真

＋

ポイント3つ

＜近畿大学＞

催しのお知らせ

平成 27 年（2015 年）7 月 6 日

近畿大学
KINKI UNIVERSITY

① 近畿大学水産研究所 2 店舗で限定販売決定

② **土用の丑の日限定「うなぎ味のナマズ」**

③ 販売に先立ち、報道関係者向け試食会を開催！

近畿大学（大阪府東大阪市）は、大阪梅田と東京銀座にある養殖魚専門料理店「近大卒の魚と紀州の恵み 近畿大学水産研究所」において、世界で初めて開発した「うなぎ味のナマズ」を使用したスペシャルランチメニューを試験販売します。販売日は平成 27 年（2015 年）7 月 24 日（金）の「土用の丑の日」とし、各店舗先着 30 食限定で提供します。

また販売に先立ち、報道関係者を対象とした試食会を開催します。是非ご参加ください。

うなぎ味のナマズ御重

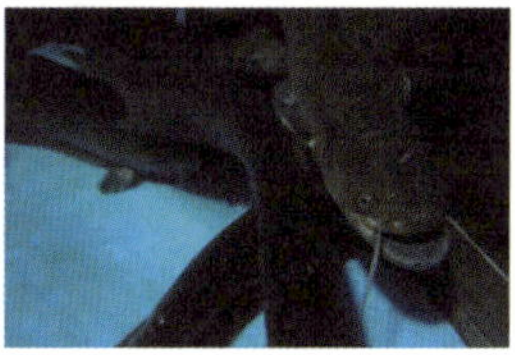
うなぎ味のナマズ

【本件のポイント】

- **●資源の枯渇が危惧されるうなぎの需要に応える「うなぎ味のナマズ」を世界で初めて開発**
- **●各店先着 30 食限定の試験販売を行い、結果を研究に生かすことでさらなる高品質化を目指す**
- **●マナマズを普及させ、将来的にはニホンウナギの半額以下の価格帯での提供を目指す**

【報道関係者試食会の概要】

内　　容：近畿大学農学部水産学科准教授 有路昌彦による概要説明、試食会

申込方法：必ず事前に近畿大学広報部　　　へご連絡ください。

■近畿大学水産研究所 大阪店

日　時：平成 27 年（2015 年）7 月 13 日（月）14：00～15：30

場　所：グランフロント大阪北館ナレッジキャピタル 6F（大阪市北区大深町 3-1）

■近畿大学水産研究所 銀座店

日　時：平成 27 年（2015 年）7 月 16 日（木）14：30～16：00

場　所：東京都中央区銀座 6 丁目 2 番先東京高速道路山下ビル 2 階

※7 月 24 日（金）「土用の丑の日」の試験販売については次頁をご覧ください。

＜本資料配布先＞ 大阪商工記者クラブ、東商記者クラブ、文部科学記者会、農林記者会、水産庁記者クラブ、大阪科学・大学記者クラブ、東大阪市政記者クラブ、スポーツ紙新聞各紙

【報道機関からのお問合せ】近畿大学 広報部

※本件に関する画像を以下サイトでご提供します。ご自由にお使いください。

2 レイアウトをフォーマット化する

再び近畿大学のリリースを見てください（↓P89）。近大はリリースが上手なことで有名ですが、完全にフォーマット化をしています。まず前項で書いたようにタイトルは3行。その下の目立って良いポジションに写真。そして本文に入る前に、【本件のポイント】を箇条書きにしています。こうすることで、読み手の目が自然とタイトル↓写真↓ポイントの順で行くように動線を作っているのです。このうち、近大で特徴的なのが、【本件のポイント】で、本文まで読まなくても内容が把握できるようにしてあります。どのリリースでも、ポイントは概ね3本に絞っており、その内容は「社会に対してどのようなインパクトを与えられるか」「大学にどのようなメリットがあるか」「学生にどのようなメリットがあるか」の3点。皆さんもこうした3つの柱を自分の中で決めておくと、どの案件でもポイントが絞りやすくなるはずです。

次の例は、クラフトビールを製造販売しているヤッホーブルーイング。本文が必ず小見出しとボディコピーで3項目に分かれていて、要点がはっきり分かるようになっています。そして文末に企業概要が入っています。同社商品の受賞歴が読み手に信頼感を与えるのと、「ミッション」が書かれていることによって、企業の情熱がひしひしと伝わってきます。

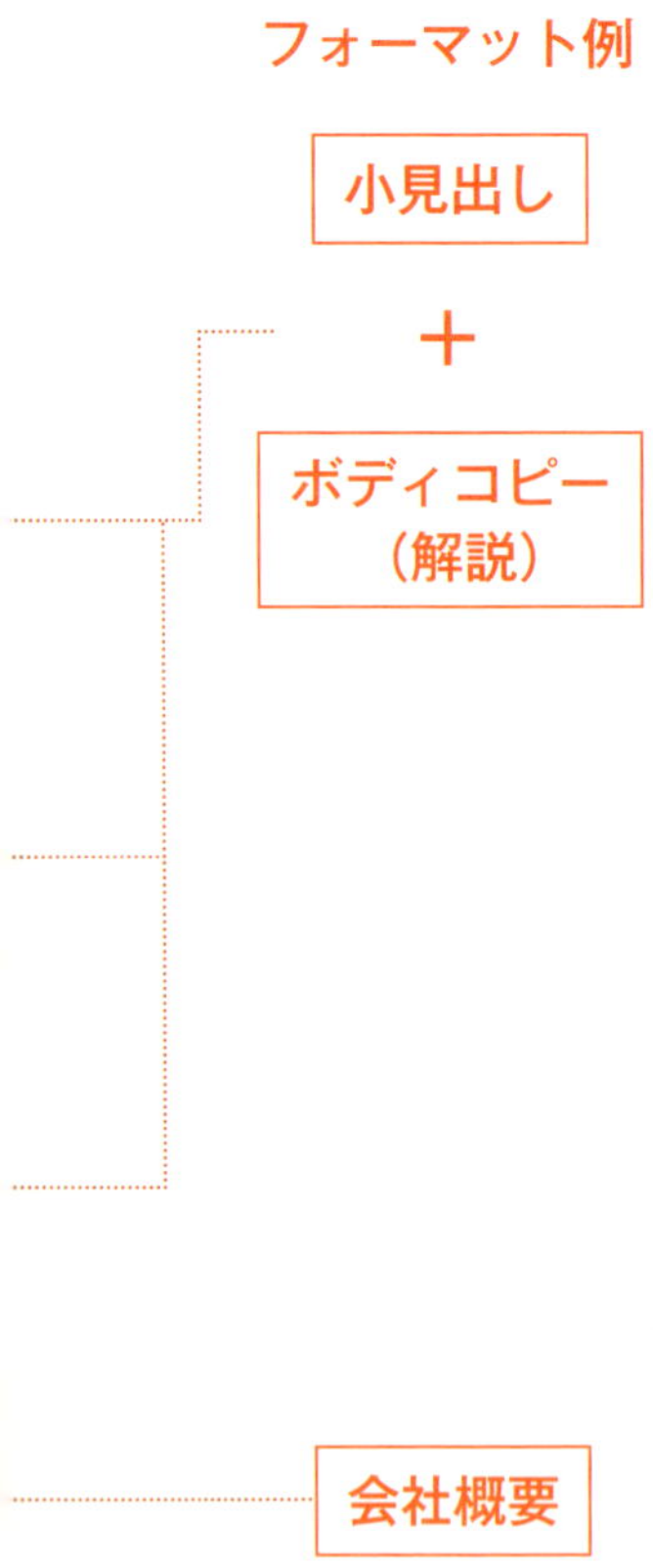

＜ヤッホーブルーイング＞

2014年 11月 25日
株式会社ヤッホーブルーイング

News Release

日本初！Amazon限定ビール
新発売「月面画報」

『よなよなエール』醸造元ヤッホーブルーイングとAmazonがコラボレーション

株式会社ヤッホーブルーイング（本社:長野県軽井沢町、代表取締役社長:井手直行）とアマゾン ジャパン株式会社（本社:東京都目黒区、代表取締役社長:ジャスパー･チャン）は、華やかな香りが特徴のクラフトビール「月面画報」を、Amazon.co.jp限定のビールとしては日本で初めてコラボレートし、12月2日（火）より発売いたします。

Amazon.co.jp限定「月面画報」商品概要

1.ビアスタイル　ベルジャンペールエール
2.アルコール分　5.5%
3.容量　350ml
4.原材料　麦芽(100%)・ホップ
5.税込価格　1ケース24缶入り6,912円
(1缶288円×24本)
6.発売日　2014年12月2日(火)
7.製造量　初回約2,000ケース
8.Amazonページ
www.amazon.co.jp/dp/B00PADLC2W
9.ブランドサイト
yohobrewing.com/getsumengaho/

日本初！Amazon限定ビール

Amazon.co.jp限定でのオリジナルビールの開発･販売は日本で初めてです。ヤッホーブルーイングは、日頃からAmazon.co.jpにて書籍やDVDなどの趣味用品を購入しているお客様に、一緒に楽しめるクラフトビールを提案すると共に、よなよなエールをはじめとする個性豊かなビールの味わいをさらに日本で広げていきたいと考えています。

自分ひとりだけの世界を優雅に楽しむ

人よりちょっとだけこだわりが強い大人の皆様に、知的な趣味と共にゆったりと味わっていただけるビールをイメージして造りました。パッケージデザインでは、昼間の顔とは違う「夜を楽しむ別の自分」をミステリアスなキャラクターで表現しています。ケースパッケージでは、ご自宅でケースごと出していても世界観が楽しめる外装デザインを採用しています。

華やかなアロマとほのかな甘味が調和する“ベルジャンペールエール”

バナナを思わせるフルーティなアロマが特徴のベルジャン酵母と、アメリカンホップが織り成す、芳醇で華やかな香りが特徴です。かすかに感じられるモルトのやさしい甘味が調和する飲み心地の良いビールに仕上がりました。

株式会社ヤッホーブルーイング

「日本のビール文化にバラエティを提供し、お客様にささやかな幸せをお届けする」というミッションの下、品質にこだわり、個性的で味わい豊かなエールビールを専門に製造。数々の品評会で高い評価を頂き、多くのファンを生み出しております。看板商品『よなよなエール』は、国際品評会８年連続金賞、モンドセレクション３年連続最高金賞、楽天市場グルメ大賞８年連続受賞に輝き、日本を代表するクラフトビールとしてご好評いただいております。また、アメリカやオーストラリア、ヨーロッパ、アジア各国への輸出を行うなど世界にもファンを広げております。今後もより美味しいビール造りを目指し、お客様に幸せをお届けできるよう努力して参ります。

長野県北佐久郡軽井沢町大字長倉2148
www.yohobrewing.com

このリリースに関する報道関係者からのお問合せ先
株式会社ヤッホーブルーイング　広報ユニット
TEL: [illegible] FAX: [illegible] [illegible]

アイスのガリガリ君で有名な赤城乳業も、リリースをフォーマット化している企業。インパクトのある商品ビジュアルを、タイトル下の目立つ位置に配置。無駄な文章やビジュアルを省き、1〜2枚で簡潔にまとめるように決めています。実は赤城乳業のリリースは、こうした本文などを一般の広報部員が作っていて、最重要のタイトルだけは、実力のある広報責任者が作っています。タイトルには「ごめんなさい」など、独特な言い回しを使いメッセージ性の強い表現で訴求しています。また「頑張ります」や「ごめんなさい」など友達に対する話し言葉のようなフレーズ使いで、ガリガリ君らしさを演出しています。このさじ加減は、特定の担当者しか表現することはできません。対して本文はフォーマット化しているので、広報部員なら誰でも書けるというわけです。

本書が勧める「リリース汎用法」は、**社内のどの部署の人でもリリースを書けるようにすることが目的なので、フォーマット化を徹底することが大事**になります。

フォーマット例

メッセージ性の強いタイトル

＋

ビジュアル

＜赤城乳業＞

あそびましょ。AKAGI

2012年3月12日

食べたかったみなさん、長い間、お待たせして本当にごめんなさい。
やっと販売再開の準備が整いました。ガリガリ君の挑戦は続きます。
今度こそ、みなさんに食べていただけるように全力で頑張ります。

「ガリガリ君リッチ コーンポタージュ 販売再開 」
2013年3月26日（火）より全国で再発売

赤城乳業株式会社（本社：埼玉県深谷市、社長：井上秀樹）は、販売を休止していた「ガリガリ君リッチ コーンポタージュ」の販売を再開いたします。

「ガリガリ君リッチ コーンポタージュ」は2012年9月4日に発売しましたが、当初の販売予測を大きく上回る販売数量となり、9月6日に商品供給が間に合わず販売休止となりました。
皆様には多大なるご迷惑とご不便をおかけしましたことを、改めて心より深くお詫び申し上げます。

この度、販売再開に向けて商品供給体制が整いましたので、2013年3月26日（火）より、全国で販売を再開いたします。

【ガリガリ君リッチ コーンポタージュ】
コーンポタージュのかき氷！？つぶつぶコーン入り（北海道の厳選されたスーパースイートコーン使用）
人気飲料コーンポタージュがガリガリ君に！？想像つかない味わい、おどろきが楽しめます。

赤城乳業は「あそびましょ。AKAGI」の企業メッセージをお客様に届けるため、もっと手軽に楽しんでもらえる新しいアイスクリームの提案をしていきます。

商品名：ガリガリ君リッチコーンポタージュ

コーンポタージュ味のアイスキャンディーの中に、コーンポタージュ味のかき氷につぶつぶコーンを入れたアイスキャンディです。コーンは北海道の厳選されたスーパースイートコーンを使用しました。

希望小売価格　：126円（税込）
種類別　　　　：ラクトアイス
容量　　　　　：110ml
発売日　　　　：2013年3月26（火）～
発売エリア　　：全国

3 1枚目に主要な要素を入れ、2枚以降は補足にする

先ほどの田辺三菱製薬（↓P87）のリリースは、ページごとにテーマがはっきりしているという特徴もあります。**1枚目はニュースを端的に**まとめており、このページだけ見ても内容が一通り把握できるように完結しています。そして**2枚目は補足説明**が入っています。川崎病がどんな病気であるか、ほとんど知識を持たない私のような者でも、これを読めば理解できるよう上手にまとめられています。**3枚目は家電製品でいうとスペックに当たる部分で、効能・効果や用法・用量を詳細に掲載**しています。これは全国紙のような一般の読者には必要ありません。専門紙を想定して入れているのです。ここまで丁寧に情報を載せたので、専門メディアもほとんど追加取材をしてくることなく、このリリースだけで執筆できたようです。反対にこれが1枚目に入っていると、一般紙の記者は読む気が起きなくなるので、これが最も望ましい形態です。「リリース汎用法」でも、この形態でベースを作っておけば、どの部署でも必要のない部分を外して活用できます。

先ほども挙げた近畿大学の「うなぎ味のナマズ」のリリースでは、2枚目にウナギの絶滅危機という社会的問題があって、それを解決しようと立ち上がり、苦労を経て完成したというストーリーを入れています。こうしたストーリーのある商品がヒットするのは近年の傾向で、大きな記事やテレビの取材につながります。伝えたいことが多岐にわたる場合は、あれもこれもと書くのではなく、1枚目には最優先事項で2枚目以降は補足情報と分けると受け手にとっても簡単明瞭で分かりやすいのです。

このように、1枚目は内容を簡潔に伝え、2枚目以降の補足事項で補完するリリースの構成手法は、様々な用途に用いることができ有効です。

＜田辺三菱製薬　2枚目＞

川崎病とは

1967 年に川崎富作博士が、小児の「急性熱性皮膚粘膜リンパ腺症候群」として発表され、現在では、博士の名前から「川崎病」という病名になりました。

川崎病は主に 4 歳以下の乳幼児に好発し、1～6 をおもな症状とする原因不明の血管炎症候群です。

1. 5 日以上続く発熱（38℃以上）
2. 発疹
3. 両目が充血する（両側眼球結膜の充血）
4. 唇が赤くなり、舌の表面には苺のようなブツブツができる（いちご舌）
5. 病気の初期には手のひらや足裏がはれあがったり、赤くなったりする。また、熱が下がってから、指先や手全体の皮がむけることがある
6. 首のリンパ節がはれる

川崎病は世界各地で報告されていますが、とくに日本、韓国などの東アジアの国々では欧米に比べて高い罹患率が報告されています。なお、日本では年間に約 16,000 人（2014 年）が罹患しています。

この病気は、ときとして冠動脈瘤などの後遺症を残すことがあり、それらを合併した場合、運動制限や長期にわたる薬物療法が必要となります。そのため、川崎病は、将来にわたり患者さんの QOL（生活の質）を低下させる疾患といえます。

補足事項

レミケード®の適応症　※太字・下線部分が今回追加された内容です。

田辺三菱製薬はアンメット・メディカル・ニーズに応えるため、希少疾病を含めた各種難病に対するレミケード®の開発と適応症の拡大に取り組んできました。本剤は、国内において川崎病を含めて 13 の適応症を有し、これまで国内で 9 万人以上の患者さんへの使用経験と有効性・安全性のエビデンスが蓄積された生物学的製剤です。

適応症	承認時期
クローン病	2002 年 1 月　承認
関節リウマチ	2003 年 7 月　承認
ベーチェット病による難治性網膜ぶどう膜炎	2007 年 1 月　承認
尋常性乾癬	
関節症性乾癬	
膿疱性乾癬	
乾癬性紅皮症	
強直性脊椎炎	
潰瘍性大腸炎	
腸管型ベーチェット病	
神経型ベーチェット病	
血管型ベーチェット病	
川崎病の急性期	

2

＜田辺三菱製薬　3枚目＞

製品概要　※太字・下線部分が今回追加された内容です。

製 品 名：　レミケード®点滴静注用 100
一 般 名：　インフリキシマブ
効能・効果：　既存治療で効果不十分な下記疾患
　関節リウマチ（関節の構造的損傷の防止を含む）
　ベーチェット病による難治性網膜ぶどう膜炎
　尋常性乾癬、関節症性乾癬、膿疱性乾癬、乾癬性紅皮症
　強直性脊椎炎
　腸管型ベーチェット病、神経型ベーチェット病、血管型ベーチェット病
　川崎病の急性期
次のいずれかの状態を示すクローン病の治療及び維持療法（既存治療で効果不十分な場合に限る）
　中等度から重度の活動期にある患者
　外瘻を有する患者
中等症から重症の潰瘍性大腸炎の治療（既存治療で効果不十分な場合に限る）

用法・用量：　＜関節リウマチ＞
通常、体重 1kg 当たり 3mg を 1 回の投与量とし点滴静注する。初回投与後、2 週、6 週に投与し、以後 8 週間の間隔で投与を行うこと。なお、6 週の投与以後、効果不十分又は効果が減弱した場合には、投与量の増量や投与間隔の短縮が可能である。これらの投与量の増量や投与間隔の短縮は段階的に行う。1 回の体重 1kg 当たりの投与量の上限は、8 週間の間隔であれば 10mg、投与間隔を短縮した場合であれば6mgとする。また、最短の投与間隔は 4 週間とする。本剤は、メトトレキサート製剤による治療に併用して用いること。

＜ベーチェット病による難治性網膜ぶどう膜炎＞
通常、体重 1kg 当たり 5mg を 1 回の投与量とし点滴静注する。初回投与後、2 週、6 週に投与し、以後 8 週間の間隔で投与を行うこと。

＜乾癬＞
通常、体重 1kg 当たり 5mg を 1 回の投与量とし点滴静注する。初回投与後、2 週、6 週に投与し、以後 8 週間の間隔で投与を行うこと。

＜強直性脊椎炎＞
通常、体重 1kg 当たり 5mg を 1 回の投与量とし点滴静注する。初回投与後、2 週、6 週に投与し、以後 6～8 週間の間隔で投与を行うこと。

＜腸管型ベーチェット病、神経型ベーチェット病、血管型ベーチェット病＞
通常、体重 1kg 当たり 5mg を 1 回の投与量とし点滴静注する。初回投与後、2 週、6 週に投与し、以後 8 週間の間隔で投与を行うこと。なお、6 週の投与以後、効果不十分又は効果が減弱した場合には、体重 1kg 当たり 10mg を 1 回の投与量とすることができる。

＜川崎病の急性期＞
通常、体重 1kg 当たり 5mg を単回点滴静注する。

＜クローン病＞
通常、体重 1kg 当たり 5mg を 1 回の投与量とし点滴静注する。初回投与後、2 週、6 週に投与し、以後 8 週間の間隔で投与を行うこと。なお、6 週の投与以後、効果が減弱した場合には、体重 1kg 当たり 10mg を 1 回の投与量とすることができる。

＜潰瘍性大腸炎＞
通常、体重 1kg 当たり 5mg を 1 回の投与量とし点滴静注する。初回投与後、2 週、6 週に投与し、以後 8 週間の間隔で投与を行うこと。

なお、本剤投与時には、1.2 ミクロン以下のメンブランフィルターを用いたインラインフィルターを通して投与すること。

3

スペック
専門情報

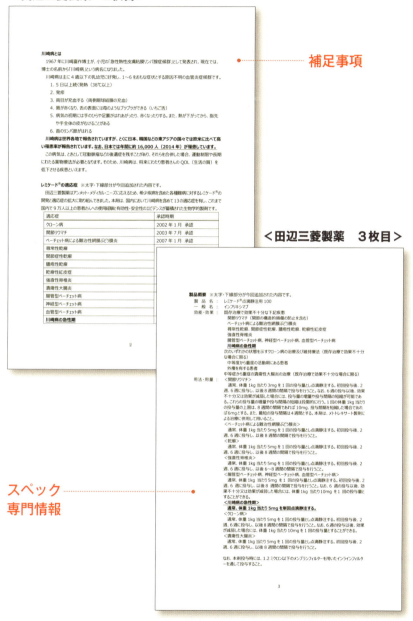

4 A4一枚で書く

前項では補足情報を2枚目以降に入れる話をしましたが、ここではさらに進んでA4一枚で完結させる手法について説明します。日本橋高島屋の「お歳暮商戦直前イベント」のリリースは潔く一枚ぽっきりです。そのため、イベントの日時や場所はもうタイトルに入れ込んでしまい、スタートダッシュを切っています。本文では①イベント内容②商品事例③取材スケジュールという必要最低限の情報を簡潔にまとめています。このリリースの第一義は「イベントを取材に来てもらうこと」で、あとは会場で現物を見てもらうという戦略に徹しています。そして最下段にはイベントのスケジュール。「副店長が和服を着る」と書いてあるので、記者は当日どんな画が撮れるのかを想定できます。これは記者が事前に知りたい最重要ポイントのひとつ。本来なら3枚くらいに膨らんでしまいそうな内容を、A4一枚に簡潔にまとめている手腕は大したものです。広報担当者は最初に教わった先輩がリリースを1枚で書いていて、非常にヒット率が高かったために、今でも身についているのだと話していました。日々「リリース1枚主義」を唱えている私としては深く頷いてしまうエピソードです。

デパート業界ではこのルールが浸透していると思われます。そごう・西武の「全国一斉母の日テスト開催」のリリースも一枚で完結しています。ただ本件の**ポイントは、リリース自体はシンプルに1枚でまとめながら、もっと詳しく知りたい人向けに、ウェブへの誘導を巧みに組み込んでいる点**です。ウェブを見たくなるような文章や写真が効果的に配置され、ついついその先にあるサイトをクリックしたくなります。この術中にはまって多くのメディアの人たちがウェブを閲覧し、狙い通りウェブ動画は120万回も再生されました。広告動画としては異例の大ヒットとなったのです。

このように今は、ウェブや動画などに誘導する役割をリリースに持たせる方法もあります。

＜そごう・西武＞

Press Release
SEIBU
SOGO

2018年4月

株式会社
そごう・西武

東大生でも意外と解けないテスト？！

母の日は、お母さんのことをもっと知る日に…

「2018年全国一斉母の日テスト」開催

そごう・西武では現在、「今年こそ、ちゃんと母の日。」をテーマに各店で母の日プロモーションを展開しています。近年母の日は、他のイベントに比べて参加しないという方が多く、市場規模が縮小傾向にあります。そこでそごう・西武では、「2018年全国一斉母の日テスト」を開催。母の学生時代のあだ名、母が最近一番うれしかったこと、母の幼い頃の夢…など、知っているようで知らない母にまつわる問題を答えることで、母の日にお母さんのことをもっと知ってもらうきっかけづくりを行います。特設サイトでは現役東大生38名を集めて実際に行った母の日テストの様子を動画で公開。今まで母の日に参加していなかった人も巻き込み、母の日商戦を盛り上げてまいります。

【「2018年全国一斉母の日テスト」展開概要】
■会期：4月24日（火）～5月13日（日）
■店舗：そごう・西武全15店舗　※そごう神戸店と西武高槻店での展開はございません。
■内容：①全国一斉母の日テストのメッセージカードの配布
②特設サイトにてWEBテストの実施
③こども新聞（朝日新聞・毎日新聞）に母の日テストの掲載
④各店にて親子参加型「全国一斉母の日テスト」開催　※展開会期は店舗によって異なります。
（展開店舗）そごう横浜店、千葉店、広島店、大宮店、徳島店、川口店、
西武池袋本店、所沢店、秋田店、岡崎店、東戸塚店、大津店　＝計12店舗
■母の日特設WEBサイト：https://www.sogo-seibu.jp/mothersday18/　※4月23日（火）より公開

WEBへ誘導

親子参加型「全国一斉母の日テスト」開催！

そごう・西武の各店では、一部店舗を除いて親子で一緒にご参加頂ける「全国一斉母の日テスト」を開催いたします。お母さまとお子さまで同時にテストをご回答いただき、その場で採点。成績優秀な3組の方にプレゼントをお渡しいたします。※一部店舗では抽選式になります。
■参加条件：お母さまとお子さま一緒にご参加できる方
※店舗によって参加人数制限がございます。
※ご参加頂いた方全員に参加賞をご用意しております。
■優秀賞：木村カエラさん直筆サイン入り絵本…各店3名様

「2018年全国一斉母の日テスト」WEB動画公開！

母の日特設WEBサイトにて、「2018年全国一斉母の日テスト」特別WEB動画を公開いたします。現役で東京大学に通う学生38名が集まり、実際に母の日テストを受けてもらいました。
【2018年全国一斉母の日テスト】特別動画
■URL：https://youtu.be/WZCVWW0oiv4
【今年こそ、ちゃんと母の日】特別動画
母の日に向けた、メッセージ動画も同時公開いたします。
■URL：https://youtu.be/itS_Z5pEiao
※4月23日（火）より公開。YOUTUBE 限定公開。

＜日本橋高島屋＞

se

Takashimaya
"変わらない"のに、あたらしい。

…がスタート　直前イベント
…ンの「家族団欒」を、生産者が提案！
…特設会場
…～12：00　決起大会&試食会

…14日(水)から、また高島屋の関東各店では10月28日(水)から、お歳…橋高島屋では、直前の10月13日(火)に決起大会、お客様へ向けた本年…催いたします。生産者・バイヤーらによるお薦め商品約20点のご紹介と、…客様に歳暮ギフト商品選びの参考にして頂きます。
…「日本のものづくり」をコンセプトとし、「冬はニッポンで温かく」「メード　イン　ジャパン」「人と地球にやさしい」を主なキーワードとした提案をします。また、「素材」「手間」「伝統」など物語性を持つ商品を前面に展開し、お客様のニーズを踏まえた、高島屋ならではの特徴ある商品をご紹介いたします。

①イベント内容

イベント内容

1・今回のイベントでは、「メード　イン　ジャパン」の象徴である"きもの"に身をつつんだ東京店副店長をはじめとした3名が中心となった決起大会を開店前に行います。
2・開店間もなくには、先人から受け継いでいる「日本の食文化」「伝統工芸」のギフト商材を展示し、お客様へご説明します。食料品では、現在の世相を反映した"家族団欒"で楽しめる「日本の鍋」や、手間ひまをかけて作った昔ながらの「保存食」などを、生産者が直接お客様に振舞います。

②商品事例

当日の主な紹介商品

＜日本橋・神茂＞　江戸おでん　8,400円　※500セット限り
江戸前の冬の味の代表"おでん"の種を元禄元年から作り続ける老舗、日本橋神茂。特に神茂が誇る「半ぺん」を、今回特別に江戸時代のレシピで作りました。当時東京湾沿岸で獲れた星鮫の最良の身を厳選し、山芋・卵白と一緒に石臼にかけ、熟練職人が一つずつ手作業で作る、ふんわりとして繊細な味の「半ぺん」を再現。関東名物のおでん種セットで、江戸前伝統の味をお楽しみください。
＜小浜・田村長＞　若狭甘鯛の湯葉包み鍋　10,500円　※800セット限り
福井若狭から京都を結ぶ鯖街道を急ぎ、運ばれる若狭ぐじ＝甘鯛は、古くから高級食材として珍重されてきました。若狭湾で獲れた旬のぐじを、地元の料理人が趣向を凝らして鍋に仕立てました。柔らかなぐじの身を包む湯葉、福井産の青大豆で作る木綿豆腐、香味も甘みも豊かな"谷田部ねぎ"など若狭の名産を、家族団欒でお楽しみください。

※その他、390年前から受け継がれている近江の「鮒寿し」、牛の飼育から丹精込めて作る「酪農家のチーズ」、匠の手で創り出される工芸品「木製リバーシ」などをご紹介します。

＜日本橋・神茂＞江戸おでん　8,400円

＜小浜・田村長＞若狭甘鯛の湯葉包み鍋　10,500円

③取材スケジュール

10月13日(火)スケジュール

9:10～ 9:30	報道受付	日本橋高島屋1階 職員出入り口
9:40～ 9:55	朝礼・決起大会	（日本橋高島屋副店長）
10:00～10:05	チラシ配布	（日本橋高島屋副店長&生産者）
10:10～12:00	試食イベント	（生産者、高島屋バイヤー、取引先）

****

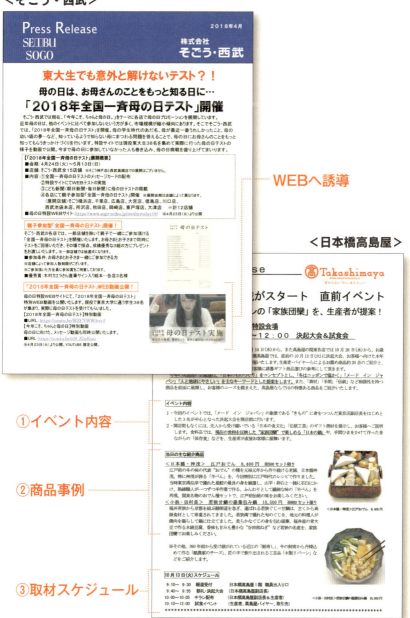

5 ビジュアルを多用する

ゼブラの「復刻版ハイマッキー」のリリースを見て下さい。非常に図版（ビジュアル）が多いリリースだということがわかります。まず、1枚目に現行商品と復刻版の両方の写真を並べているので、どこが違うかが一目瞭然です。幸運だったのは発売当初の店頭用ポスターが残っていたことで、これもリリースの良いアクセントになっています。そして2枚目には現在販売中の商品をまとめて訴求。私も知りませんでしたが、マッキーファミリーは17種類もあるそうで、その全貌が分かり、面白くてついつい見てしまいます。こうすれば既存商品に再び光を当てることができます。さらに、バリエーションの豊富さに興味を持ったメディアが特集を組んでくれる可能性もあるため、ブランド全体を押し上げるチャンスにもなります。

現物のリリースを見ると分かると思いますが、**人の目はどうしても文字よりビジュアルに目が行く**ものです。そしてこれだけビジュアルが多いと、文章は読まなくても、図版だけでリリースの内容全体が把握できるほどになっています。人に読んでもらうためには、ビジュアルを軸に構成して、文章はそのキャプション程度がいい場合もあります。

＜ゼブラ　１枚目＞

ZEBRA Open your imagination.

報道資料

＜報道資料＞

2016 年 2 月 26 日

発売 40 周年のロングセラー文房具
油性マーカー「ハイマッキー」復刻版
2016 年 3 月 14 日（月）限定発売

ゼブラ株式会社（本社：東京都新宿区／代表取締役社長：石川 真一）は、油性マーカーの定番商品として親しまれている『ハイマッキー』の発売 40 周年を記念して、発売当初のラベルデザインを施した復刻版を、2016 年 3 月 14 日（月）より全国の文房具取扱店にて限定発売します。

『ハイマッキー』は 1976 年（昭和 51 年）に発売して以来、世界中で多くのお客様にご利用いただき、累計 8 億本以上販売しております。発売当時は高度経済成長期にあって、1 本で太字と細字の両方を使えて様々なものに書ける利便性から、一家に 1 本は置いてあるほど人気となりました。

太細両用であることを視覚的に表すためボディのラベルに、こちら側が太字、こちら側が細字、と指し示した特徴的な矢印のロゴを印刷しています。印刷色には、インク色を表す黒・青・赤に加えて、発売時には品質の高さを表現するために矢印のフチ部分に銀色を使っていました。しかし、当時 1 本 100 円という価格にコストが見合わなかったため、発売後 1 年で銀色の印刷を止めました。

復刻版の『ハイマッキー』は、発売当初のデザインを模した少しレトロなラベルになっています。

「ハイマッキー復刻版」
価格　¥150＋税（税込 ¥162）
インク色：黒・青・赤の 3 色

現在の「ハイマッ
価格　¥150＋税（税
インク色：12 色

＊＊＊　商品に関する消費者の方のお問い合
＊＊＊　報道関係の方のお問い合わせ先
読者プレゼント用に商品を提供することも

発売当初の店頭用ポスター

＜ゼブラ　２枚目＞

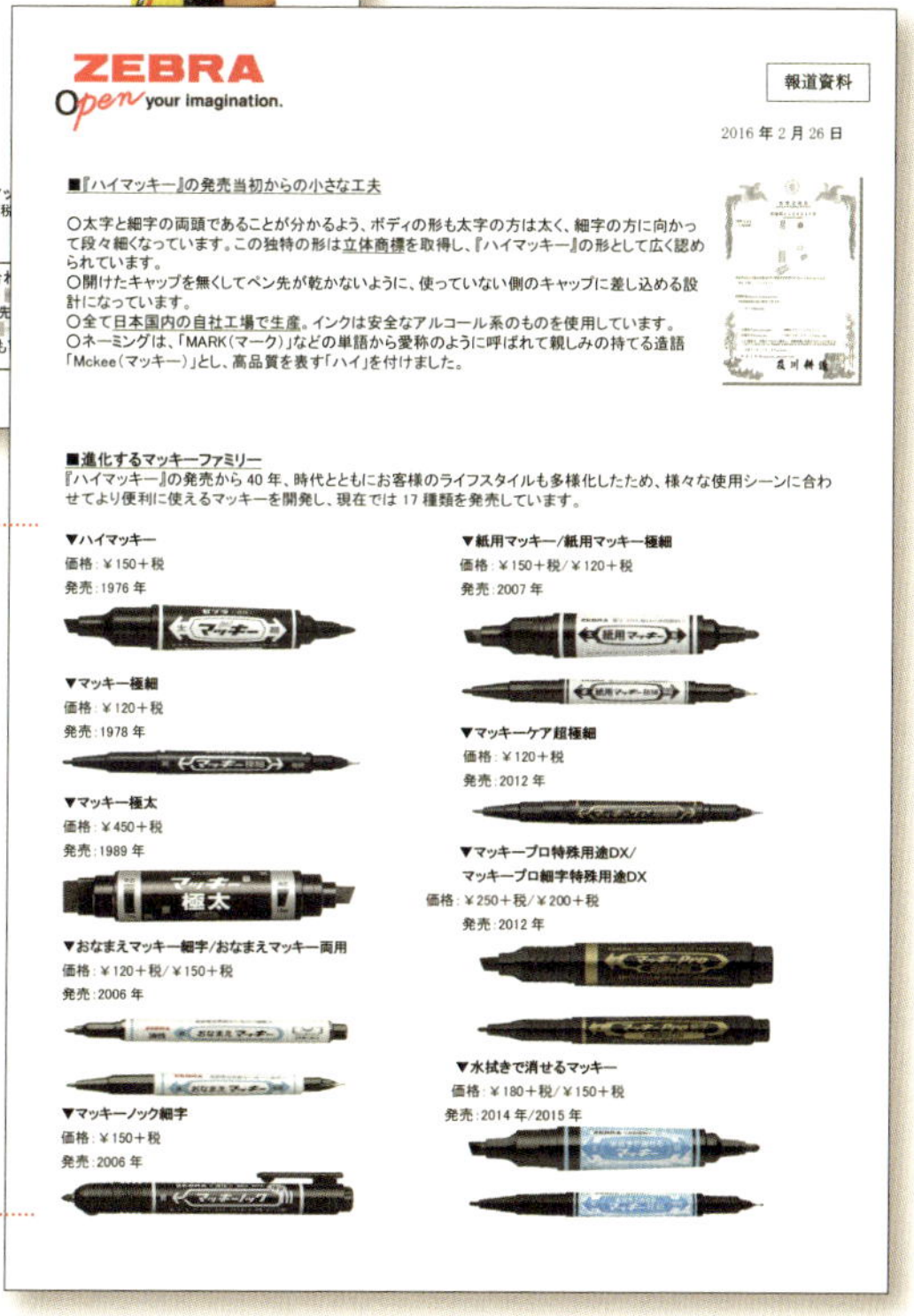

ZEBRA Open your imagination.

報道資料

2016 年 2 月 26 日

■『ハイマッキー』の発売当初からの小さな工夫

○太字と細字の両頭であることが分かるよう、ボディの形も太字の方は太く、細字の方に向かって段々細くなっています。この独特の形は立体商標を取得し、『ハイマッキー』の形として広く認められています。
○開けたキャップを無くしてペン先が乾かないように、使っていない側のキャップに差し込める設計になっています。
○全て日本国内の自社工場で生産。インクは安全なアルコール系のものを使用しています。
○ネーミングは、「MARK（マーク）」などの単語から愛称のように呼ばれて親しみの持てる造語「Mckee（マッキー）」とし、高品質を表す「ハイ」を付けました。

■進化するマッキーファミリー

『ハイマッキー』の発売から 40 年、時代とともにお客様のライフスタイルも多様化したため、様々な使用シーンに合わせてより便利に使えるマッキーを開発し、現在では 17 種類を発売しています。

▼ハイマッキー
価格：¥150＋税
発売：1976 年

▼マッキー極細
価格：¥120＋税
発売：1978 年

▼マッキー極太
価格：¥450＋税
発売：1989 年

▼おなまえマッキー細字/おなまえマッキー両用
価格：¥120＋税/¥150＋税
発売：2006 年

▼マッキーノック細字
価格：¥150＋税
発売：2006 年

▼紙用マッキー/紙用マッキー極細
価格：¥150＋税/¥120＋税
発売：2007 年

▼マッキーケア超極細
価格：¥120＋税
発売：2012 年

▼マッキープロ特殊用途DX/
マッキープロ細字特殊用途DX
価格：¥250＋税/¥200＋税
発売：2012 年

▼水拭きで消せるマッキー
価格：¥180＋税/¥150＋税
発売：2014 年/2015 年

現行商品の紹介

タイガー魔法瓶の「精米器」も、文章は少なめでビジュアルが多いリリースです。ほとんど本文がなく、6行のリードで開発の経緯から商品の特長までを簡潔に説明しています。そして本文のスペースは写真や図解メインで、文章はその説明だけという潔さです。よく見かけるのは、ビジュアルがうまく機能していないリリースです。ビジュアルはないよりあった方がいいのですが、文章とうまく連動しておらず、必要性を感じないビジュアルはかえってストレスになります。タイガーの場合は説明したいこととビジュアルが有機的に結びついており、すんなり腑に落ちます。そしてゼブラと大きく違うのは、商品写真ではなく、構造や機能の図解を多用していることです。その理由として考えられるのが、タイガーの社内システムです。広報宣伝チームは広報だけでなく広告やウェブ、印刷物全般を担当しています。商品カタログはもちろん、パッケージやトリセツまで一貫して担当しており、カタログ用に作ったビジュアルなどを全て把握しているので、リリースにも有効なビジュアルを選択・使用できるのです。製品開発の段階から関わっているので、商品の完成間近に案件が降りてくるわけではなく、商品知識も豊富です。こういうケースを見ると、**開発部が作るベースのリリースには、仕様の図解なども載せておくと、後々便利**だと感じます。

<タイガー魔法瓶　2枚目>

TIGER

2016年8月23日
タイガー魔法瓶株式会社

【主な特長の詳細】

① DCモーターで、お米をていねいに精米する
「変速かくはん式精米」

3段階※で回転数を調整するDCモーター搭載により、お米の割れや温度上昇を抑えます。また、4枚の精米はねがお米をしっかりとらえて短時間での精米を可能にします。

1段階　速度を上げてしっかり精米
▼
2段階　少し速度を落として長めに精米
▼
3段階　ゆっくりした速度でていねいに仕あげ
※白米、胚芽、もち米、白米強めコース時

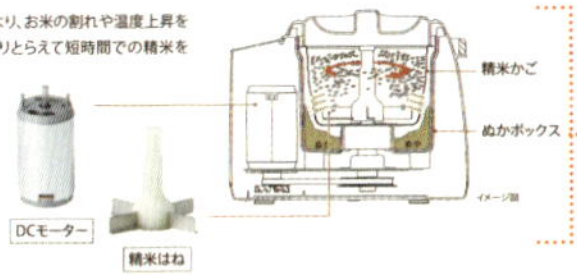

② 炊飯しやすく食べやすい、玄米とほぼ同じ栄養価の　タイガーだけ
「やわらか玄米」コース

玄米の表面に細かいキズをつける「かくしカット」を行うタイガー独自の精米応用技術。炊飯時に「やわらか玄米」コースで玄米につけた細かいキズから水を芯まで吸水させます。炊飯ジャーの白米メニューで炊飯できるので玄米メニューで炊くときに比べ短い時間で炊きあげます。しかも栄養価は玄米とほぼ同じで、やわらかくふっくら食べやすいごはんが炊きあがります。

③ 使いやすく、お手入れしやすい「一体取出し ぬかボックス」

ぬかボックスのとっ手を引きあげれば精米かごがいっしょに取り出せる「一体取出し　ぬかボックス」を採用。精米後、本体からお米を取り出すときにぬかがこぼれ落ちる心配がありません。
また、本体内部にぬかを残さないので、虫やカビの発生の心配がありません。

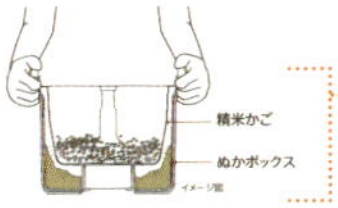

【その他の特長】

◆多彩なコースで毎日つきたてのお米

新たに「もち米」、「古米みがき」、「やわらか玄米」「白米強め」コースを搭載し、全10コースから毎日つきたてのお米をお楽しみいただけます。

NEW
もち米
やわらか玄米　タイガーだけ
古米みがき
白米強め

◆持ち運びに便利な「本体とっ手・コードリール」

本体とっ手つきで、移動させて精米するときに便利です。
また、コードリール式なので、コードが邪魔にならず収納する場所を選びません。

◆お手入れしやすい分解構造

本体から、ふた、ぬかボックス、精米かご、精米はねが取り外せるので、お手入れもラクラク。

2

構造や機能の
図解を多用

<タイガー魔法瓶　1枚目>

2016年8月23日
タイガー魔法瓶株式会社

-NEWS RELEASE-

だわった「やわらか玄米」コースを新搭載
器（無洗米機能つき）
2016年9月1日発売

：大阪府 門真市）は、無洗米機能つきの精米器RSF-A100を9月1日に発売します。
が定着し、こだわりのお米を少量ずつ購入される方も増えてきました。お米は精米
毎回炊くだけを精米するのが、ごはんをおいしく味わうコツです。
ることから「食べづらい」「消化しにくい」というマイナス面があります。
使いやすさ」の追求と健康玄米食を無理なく続けることができる「やわらか玄米」
コースを新搭載して、充実した基本機能で毎日の健康と豊かな食生活をご提案します。

【主な特長】

① DCモーターで、お米をていねいに精米する
「変速かくはん式精米」

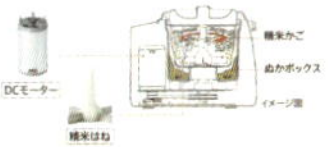

② 炊飯しやすく食べやすい、玄米とほぼ同じ栄養価の
「やわらか玄米」コース　タイガーだけ

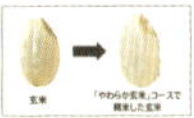

③ 使いやすく、お手入れしやすい
「一体取出し ぬかボックス」

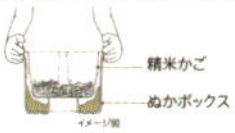

【製品写真】

レッド<R>
RSF-A100

【製品概要】

商品名	品番	精米容量（約）g	希望小売価格	発売日
精米器（無洗米機能つき）	RSF-A100	玄米165～825g（付属の計量カップで 1～5カップ）	オープン価格*	2016年9月1日

*オープン価格の商品は希望小売価格を定めていません。

1

構造や機能の
図解を多用

6 数字をなるべく多く用いる

採用率が高く評価されるリリースは数字を多く用いています。例えば、宝島社の「翔んで埼玉」という漫画が大ヒットしたことをアピールするリリースでは、タイトルに「3割」や「55万部」という数字を入れています。これを見ると漢字や平仮名よりも、数字がパッと目に入ってくるのが分かります。「3割」というのは、読者の3割が埼玉県民だということ。実は魔夜峰央さんのこの漫画は、埼玉県のことをディスる内容にもかかわらず埼玉県民自身も面白がって読んでいるよ、ということを、POSデータを使って証明しているのです。なぜ数字を入れた方がいいかというと、**メディアはなるべく具体的な数字を欲しがる**からです。具体的な数字が入るほど、記事は説得力を増します。

＜宝島社＞

数字のインパクト大

2016年3月28日
人と社会を楽しく元気に
宝島社

読者の3割が埼玉県人！？
埼玉ディスマンガ『翔んで埼玉』が55万部突破！

自虐を売りにした自治体＆マンガも続々！！

ファッション雑誌販売部数トップシェアの株式会社宝島社（本社：東京都千代田区、代表取締役社長：蓮見清一）が発行する書籍『このマンガがすごい！comics 翔んで埼玉』（2015年12月24日発売）は、2016年3月の重版をもって、**復刊マンガとして異例の8刷55万部を突破します。**

本書は、『パタリロ！』などの著者である魔夜峰央（まや・みねお）さんによる、1986年に刊行された書籍『やおい君の日常的でない生活』に収録されていた作品です。主人公である埼玉育ちの美少年が東京都民の埼玉弾圧に立ち向かうという、当時、埼玉の所沢に住んでいた魔夜氏が描いた、“埼玉”を題材にしたギャグマンガです。

マンガレビューサイト「このマンガがすごい！WEB（http://konomanga.jp）」の選者の方々から、復刊を望む声を多数いただいたことから、30年の時を経て復刊。**「埼玉から東京に行くには通行手形がいる！」「埼玉県民にはそこらへんの草でも食わせておけ！」「埼玉狩りだー！」**といった埼玉をネタにした台詞などがTwitterを中心にWEB上で大きな話題を呼び、多数のテレビ番組などでも取り上げられました。

このような内容にもかかわらず、**売り上げの3割を埼玉県**が占め、人気を集めています。

また、上田清司埼玉県知事からは**「悪名は無名に勝る」**と激励コメントをいただき、埼玉県の各市長からも激励コメントをいただいております。

島根県や大分県、広島県など自虐をPRに使う自治体やマンガも増えています。また、各地方を題材にした自虐マンガの中から、都道府県魅力度ランキング45位の群馬県を題材にした「お前はまだグンマを知らない」や「埼玉最強伝説」など全9作品を収録した『このマンガがすごい!comics この「地方ディス」マンガがひどい！』も2016年3月17日に発売され、話題を呼んでいます。

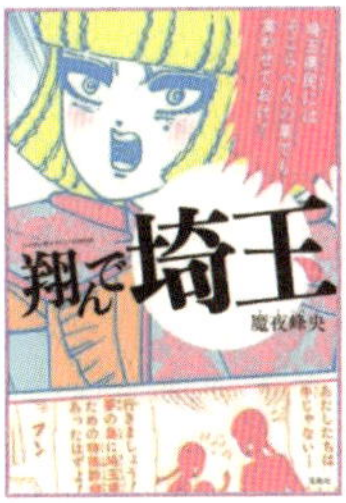

『このマンガがすごい！comics 翔んで埼玉』
2015年12月24日 発売 ／ 定価：本体700円＋税

上田清司　埼玉県知事コメント

悪名は無名に勝る。

■問い合わせ先：宝島社　広報課：[redacted]
東京都千代田区一番町25番地　Tel：[redacted]　**Fax：**[redacted]

7 優先順位を明確にする

ザッパラスは女性が1人で様々な体験をできる「ソロモーノ」というサービスを展開していました（現在は終了しています）。このリリースではその代表的な体験をいくつか掲載していますが、たくさんあるラインナップの中でも「殺陣」や「テキーラ×タロット占い」など、目新しさのあるラインナップを厳選して写真を掲載しています。もしこれが、よく聞くような体験内容だったら記者も興味を持たないでしょうし、たとえ記者が取材したいと提案しても部内で通らないでしょう。しかし、「殺陣」なら目新しい記事が書けそうだとデスクもOKを出すのです。実際に日経MJの女性記者がボイストレーニングの個別指導を体験取材して、大きな記事になりました。

七呂建設はなんと、「核シェルター」をアメリカのメーカーから輸入するというリリースで、同社の社長から相談を受けて、私がリリースを添削しました。何しろ核から人間を守るシェルターなので、特筆すべき機能は山盛りで、下書きの段階では情報があふれ返っていました。けれど私は、なぜ一地方企業が核シェルターを導入するのかという理由がもっとも重要で、商品特性を3点に抑えてでも入れ込む必要があると感じました。そこで七呂建設から情報収集すると、鹿児島という土地柄、噴火や原発の危険が身近にあり、防災への意識が高いことが分かりました。これを1枚目の下段に盛り込んだことで、リリース全体の説得力が増したことは間違いありません。

こんなふうに多数ある情報の中から、**そのリリースには何が大切か優先順位をつけて、順位の高いものから載せるべき**です。「リリース汎用法」では、部署ごとに優先順位が違ってくることもあるでしょうから、各部署でジャッジして編集しましょう。

＜ザッパラス＞

■solomono誕生の背景

ひとつでも多く新しいことを体験していって欲しい。そんな想いから、大人の女性に向けたソロ体験を専門に販売する「solomono(ソロモーノ)」が生まれました。

今や女性の9割が「おひとり様」行動をした経験があると答える時代です。【モッピーラボ「"おひとり様"に関する調査」より】特に30代以降の独身女性の場合、自分に遣えるお金も増え、より豊かなライフスタイルを追求して新しいことを試していく時期と言えますが、実際の30-40代女性たちからは「ありきたりな習い事はもうやったので、新しいことをどんどんしたい」「ひとり時間は好きだけど、初めての場所はひとりだと気軽に行けないことも」といった声があがります。

こうした背景から、大人の女性にとって興味を惹かれることを心置きなく気軽にでき、自分のためだけに費やせる「ひとり時間」の価値がますます高まっていると考え、その要望に応えていくべく「solomono（ソロモーノ）」をスタートしました。「ひとり時間」向けに、「習い事」や「ものづくり」「ごはん」「お酒」「自然に触れる時間」など「大人の女性に知ってほしい」ものを取り揃えていく、そんな体験ECサイトを目指していきます。

■商品例

◆プレミアム・テキーラ×タロット占い（カテゴリ：海外発）
ハリウッド発祥、セレブリティの間でじわじわとブームが広がり続けている「プレミアム・テキーラ」を、女店主がもてなすテキーラ・バーで3種飲み比べ。最後の一杯はタロットカードを引いて、今のあなたにふさわしいものをお出しする趣向つき。
https://solomono.jp/products/detail.php?product_id=6

・場所：東京　麻布十番

◆殺陣体験（カテゴリ：和モダン）
実際に舞台で殺陣の演技を指導する役者から教わる、本格殺陣レッスン。
https://solomono.jp/products/detail.php?product_id=36

※開催日調整中

◆陶芸体験（カテゴリ：DIY）
穏やかな時間の流れる隠れ家アトリエで、1回・1時間で完結する陶芸体験。形をつくるだけでなく、洒落た柄を施せる「刷毛目(はけめ)」にも挑戦でき、少し本格的に大人な雰囲気で仕上がります。
https://solomono.jp/products/detail.php?product_id=18

・場所：東京 下北沢
・所要時間：1回完結・1時間

2

優先順位の高いものを大きく

＜七呂建設＞

No.2!

ニュースリリース

S　2017.10.23

の核シェルターを日本初導入※

バイバル・シェルターズ社

Room《ルーム》」　11月17日(金)発売

※アンカーハウジング社調べ

株式会社七呂建設(本社：鹿児島市石谷町、代表取締役：七呂恵介)は、自然災害や北朝鮮の核・ミサイルから身を守るための効果的な手段として「家庭用核シェルター」を11/17(金)より発売します。なお、弊社の住宅展示場内にショールームを開設予定です。

※販売開始日の前日16日(木)に内覧会及びプレスセミナーを開催する予定です。

「Peace Room(ピースルーム)」の特徴

(1)放射能やサリンなどの化学物質を除去する空気清浄機
シェルターに備え付けられている空気清浄機は、放射能やサリンなどの化学物質を除去する機能を持っています。また、6歳児でも簡単に回せる手動クランクが付いており、電力を失っても再起動させる事が可能です。

(2)パワージャッキ付きのドア
入口のドアには、8トンの重さがのしかかっても押し上げることができるパワージャッキがついています。入口のドアが瓦礫等で覆われても、ドアを開口することができるため、安心して避難できます。

(3)床下収納、簡易ベッド、簡易トイレ付きで、避難生活を少しでも快適に！
シェルターには、食料や水などを保管できる床下収納や簡易トイレのほか、家族が安心して睡眠をとれる簡易ベッドもついています。簡易ベッドを備えることで、エコノミークラス症候群の予防になります。

空気清浄機

パワージャッキ

核シェルター イメージ図

導入の理由・背景

理由①：度重なる北朝鮮のミサイル発射、挑発行為により、改めて社会的な防災意識が高まっています。命を守るために、自らの力で必要最小限の備えをすることが重要です。

理由②：鹿児島では、北朝鮮ミサイルリスクのほか、桜島や霧島の噴火リスク、地震リスクを抱えています。また、川内原子力発電所もあり、原発からの放射性物質というリスクも抱えています。

理由③：代表取締役(七呂恵介)が常にたくさんの出会いと情報を求めていく中で、核シェルターの問い合わせが増加していることを知りました。現在、核シェルターの普及率が極端に低い日本に、今後ますますニーズが高まると予想されるシェルターを供給するため、立ち上がりました。

お問い合わせ先　株式会社七呂建設

優先順位の高いものを1枚目に

8 メインビジュアルを加工して訴求力を強化する

リリースにとってビジュアルが大切なことは、ここまでで十分分かっていただけたと思います。ここではそのビジュアルにひと工夫をしようという話をします。

ジェットスター・ジャパンは８０２円の「ラーメン価格」で飛行機に乗れるキャンペーンと、モバイル搭乗券を利用するとガストの「クーポン券」がもらえるキャンペーンを実施しました。これは何をビジュアルにしていいか迷う案件ですが、非常に秀逸なビジュアルを使用しています。前者ではストックフォト（写真素材）から選んだラーメンの写真に文字情報を組み合わせたもの。「シズル感がありながら、脂が浮いていて上品すぎない、いい意味でジェットスターらしい写真を探しました」と担当者は話していました。私はこれを見て一瞬、機内食でラーメンが出てくるのかと勘違いしていましたが、その勘違いさせる驚きも含めて効果的です。後者はスマートフォンと機体をコラージュした斬新なビジュアル。海外の先進広報では、こうした写真にワンフレーズを組み合わせたものを上手に用いて広報を展開しており、優れたテクニックを駆使する外資系ならではの手法だと感心しました。

＜ジェットスター＞

Jetstar

2017 年 2 月 2 日

報道関係各位

ジェットスター・ジャパン株式会社

「ちゃっかり、おいしい、802 円[*1] の空の旅」
“ジェットスター、ラーメン価格に挑戦セール”
～航空券がラーメン 1 杯の値段！？～

— セール期間：2 月 3 日（金）18 時～2 月 7 日（火）18 時 —

URL：http://www.jetstar.com/jp/ja/deals

ジェットスター・ジャパン株式会社（本社：千葉県成田市、代表取締役会長：片岡優）は、2 月 3 日（金）18 時より国内全 16 路線を対象とした片道 802 円[*1]（座席数限定）の“ラーメン価格に挑戦セール”を実施いたします。

ジェットスターは、「日本の空を、かしこく、ちゃっかり。」をコン
気軽に旅をしていただくため、日々お手頃な運賃で空の旅を
の一つはグルメ。なかでも気軽に楽しめるグルメといえば、今
広がるラーメン。そんな 1 杯のラーメンを食べるような気軽さで
ーメン 1 杯に払える値段」の全国平均である 802 円[*2] と同じ
います。2 月 3 日（金）18 時より 4 日間、毎日 18 時に 4 路線
片道 802 円[*1] となるこの機会をぜひご利用ください。

国内は北海道から九州・沖縄まで、国内 LCC として最大の
利用し、ラーメン価格でふらっとご当地ラーメンの旅をするもよ
みるのもよし。2017 年最初の「ちゃっかり、おいしい旅」へぜひ

メインビジュアル例

写真
＋
文字情報

＜ジェットスター＞

Jetstar

2017 年 1 月 26 日

ジェットスター・ジャパン株式会社

スマホひとつで旅に出て、おいしいクーポンでさらにおトクに
ジェットスター、モバイル搭乗券利用で
「ガスト」のクーポン券プレゼント！

ジェットスター・ジャパン株式会社（本社：千葉県成田市、代表取締役会長 片岡 優、以下、ジェットスター・ジャパン）は、2017 年 2 月 1 日（水）～4 月 30 日（日）[*1] の期間、モバイル搭乗券をご利用いただいた方を対象に、クーポンをプレゼントするキャンペーンを実施します。

ジェットスター・ジャパンは現在運航する国内 LCC として唯一スマートフォンアプリ、モバイル搭乗券の運用を行っており、ご予約からご搭乗までのお手続きを全てアプリ上で行うことが可能です。今回のキャンペーンでは、モバイル搭乗券を使って、ジェットスター国内全就航都市で国内線を利用される方を対象に、搭乗口で発行される搭乗券の控えの裏に、全国の「ガスト」で使えるドリンクバー無料クーポンを印刷し、プレゼントします。

ジェットスターは、「日本の空、世界の空を、もっと身近に」というビジョンのもと、国内 LCC として最大となる年間 500 万人以上[注3]のお客様にご利用いただいています。そんな多くのお客様に、このクーポンのご利用で、ファミリーレストランとして唯一、全都道府県に店舗を構え、気軽に家族、友人との時間を楽しめる「ガスト」でちゃっかりおトクに楽しんでいただければと考えています。

■キャンペーン概要

1.提供期間
2017 年 2 月 1 日（水）～4 月 30 日（日）[*1]

2. クーポン内容
Café レストランガストで使えるドリンクバー無料クーポン[*2]

3. 対象
ジェットスター便が発着する国内全 11 空港から出発する国内線搭乗者で、モバイル搭乗券をご利用の方[*3]

1

メインビジュアル例

写真
＋
写真
＋
文字情報

9 目的や背景などを強調する

トラストバンクはふるさと納税の企業で地域の活性化に並々ならぬ情熱を注いでいます。そこで、ふるさと納税で地方の起業家を支援しよう、というリリースを配信しました。このリリースで伝えたいことは、「なぜこの事業に取り組むのか」という理念や目的が主です。そのため1枚目では、その目的や背景を切々と訴えています。「リリースは弊社の思いをメディアに伝えるものなので1枚目にいれました。図版を入れることでその思いがリリースの下段や2枚目に行ってしまうのが嫌だったので、目的などを文章だけでまとめました」と広報担当者は話していました。リリースの内容によっては、こういうふうに目的や背景を強調した方がいいケースもあるのです。またこのリリースはあくまで新聞社狙いであったことも「目的」を強調した理由でもあります。一方で、テレビ向けには通常の図版や写真を多く使ったキャッチーなリリースを作っています。メディアの特性に合わせて使い分けているそうです。

レナウンは女性社員の働き方を支援する「ほほえみサポーター手当」のリリースです。こうした制度もメディアの好むネタですから、人事部の人にも普段からリリースを作る意識を大切にしてほしいと思います。このリリースで目につくのが、本制度の背景や課題などを前面に押し出しているところです。また、まず「ほほえみ～」がどういう制度なのかを案内してあることで、背景が入ってきやすいのもポイントです。

リリースを書く時には、必ず「目的」や「背景」を忘れずに書きましょう。特に強調・主張する必要性のある内容の場合は、1枚目に配置し効果を高めてください。

＜トラストバンク＞

報道関係者各位
プレスリリース

2018 年 3 月 29 日
株式会社トラストバンク

ふるさとチョイス、ふるさと納税を活用して、
地域の「起業家」を支援する取り組みを開始
～ 寄附者は、寄附だけでなく、
起業家と継続的な繋がりを持つことで地域貢献が可能に ～

自治体契約数などで日本最大のふるさと納税総合サイト『ふるさとチョイス』（ https://www.furusato-tax.jp/ ）を企画・運営する、株式会社トラストバンク（本社：東京都目黒区、代表取締役：須永珠代、以下「トラストバンク」）は 4 月 1 日から、ふるさと納税の制度を活用した、寄附金の使途を明確にして資金調達をする「ガバメントクラウドファンディング（GCF）」の新たな取り組みとして、同日から総務省が立ち上げる「ふるさと起業家支援プロジェクト」の専用サイトを開設し、地域で起業を志す起業家を支援します。本日から鳥取県庁、愛知県碧南市が参画し、5 つの事業を立ち上げます。今後、随時参画自治体および事業数を増やしていく予定です。

総務省は 4 月 1 日からそれぞれの地域において経済を再生させ、「人」「もの」「仕事」の好循環を生み出していくため、ふるさと納税に関する新たなプロジェクト「ふるさと起業家支援プロジェクト」を立ち上げます。自治体が地域の起業家を支援するとともに、地域外から資金を調達することによって、地域経済の好循環の拡大を目指します。また、ふるさと納税を活用する事業の内容を具体的に明示して、ふるさと納税を募集することを通じて、寄附文化の醸成を図ります。

当社が新たに立ち上げるサイトでは、地域の起業家とそれを支援する寄附者を繋げるプラットフォームとして、起業家の資金調達の支援と両者の継続的な繋がりを築くことができる環境を提供します。本プロジェクトでは、起業家と寄附者の関わりを強める意味も込めて、寄附者のことを「ふるさと未来投資家」とも呼びます。

起業家の資金調達には、2013 年 9 月に当社が提唱したガバメントクラウドファンディングの仕組みを活用します。ガバメントクラウドファンディングとは、ふるさと納税を活用した、自治体がオーナーとなるクラウドファンディング型の地域課題解決プラットフォームです。自治体は、地域の課題に対して、具体的な解決方法、その施策に対して必要な寄附金、寄附金を集める期間などを提示して、関心や共感を呼ぶことで広く寄附金を集めます。ふるさと納税の寄附金の使い道を明確にする点が特徴で、寄附者は自分の意思で寄附金の使い道を選ぶことができます。

「ふるさと起業家支援プロジェクト」では、お礼の品として起業
体験、事業の進捗報告などを用意する予定で、寄附者が起業家と継
続的に寄附者が事業の進捗を知り、「商品・サービス」の提供や事
ディングの要素を取り入れることで、寄附者は地域の未来を創造す
ができます。

今回事業を立ち上げる自治体は、鳥取県庁と愛知県碧南市です。
深刻化している鳥取県は、地域の起業家支援にいち早く取り組んで
やかなケアを受けられ、先進的な医療アプローチで自然分娩を促進
元を離れ家族を介護できない「遠距離介護者」をつなぐプラットフ
ガソリン車から電気自動車（ＥＶ）へのシフトが脚光を浴びる中、
市では、ものづくりで培った技術力を次世代に繋げるため、宇宙旅
ます。

目的・背景にスペースを割き熱く語る！

＜レナウン＞

PRESS RELEASE

報道関係者各位

2017 年 2 月 19 日
株式会社レナウン

子育て社員を「応援する社員」を給与で応援！
ほほえみサポーター手当て　3/1 よりスタート
レナウン働き方改革・他にも三つの制度を導入

株式会社レナウン（東京都江東区有明/代表取締役社長 北畑稔）は働き方改革の一環として、3 月 1 日より育児休職から復帰し、短時間勤務等で働く販売員が所属する担当店舗において、その同僚の販売員に対しての手当として「ほほえみサポーター手当の支給」を決定しました。また「ワークライフバランス休暇の導入」、「テレワーク勤務の導入」、「年間休日数の増加と年間総労働時間の削減」といった働き方改革に関する 3 施策を導入します。
2 月中に労使協定締結の見込みで、同時に従業員への説明会を実施します。

子育てを「応援する」販売員に手当支給！「ほほえみサポーター手当」導入の背景

■現状と課題

当社では、育児休職から復帰する販売員に対し、短時間勤務（1 日 6 時間）と、始業時間・終業時間の繰上げ・繰り下げ（各々30 分）を、それぞれ小学校卒業まで取得できる育児援助施策を実施しています。

ただし販売員が短時間勤務などで不在の時間帯のフォローや休日の優先取得などに対しては、売場にいる同僚の販売員の理解と協力が必要不可欠です。同僚の販売員は、子育てをする販売員が不在の時間帯のフォローをしたり、勤務シフト、休みなどを融通したりする必要があるため、子育てをする販売員がいない職場と比べると、勤務の調整などが大変であるという実態がありました。

■みんながほほえむ安心の職場へ

そこでその負担を考慮し、子育てをする販売員を応援する同僚の販売員を「ほほえみサポーター」として、手当を支給することにしました。
これによって子育てをする販売員、それを支える同僚の販売員がさらに安心して協力し合える職場を目指します。

「ほほえみサポーター手当」の概要

支給対象者：店頭において、育児休職から復帰する販売員が弾力的な働き方（短時間勤務、固定シフト、土日優先休日取得等）をしており、その売場にパートやアルバイトなどの人員の補充がない場合の同僚の販売員。
育児休職から復帰する販売員本人は対象外
支給額：一人あたり￥3,000/月
支給期限：弾力的な働き方を選択している販売員の子が小学校を卒業するまで

10 ヒトを紹介する

次は私が学長を務めるカレー大學のリリースで、ヒトを扱う重要性を紹介したいと思います。私が作るリリースは、最終ページには会社概要と共に私のプロフィールも必ず載せるようにしています。誰もが知っている有名企業ならいざ知らず、知名度の低い弊社のような企業は、どんな活動を行っているかを説明して、信用してもらわないと取材は呼び込めません。そしてその中にさり気なく、**経営者やユニークな社員など「ヒト」の情報を盛り込みましょう。メディアが、ひいては読者や視聴者が関心を持つのはやはり「ヒト」です**。リリースで社員をクローズアップしていたところ、多くのメディアから取材が舞い込んだ話はよく聞きます。

このことを戦略的に実践しているのがライオンで、「お洗濯マイスター」や「オーラルケアマイスター」など、〝マイスター〟というポジションを作って上手に広報活動に役立てています。もとは開発部門の研究所などに在籍しており知識が豊富で、生活のお困りごとに対する自社製品の効能や使い方を語れる人材を社内からスカウト。最初の2年間は訪問調査などを通してマイスターとしてのスキルを磨いたそうです。掲載したリリースでは、洗濯に関する問題点やデータを示した後に、「お洗濯マイスター」が登場し、柔軟剤の上手な使い方を紹介しています。すごく自然な形でヒトを売り込んでおり、この後、読売新聞や女性誌などに「お洗濯マイスター」が登場。年間40件ほどの取材希望があるそうですから大したものです。こうした人材は各部署に隠れています。「リリース汎用法」ではぜひ、各部署からお薦めの人材を提案してほしいと思います。

リリースには社内の開発担当者、専門家、経営者などを活用していきましょう。リリースの内容に説得力が生じると同時に、開発秘話や事業の要諦などを語らせることでリリースの構成が幅広く展開できます。

＜ライオン　３枚目＞

より良い香りを漂わせる衣類ケアのコツ

ライオン株式会社　お洗濯マイスター　山縣　義文

１２月、１月と女性にとって気合の入るイベントが続きます。そこで、冬のファッションで良い香りを上手につける衣類ケアのコツを紹介します。

最上部に配置し
人を強調

■着用するたびに洗う衣類を上手に香りづけ

肌着や機能性インナー、タイツなど着用するたびに洗うアイテムを上手に香りづけしましょう。こうした衣類は直接肌に触れるため、汚れやイヤなニオイもつきやすい衣類です。まずは汚れをきちんと落としてから、柔軟剤で香りづけをすると効果的です。

①お洗濯前に取扱い絵表示をチェック。
「ネット使用」や「弱」等の記載がある場合には、その指示に従いましょう。

②「洗濯ネット」に入れる
特に機能性インナーやタイツなどは、洗濯中にほかの衣類と絡み、伸びて傷むことがあります。ダメージを避けるために「洗濯ネット」に入れ、洗濯機の手洗いコースやドライコースなどを選択して、やさしく洗いましょう。

③柔軟剤は「専用の投入口」にセット！
柔軟剤は、洗濯をはじめる前に洗濯機の「柔軟剤専用の投入口」にセットします。洗剤と同じ投入口に入れたり、一緒に洗濯槽の中に入れたりすると、お互いの機能を打ち消し合ってしまうので、柔軟剤の香りだけではなく、柔軟効果などそのほかの機能も発揮されません。

④素材に応じて柔軟剤の使用量を調整する
化学繊維は、香りづけをした場合「香りが残りやすい素材」です。衣類によって香りの強さが違うと思ったら、衣類の素材に合わせて柔軟剤の使用量を調整してみてください。

⑤脱水後はすぐに取り出して干す
脱水後、洗濯物を湿ったまま長時間放置すると、菌が増殖してイヤなニオイが発生することがあります。良い香りに仕上げるためには、すぐに取り出して干すことを心がけましょう。

⑥洗濯しても汚れやニオイが落ちづらいと感じたら「つけおき洗い」がオススメ
機能性インナーやタイツなどの素材である化学繊維は、ニオイや皮脂汚れがつきやすく落ちにくい傾向があります。また、極細繊維であるため、汚れが繊維の奥に入り込み落ちにくくなります。洗濯してもニオイや汚れが落ちにくいと感じたら、濃い目の洗剤液につけおきしてから洗う「つけおき洗い」をしてイヤなニオイの原因である汚れを取り除いておきましょう。

■首周りのアイテム、ストールやマフラーに香りをつけておく

人と会う際に、顔に程近いストールやマフラーに香りをつけておくと効果的です。これらのアイテムは、首や顔に触れて汚れやすいので、洗えるものはおしゃれ着用洗剤で洗い、柔軟剤で仕上げて香りづけしましょう。また、

3

＜カレー大學　３枚目＞

ージアムの責任者兼プロデューサーを務めたカレー研究の第一人者、
日本人の国民食とまで言われているカレー文化をさらに盛り上げ、
と日本の食文化全体の向上を図ることを目的とした機関です。
新トレンドを的中させる分析力には、マスメディアや飲食業界でも定

イベント企画／まちおこしのプロデュース、マスコミ向けのカレー情
ート、全国有名カレー店の料理人や料理研究家の派遣事業、カレーの
とさまざまな事業をこれまでに展開。料理で家族や地域のつながりを深める「家カレー向上プロジェクト」や「絆カレープロジェクト」も大きな賛同を集めています。今後も、カレーを中心とした食にまつわる、さまざまなコンサルティングビジネスを展開することによって、日本人とカレーとの結びつきをもっと強めていきたいと考えております。

【カレー総合研究所の詳細に関しては、以下のホームページＵＲＬまで】
http://www.currysoken.jp/

写真とプロフィール
で人を強調

井上岳久（株式会社カレー総合研究所／代表取締役社長）プロフィール

1968年生まれ。カレー業界をけん引する、業界の第一人者。横濱カレーミュージアム責任者を経て現職に至る。カレーの文化や歴史、栄養学、地域的特色、レトルトカレーなどカレー全般に精通している。カレーミュージアムでは出店店舗の実に８割を誘致し全国津々浦々のカレー店を知り尽くしている。レトルトカレーは全国から2000種類を収集し試食。スープカレーやフレンチカレー、キーマカレー、朝カレー、カレー鍋などのブームを巻き起こしたことでも有名。

商品開発も定評があり、これまでに手掛けた商品開発は実に1000以上。「デリープレミアム」（ハウス食品）、「横濱フレンチカレー」「黒カレー」（江崎グリコ・レトルトカレー）、「ザ・カレーパン」（山崎製パン、調理パン）、「究極の萬カレー」（小学館、冷凍カレー）、などヒット商品も多数。

現在は、丸の内朝大学で「究極のカレークラス」を担当、その他、カレーマイスター協会「カレーマイスター講座」の監修、東京ガス・キッチンランドでの料理教室講師なども手掛ける。
著書に、『一億人の大好物　カレーの作り方』、『国民食カレーで学ぶもっともわかりやすいマーケティング入門』、『カレー雑学』『男に捧げるこだわりのカレーレシピ』（日東書院本社）、『無料で一億人に知らしめる門外不出のＰＲ戦術101』（明日香出版）など多数。近著は『カレーの経営学』（東洋経済新報社）。雑誌『一個人』Webサイト「カレーの最前線」などの連載を多数、好評展開中。慶應義塾大学、法政大学卒。中小企業診断士。加須市観光大使。事業創造大学院大学客員教授。昭和女子大学現代ビジネス研究所研究員。

CURRY
カレー総合研究所

11 データを載せる

同じくライオンのリリースは、データの充実ぶりも目を引きます。まず冒頭の2枚で調査データを示し、最もイベント事が増えて気合いが入るのはクリスマスである↓人と会う時に香りは重要で、最も効果的なアイテムは柔軟剤↓中でもクリスマスに着けたい香りはローズだ、と流れるように展開しています。表現方法も文章は少なめに抑えて、グラフや表組みなどを中心にしているところがポイント。文章で長々と説明するよりも、データで裏付けした方が効果的なケースもあるのです。5では、ビジュアルを多数並べてそれに文章を付加する構成法を紹介しましたが、さしずめこれはそのデータ版です。

データを有効活用

<ライオン　1枚目>

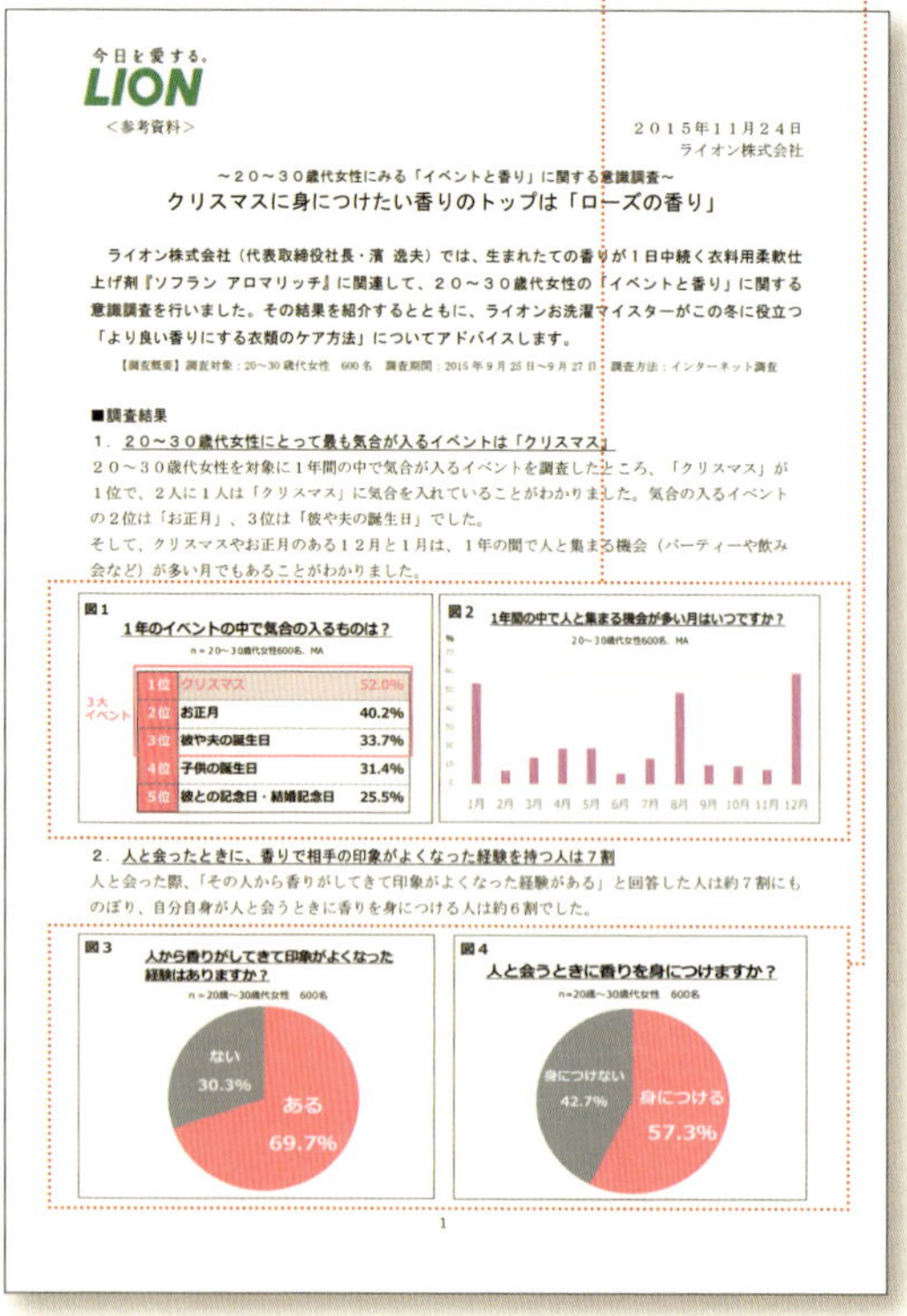

今日を愛する。
LION
＜参考資料＞

２０１５年１１月２４日
ライオン株式会社

～２０～３０歳代女性にみる「イベントと香り」に関する意識調査～
クリスマスに身につけたい香りのトップは「ローズの香り」

ライオン株式会社（代表取締役社長・濱 逸夫）では、生まれたての香りが１日中続く衣料用柔軟仕上げ剤『ソフラン アロマリッチ』に関連して、２０～３０歳代女性の「イベントと香り」に関する意識調査を行いました。その結果を紹介するとともに、ライオンお洗濯マイスターがこの冬に役立つ「より良い香りにする衣類のケア方法」についてアドバイスします。

【調査概要】調査対象：20～30 歳代女性　600 名　調査期間：2015 年 9 月 25 日～9 月 27 日　調査方法：インターネット調査

■調査結果

1．２０～３０歳代女性にとって最も気合が入るイベントは「クリスマス」

２０～３０歳代女性を対象に１年間の中で気合が入るイベントを調査したところ、「クリスマス」が１位で、２人に１人は「クリスマス」に気合を入れていることがわかりました。気合の入るイベントの２位は「お正月」、３位は「彼や夫の誕生日」でした。

そして、クリスマスやお正月のある１２月と１月は、１年の間で人と集まる機会（パーティーや飲み会など）が多い月でもあることがわかりました。

図１
1年のイベントの中で気合の入るものは？
n＝20～30歳代女性600名、MA

1位	クリスマス	52.0%
2位	お正月	40.2%
3位	彼や夫の誕生日	33.7%
4位	子供の誕生日	31.4%
5位	彼との記念日・結婚記念日	25.5%

3大イベント

図２
1年間の中で人と集まる機会が多い月はいつですか？
20～30歳代女性600名、MA

2．人と会ったときに、香りで相手の印象がよくなった経験を持つ人は７割

人と会った際、「その人から香りがしてきて印象がよくなった経験がある」と回答した人は約７割にものぼり、自分自身が人と会うときに香りを身につける人は約６割でした。

図３
人から香りがしてきて印象がよくなった経験はありますか？
n＝20歳～30歳代女性　600名

図４
人と会うときに香りを身につけますか？
n＝20歳～30歳代女性　600名

1

<ライオン　2枚目>

自分から香りを漂わせたいときに使うアイテムは、１位 柔軟剤（52.1%）、２位 香水（43.1%）、３位 制汗剤(35.5%)で、清潔感があり、近くにいる人がなんとなく感じるくらいの香りの強さが好まれているようです。

図５
自分からよい香りを香らせたいときに使うアイテムは？
n＝２0～３0歳代女性600名、MA

１位	柔軟剤	52.1%
２位	香水	43.1%
３位	制汗剤	35.5%
４位	ボディソープ	33.2%
５位	ボディクリーム	32.1%

３．「クリスマス」に身につけたい香りのトップは「ローズ」！

２０～３０歳代女性の３大イベント「クリスマス」「お正月」「彼や夫の誕生日」について、そのイベントの際に身につけたい香りを聞いたところ、「クリスマス」には「ローズの香り」が最も多く挙げられました。ローズの香りを身につけたい理由は、「華やかになるから」「女性らしく見せたいから」「ロマンチックな気分になるから」という回答が多く、特に華やかさや女性らしさを意識するイベントの際に身につけられているようです。

図６
各イベントのときに、最も身につけたい香りは何の香りですか？
n＝２0～３0歳代女性のうち、イベントで香りを身につけたい女性、SA

	クリスマス n=359		お正月 n=282		彼や夫の誕生日 n=347	
１位	ローズ	19.6%	フローラル	16.3%	ローズ	18.3%
２位	フローラル	18.2%	せっけん	15.6%	フローラル	16.9%
３位	せっけん	10.0%	ローズ	13.3%	せっけん	12.0%
４位	フルーティ	9.1%	フルーティ	8.9%	フルーティ	9.8%
５位	ムスク	5.7%	サクラ	5.6%	バニラ	5.6%

図７
なぜローズの香りを身につけたいと思いますか？
n＝２0～３0歳代女性のうちローズの香りを身につけたいときがある女性236名、MA

１位	華やかになるから	59.2%
２位	女性らしく見せたいから	48.1%
３位	ロマンチックな気分になるから	41.9%

2

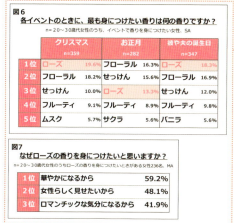

七呂建設の「核シェルター」は、シェルターの普及率が国によって大きく異なることを、棒グラフで表しています。これを見ると人口当たりのシェルター普及率が、スイスやイスラエルは100%で、アメリカでも80%以上あるのに対し、日本は0・02%しかないという事実が、インパクトを持って伝わります。こうしたデータはメディアには訴えかける力が強いので、開発や生産の部署は、なるべく役立つデータを入れたリリースを作成するようにしましょう。

このように、**データをリリースに用いると信用性が高まります**。企画の背景、開発理由、企画立案の根拠として、載せるとよいでしょう。データは企画などを展開する際、社内で調査したり、外部の公表データを活用したりすると思いますが、ぜひ、リリースにも活用してください。

データをつけることで
説得力アップ！

＜七呂建設　2枚目（P105のつづき）＞

「Peace Room（ピースルーム）」の商品概要

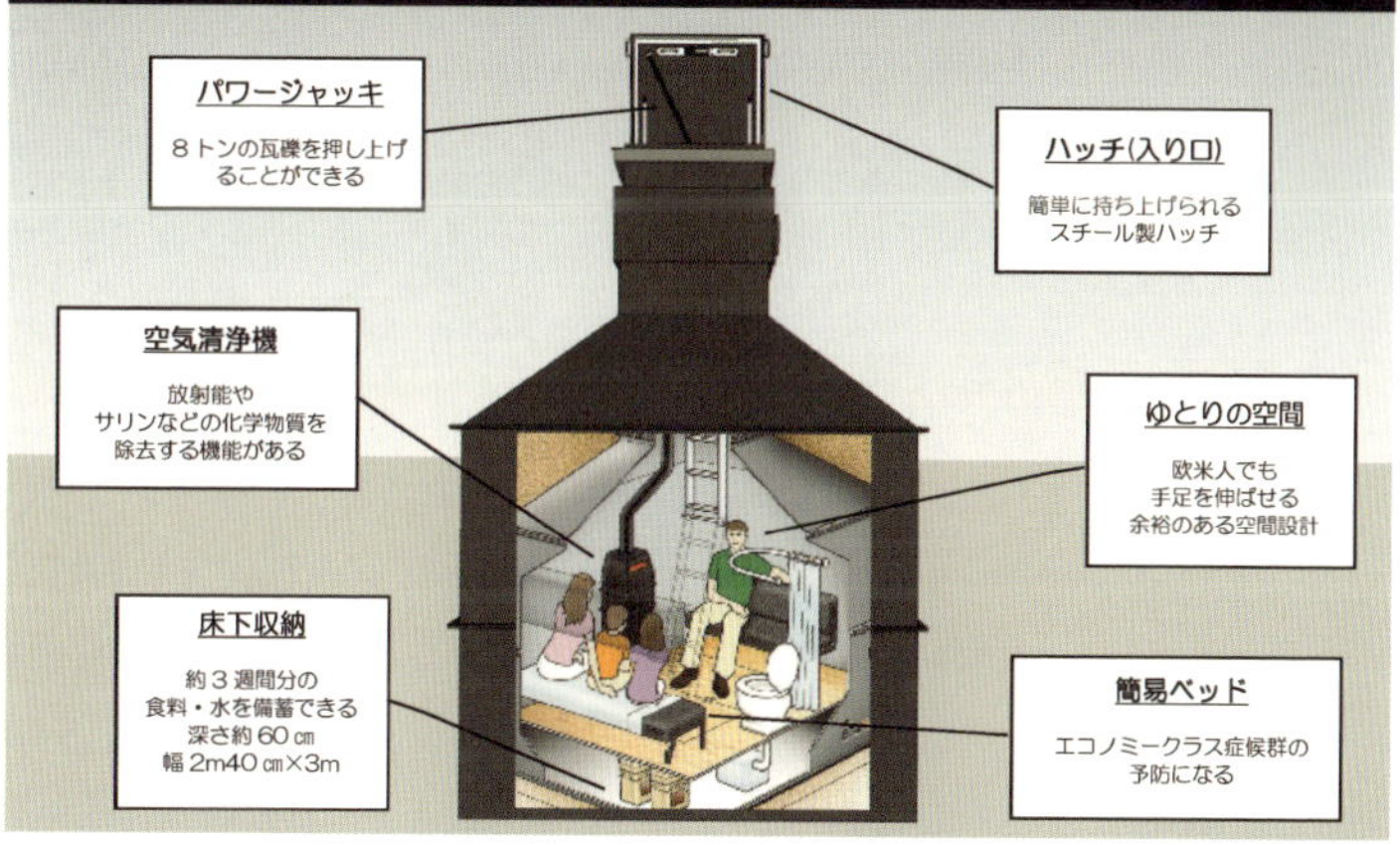

アメリカほか、世界各国においてシェルターは常識

北朝鮮のミサイル問題により危機が表面したことで、多くの人々がシェルターへの興味関心を示しているといいます。日本では普及率が低いのが現状ですが、世界に目を向ければシェルターは安全対策のうえで常識であることが分かります。

例えば、永世中立国であるスイス、またはイスラエルでは、学校や病院等の公共施設に市民シェルターがあり、国民には呼吸用の防毒マスクが無料で支給されています。北欧諸国、スウェーデン、フィンランド、ノルウェーにも公共の場にシェルターの用意があり、これらの国々では個人でシェルターを持つことも少なくありません。また、アメリカにおいても、ロシアとの冷戦時代に軍施設や、政府機関にシェルターを完備。公共の場にもシェルターを設置していたといいます。

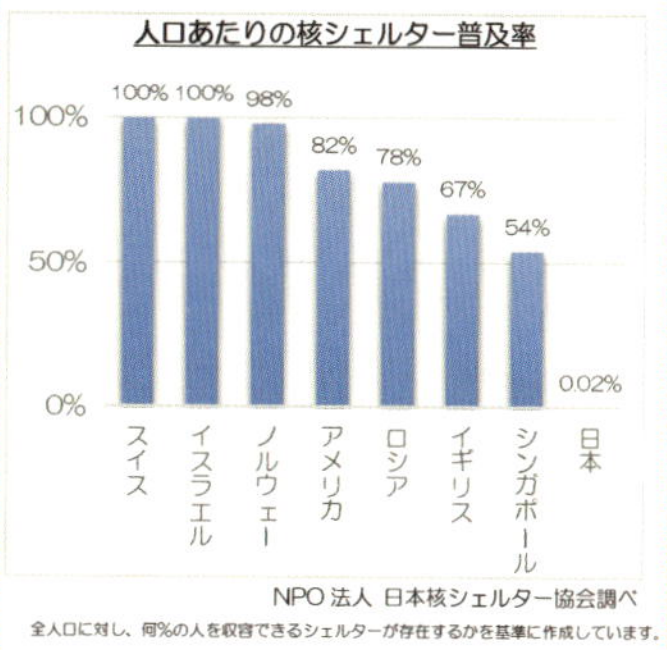

人口あたりのシェルター普及率はスイス、イスラエルが100%、日本は0.02%

スイスとイスラエルには国民すべてを収容できる数のシェルターが存在しています。そのほかの国についても半数以上の国民を収容できるシェルターが存在しています。それに比べて日本はわずか「0.02%」。いかにシェルターに対する意識、核兵器に対する安全意識が低いかが分かります。

日本にシェルターを普及させるため、私たちは立ち上がりました

国民の安全意識が高まりを見せていますが、日本にはシェルターが不足しています。今後予想されている巨大地震や、ミサイル・原発などの脅威に備えるため、シェルターを導入するに至りました。

- 2 -

12 ビジュアルにアイキャッチを入れる

くら寿司は「糖質オフ」に力を入れています。リリースにはメニュー例を多数写真で掲載していますが、各メニューの左側に丸囲みで「△%オフ」というアイコンを付けていて、これが効いています。単に数字や文章で示すと読み飛ばされてしまうところ、アイコンだと目が引き寄せられ、どのくらいオフなのだろう、とついつい全部のメニューを見比べてしまいます。これはメニュー表や広告などで使われる手法で、そのテクニックが、リリースにも活用されているのです。

レナウン（↓109）のリリースで、ちょっとした工夫だけど面白いと思ったのが、各見出しの前のマークを笑顔マークにしていること。「ほほえみサポーター手当」のリリースであることもあり、普段は「●」や「■」にしているところを、Wordの中にあった笑顔マークにしてみた広報担当者の遊び心なのです。私が以前携わっていた横濱カレーミュージアムでもターメリック君やクミンちゃんというキャラクターをアイコンで登場させたことがありました。**リリースは公式な文書ですが、温かみのある話題ならアイコンを使っても雰囲気にも合っていますし、このくらいの遊び心は好感度も高い**でしょう。

＜くら寿司　1枚目＞

無添《むてん》くら寿司

報道関係各位

2017 年 8 月 29 日
株式会社くらコーポレーション

8.31
「野菜の日」
より発売

回転寿司チェーン初の“糖質制限メニュー”
「糖質オフシリーズ」
「シャリ野菜」「7種の魚介らーめん　麺抜き」「シャリプチ」
～全国のくら寿司にて8月31日（木）から販売～

“さび抜き”
の次は
“シャリ抜き！？”
“麺抜き！？”

回転寿司チェーン「無添くら寿司」を運営する株式会社くらコーポレーション(代表取締役社長：田中邦彦　所在地：大阪府堺市)は、2017 年 8 月 31 日（木）（野菜の日）より、昨今の“糖質制限意識”の高まりを受けて、糖質オフシリーズ「シャリ野菜」「7 種の魚介らーめん　麺抜き」「シャリプチ」の 3 種（全 10 商品）を全国のくら寿司で販売します。

糖質オフシリーズ「シャリ野菜」「7 種の魚介らーめん　麺抜き」「シャリプチ」

「シャリ野菜」は、シャリ（酢飯）の代わりに「大根の酢漬け」を使用した全く新しいお寿司になります。大根は、寿司ネタを邪魔せず、かつ食感も楽しめる、程よい厚さにカット。お酢をベースに砂糖・塩・醤油・ゆず胡椒を加えた特製合わせ酢で味付けしました。ベースに敷かれたサンチュで巻いて、そのままでも、お好みで醤油をつけても美味しくお召し上がりいただけます。また、大根の酢漬け、寿司ネタ、キュウリをサンチュで巻き、更にくら寿司自慢の海苔を使用した「シャリ野菜手巻き」も合わせて発売します。

「7 種の魚介らーめん　麺抜き」は、毎日店舗で作る「7 種の魚介
代わりに、ニンジン、チンゲン菜、モヤシ、キャベツの 4 種の蒸し野
味を損なわないようにしつつ、食べ応えと彩りにこだわりました。キ
感は食べ応え十分。また、ニンジン、チンゲン菜で彩りを加え、ラ
す。「シャリ野菜」「らーめん　麺抜き」ともに、厳選した“国産野菜”を

「シャリプチ」は、「シャリが大きい」「他のお寿司も食べたいのに
等のお客様のニーズにお応えし、シャリを半分にしてご提供します。

【本リリースに関するメディアの皆様からのお
株式会社 くらコーポレーション　広

1

アイコンが
アイキャッチに

＜くら寿司　2枚目＞

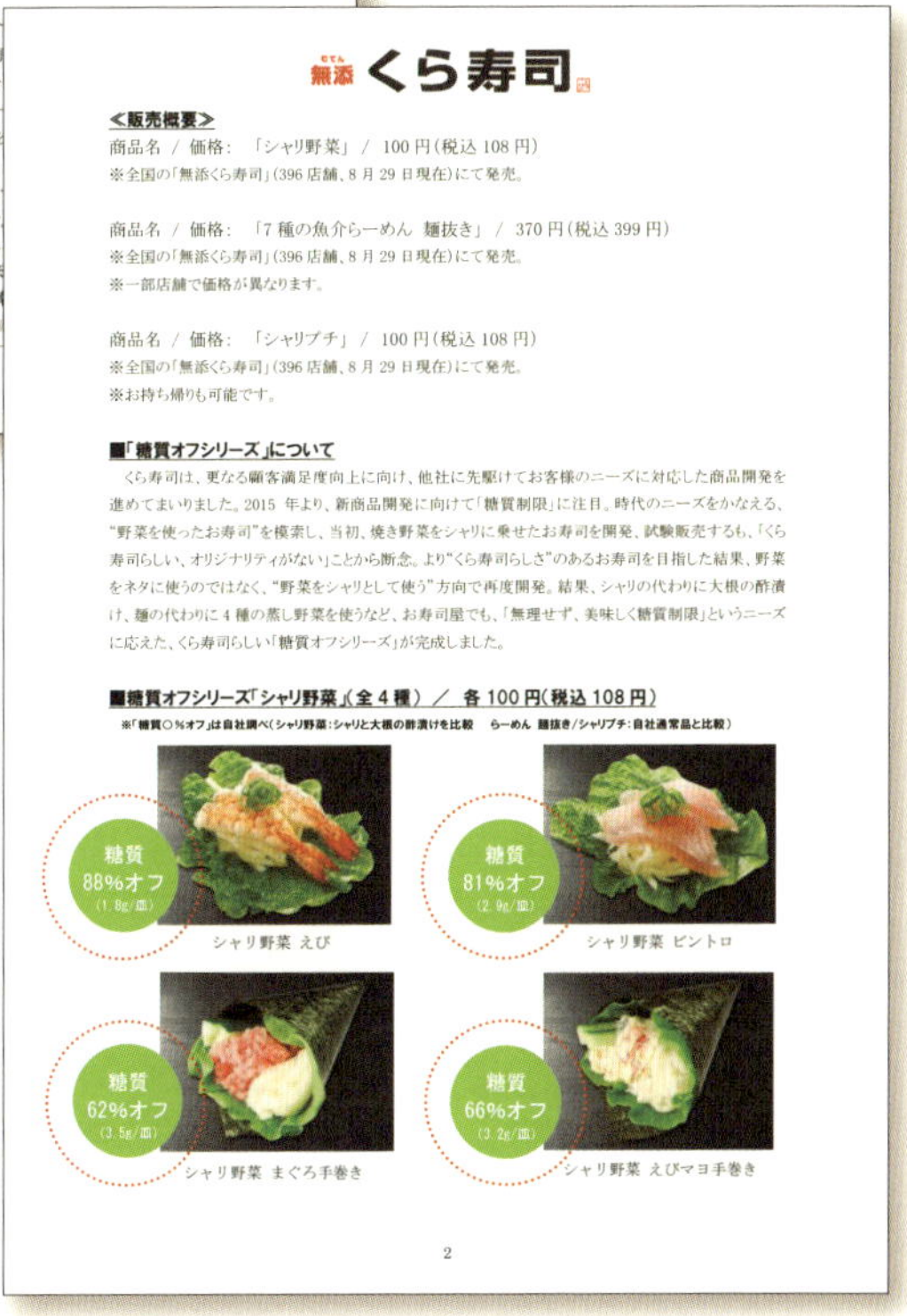

無添《むてん》くら寿司

＜販売概要＞

商品名 ／ 価格：　「シャリ野菜」 ／ 100 円（税込 108 円）
※全国の「無添くら寿司」（396 店舗、8 月 29 日現在）にて発売。

商品名 ／ 価格：　「7 種の魚介らーめん　麺抜き」 ／ 370 円（税込 399 円）
※全国の「無添くら寿司」（396 店舗、8 月 29 日現在）にて発売。
※一部店舗で価格が異なります。

商品名 ／ 価格：　「シャリプチ」 ／ 100 円（税込 108 円）
※全国の「無添くら寿司」（396 店舗、8 月 29 日現在）にて発売。
※お持ち帰りも可能です。

■「糖質オフシリーズ」について

くら寿司は、更なる顧客満足度向上に向け、他社に先駆けてお客様のニーズに対応した商品開発を進めてまいりました。2015 年より、新商品開発に向けて「糖質制限」に注目。時代のニーズをかなえる、“野菜を使ったお寿司”を模索し、当初、焼き野菜をシャリに乗せたお寿司を開発、試験販売するも、「くら寿司らしい、オリジナリティがない」ことから断念。より“くら寿司らしさ”のあるお寿司を目指した結果、野菜をネタに使うのではなく、“野菜をシャリとして使う”方向で再度開発。結果、シャリの代わりに大根の酢漬け、麺の代わりに 4 種の蒸し野菜を使うなど、お寿司屋でも、「無理せず、美味しく糖質制限」というニーズに応えた、くら寿司らしい「糖質オフシリーズ」が完成しました。

■糖質オフシリーズ「シャリ野菜」（全 4 種） ／ 各 100 円（税込 108 円）

※「糖質○%オフ」は自社調べ（シャリ野菜：シャリと大根の酢漬けを比較　らーめん　麺抜き／シャリプチ：自社通常品と比較）

糖質
88%オフ
(1.8g/皿)
シャリ野菜 えび

糖質
81%オフ
(2.9g/皿)
シャリ野菜 ビントロ

糖質
62%オフ
(3.5g/皿)
シャリ野菜 まぐろ手巻き

糖質
66%オフ
(3.2g/皿)
シャリ野菜 えびマヨ手巻き

2

コラム2
リリースに学ぶ！　文書を読みやすくするテクニック

1　タイトルに全力を注ぐ

リリースでは冒頭のタイトルが一番大事で、「命」といっても過言でないことは、これまでも繰り返し言ってきました。最初に興味を持ってもらえなければ、先へと読み進んでもらえないからです。

振り返ってみると、他のビジネス文書で、ここまでの危機感を持って作っているものがあるでしょうか？　きっとないと思います。たぶん会社に提出する文書でも、タイトルは「○○について」や「△△に関する調査報告」など、ごく当たり前のタイトルを付けているのではないでしょうか。でも自分が受け取る側になって想像すると、それではあまり読む気が起きないのも事実です。

リリースのタイトルには、興味を持ってもらえるキーワードがいくつかあります。例えば「世界初」や「業界一」など、1番目のものであること。「5万個突破」や「前年比120％達成」など数字が入ったもの。「平成最後の」や「東京オリンピックに向けて」など時事性があるもの、などなどです。こうしたキーワードを目にすると、面白そうだと感じて気持ちが盛り上がるのは、何もリリースを読むメディア関係者だけに限ったことではありません。皆さんの会社の同僚や上司も同じです。そしてその資料について口頭で説明する会議でも、活気が出てくるものなのです。あなたがまとめている文書の中から、数字や時事性などにつながる言葉を選び出して、全力を注ぐつもりでタイトルを工夫してみましょう。

これは職場の小さな文書革命とも言えます。職場で最初にやるのは勇気が要ることかもしれませんが、良いことは次第に周りも真似するようになるものです。まずあなたがパイオニアになりましょう。

2 斜め読みができるようにする

リリースは15秒程度で概要が理解できるものがいいと言われています。つまり「斜め読み」できるのがいい文書ということで、メディアには斜め読みの天才と称される人もいます。もちろん、後で精読はしてもらうわけですが、第一段階として短時間で全体像を把握できる文書にすることは、ビジネスのあらゆる場面で役に立ちます。

では、どういう文書なら斜め読みができるでしょうか？ 答えは、重要なポイントに目が行く文書ということです。例えば重要な箇所は太字になっているとか、受験生が勉強する時にやるように下線やマーカーが引いてあると、その部分だけを目が拾っていって、要点が理解できます。

またその役割を、写真やグラフといったビジュアル要素が果たすこともあります。近年はこれを目指している企業が増えていて、赤城乳業の「ガリガリ君」や、ゼブラの「ハイマッキー」、タイガー魔法瓶の精米器などは、そうした狙いを感じます。ジェットスターのようにビジュアルに文字情報を組み込むのは、その進化系と言えるかもしれません。文字だらけの文書は読む時にストレスがかかります。

皆さんは社内のビジネス文書や、営業用の文書にこのような工夫をしているでしょうか。最初の15秒で全体像を理解してもらえれば、そこから先の話は進めやすくなるものです。なるべく分かりやすいビジュアル要素を入れるようにしましょう。そして要点を太文字にしたり、下線を引いたりしてみましょう。そのくらいなら、誰にでもできる一手間なのですから。

3　文章は短文で切る

皆さんは文章を読んでいて、「まだ続くのか！」と思うことはありませんか？　こうした切れ目のないダラダラした文章は、リリースではタブーです。何しろ、リリースは枚数が限られていて、極力1枚で完結するのが望ましいので、必要なことだけをコンパクトにまとめなくてはいけません。その意味でも文章は短文でまとめることが求められます。

長い文章は、実は途中で話題が変わっていることが多いのです。長いなと感じた文章は、読み直してみるとどこかで別の話が始まっていたりするので、そこでいったん切って、また次の文章を始めるようにしましょう。目安は5W1Hで、例えば「いつ」が2つ出てきたりしたら要注意です。

もう一点、文章が長くなりやすいのは、あれもこれも入れようとするからです。例えばある製品の特性を表す形容詞が、ああいう点も良いし、こういう点も優れていると、いくつも並んでいる場合があります。でもこれは欲張り過ぎです。優先順位の高い1点、せいぜい2点までに留め、他は別の場所で補足情報に入れる程度にしましょう。また出てきたけどよく読んでみると、同じことを別の表現で繰り返しているだけのことも往々にしてあります。同じ内容の繰り返しは、シンプルを求められるビジネス文書では禁物です。

私がよくいうのは、リリースの文章はいっそ、箇条書きが並ぶくらいでいい、ということです。

これは他の文書にも言えることで、スパンスパンと切れて小気味のいい文章は、読んでいて頭に入ってきやすいものです。

第2部 実践編

ここからは実際の企業のリリースを紹介します。全18社のリリースはどれも優れたものばかり。あらゆるジャンル・目的のサンプルを掲載しているので必ず参考になるものが見つかるでしょう。

※各原稿は原則的に『広報会議』と『実践！ プレスリリース道場 完全版』に掲載したものを当時のまま掲載しており、一部加筆・修正しております。そのため、本文中に登場する企業の方のコメントや肩書、数値などは一部を除き取材当時の情報です。

File.01
日本橋高島屋

撮れる画を想像させ取材を誘致

新商品＆イベント一体の一枚完結型リリース

News Release

Takashimaya

2009　お歳暮商戦がスタート　直前イベント

メード　イン　ジャパンの「家族団欒」を、生産者が提案！

☆日本橋高島屋　地下１階　特設会場

☆10月13日(火)　９：４０～１２：００　決起大会＆試食会

イベント内容

10月13日(火)スケジュール

お歳暮商戦の決起大会

ＰＲの手法として、新商品の発売に合わせてイベントを行うことがままあります。ここでは日本橋高島屋が、お歳暮商戦に合わせて開催した「決起大会」のリリースをお手本に解説します。

この決起大会が開かれたのは２００９年10月13日。店舗に特設会場が開設されるのを約２週間後に控え、ネットでの受注が始まる前日です。年々早まっている感のあるお歳暮商戦ですが、前年より少し遅らせて「適正時期に設定した」と広報担当の永井清女さんは説明します。

かつてはメディアが消費事情を取り上げるとなれば真っ先に百貨店に声がかかったものですが、単にお歳暮売り場を開設しただけでは記事にはしてもらえません。そこで高島屋は、副店長が和服を着て決起大会を行うという画になるイベントを用意しました。会場にはバイヤーや生産者が立ち会い、話が聞けるようにしました。

キー局の生中継が実現

その甲斐あって、当日は在京のテレビ局や新聞社、配信社がほぼ全社訪れ、特に『スーパーモーニング』（テレビ朝日）ではイベントの時間帯に現地から生中継を行う盛り上がりを見せました。こうしたイベントでは、広報担当者は取材者の対応に追われるものですが、現場に立ち会ったのは永井さんを含む応援に来た各店のPR担当5人。メディアの方も慣れたもので、『スーパーモーニング』は生中継のため優先することを了承してもらい、何かあれば広報に声をかけてもらう方式で、特に問題もなくスムーズに進行したそうです。

結果、テレビでは翌日の『おもいッきりDON！』（日本テレビ）で14分20秒、『スッキリ!!』（同）で8分30秒など、14もの番組で取り上げられました。肝心の売れ行きも、限定500セットで用意した目玉商品の「江戸おでん」が、本会場が開く前のネット通販だけで約100セット受注するなど好調な推移を見せたようです。

目的を絞り込んだ1枚

リリースでまず注目したいのはタイトル。1行目で「お歳暮商戦にまつわるイベントがある」という大前提を伝え、3～4行目で場所と時間を提示しています。**イベントリリースは記者に来てもらうのが最重要課題なので、まずは「いつ?」「どこで?」がはっきり分かるように、タイトルに入れてしまうのがいいのです**。「決起大会」というイベントの名前もインパクトがあります。この不景気な年の瀬を乗り切りたいという世情にフィットしていますし、企業としての並々ならぬ意気込みも感じさせます。2行目にはキーワードを集約。

「和」や「家族」といった少し懐かしい言葉が今年の品揃えのコンセプトだと分かり、記者は自分が書く記事のトーンが早くも頭に浮かびます。また「生産者」に会場で取材できるであろうことも予感させます。

次に本文。**①イベント内容 ②商品事例 ③取材スケジュールという必要最低限の情報を簡潔にまとめています**。通常こうしたリリースだと商品事例を多数載せたくなりますが、潔く2点に絞り込んでいます。このリリースの第一義は「イベントへ取材に来てもらうこと」なので、このくらいで十分なのです。記者が最も気になるのは「当日どんな画が撮れるのか？」。①に「副店長が和服を着る」と書いてあるのでまず代表カットが想像つきますし、③を見るとチラシ配布や試食会で生産者とお客さんがコミュニケーションを取っている画も撮れそうだと心づもりができます。特筆すべきは、このリリースがA４用紙1枚で完結していること。永井さんは最初に教わった広報の先輩がリリースを1枚で書いていて非常にヒット率が高かったために、それが身についているのだそう。

そして全体を通じ、**下線を使用して重要な事柄を上手に目立たせています**。読み手はそこをピックアップするだけで、リリースの要点を把握できます。

POINT 1

シンプルだが計算されたタイトル

開催場所と日時、内容のみを☆印と下線を用いて上手にレイアウトし、まず最初に目に入るようにしている。また、企業として並々ならぬ意気込みを伝える「決起大会」というキーワードが光っている。

News Release　Takashimaya
www.takashimaya.co.jp
"変わらない"のに、あたらしい。

2009　お歳暮商戦がスタート　直前イベント

メード　イン　ジャパンの「家族団欒」を、生産者が提案！

☆日本橋高島屋　地下1階　特設会場
☆10月13日(火)　９：４０～１２：００　決起大会＆試食会

高島屋のオンラインショッピングでは、10月14日(水)から、また高島屋の関東各店では10月28日(水)から、お歳暮の早期受注をスタートします。そこで、日本橋高島屋では、直前の10月13日(火)に決起大会、お客様へ向けた本年お歳暮のお薦め商品紹介と試食のイベントを開催いたします。生産者・バイヤーらによるお薦め商品約20点のご紹介と、その中から約5種類の商品を試食して頂き、お客様に歳暮ギフト商品選びの参考にして頂きます。

今年の高島屋のお歳暮は、「日本のものづくり」をコンセプトとし、「冬はニッポンで温かく」「メード　イン　ジャパン」「人と地球にやさしい」を主なキーワードとした提案をします。また、「素材」「手間」「伝統」など物語性を持つ商品を前面に展開し、お客様のニーズを踏まえた、高島屋ならではの特徴ある商品をご紹介いたします。

イベント内容

1・今回のイベントでは、「メード　イン　ジャパン」の象徴である"きもの"に身をつつんだ東京店副店長をはじめとした3名が中心となった決起大会を開店前に行います。
2・開店間もなくには、先人から受け継いでいる「日本の食文化」「伝統工芸」のギフト商材を展示し、お客様へご説明します。食料品では、現在の世相を反映した"家族団欒"で楽しめる「日本の鍋」や、手間ひまをかけて作った昔ながらの「保存食」などを、生産者が直接お客様に振舞います。

当日の主な紹介商品

＜日本橋・神茂＞　江戸おでん　8,400円　※500セット限り
江戸前の冬の味の代表"おでん"の種を元禄元年から作り続ける老舗、日本橋神茂。特に神茂が誇る「半ぺん」を、今回特別に江戸時代のレシピで作りました。当時東京湾沿岸で獲れた星鮫の最良の身を厳選し、山芋・卵白と一緒に石臼にかけ、熟練職人が一つずつ手作業で作る、ふんわりとして繊細な味の「半ぺん」を再現。関東名物のおでん種セットで、江戸前伝統の味をお楽しみください。

<日本橋・神茂>江戸おでん　8,400円

＜小浜・田村長＞　若狭甘鯛の湯葉包み鍋　10,500円　※800セット限り
福井若狭から京都を結ぶ鯖街道を急ぎ、運ばれる若狭ぐじ＝甘鯛は、古くから高級食材として珍重されてきました。若狭湾で獲れた旬のぐじを、地元の料理人が趣向を凝らして鍋に仕立てました。柔らかなぐじの身を包む湯葉、福井産の青大豆で作る木綿豆腐、香味も甘みも豊かな"谷田部ねぎ"など若狭の名産を、家族団欒でお楽しみください。

※その他、390年前から受け継がれている近江の「鮒寿し」、牛の飼育から丹精込めて作る「酪農家のチーズ」、匠の手で創り出される工芸品「木製リバーシ」などをご紹介します。

<小浜・田村長>若狭甘鯛の湯葉包み鍋　10,500円

10月13日(火)スケジュール

9:10～ 9:30	報道受付	日本橋高島屋1階　職員出入り口
9:40～ 9:55	朝礼・決起大会	(日本橋高島屋副店長)
10:00～10:05	チラシ配布	(日本橋高島屋副店長＆生産者)
10:10～12:00	試食イベント	(生産者、高島屋バイヤー、取引先)

****

POINT 2

内容を絞り込み確実に要点を伝える

イベント内容、商品、イベントスケジュールのみで本文を簡潔に構成している。これにより、最も伝えたい要点を効果的に把握させている。

POINT 3

下線を上手に使っている

読んでほしい箇所に下線を引くことで、斜め読みでも内容が分かるようにしている。また、下線の周辺を読めば、さらに理解が深まるようにしている。

File.02
赤城乳業

独自スタイルでメディアの心をつかむ

シンプルイズベストの簡易型リリース

AKAGI 2013年5月7日

ガリガリ君がウルトラマンごっこ！誰もが一度はやったよね！

世代を超えて愛されるウルトラヒーローとガリガリ君が合体！

円谷プロ50周年コラボ　ガリガリ君×ウルトラマンシリーズ発売
「ガリガリ君リッチ いちごオレ＆ゼリー」

2013年5月14日（火）より全国で新発売

©TSUBURAYA PROD.

赤城乳業は「あそびましょ。AKAGI」の企業メッセージをお客様に届けるため、もっと手軽に楽しんでもらえる新しいアイスクリームの提案をしていきます。

AKAGI 2012年3月12日

食べたかったみなさん、長い間、お待たせして本当にごめんなさい。

やっと販売再開の準備が整いました。ガリガリ君の挑戦は続きます。

今度こそ、みなさんに食べていただけるように全力で頑張ります。

「ガリガリ君リッチ コーンポタージュ 販売再開 」

2013年3月26日（火）より全国で再発売

【ガリガリ君リッチ コーンポタージュ】

商品名：ガリガリ君リッチコーンポタージュ

希望小売価格	：126円（税込）
種類別	：ラクトアイス
容量	：110ml
発売日	：2013年3月26日（火）～
発売エリア	：全国

目標はYahoo!トップ

ここで取り上げるのは、1981年の発売以来、ロングセラーとなっているアイスキャンディ、赤城乳業の「ガリガリ君」です。年間4億本突破という圧倒的な売れ行きを誇る国民的商品で、私の小学生時代から販売していますが、当時は今ほど突出した商品だった記憶はありません。一体いつの間に、これほどの存在になったのでしょうか。

大きな転機は2000年にありました。売れ行きは上昇しつつも鈍化してきており、頭打ち感があったそうです。そこでマーケティングを行ったところ、女性の間でガリガリ君のキャラクターイメージが芳しくないことが判明したのです。ご記憶の方もいらっしゃるかもしれませんが、ガリガリ君のイラストは変化しています。今のガリガリ君のキャラクター設定は「永遠の小学生」ですが、元は昭和30年代のガキ大将をイメージした

「中学3年生」でした。

そこで外部のプロダクションと組み、泥臭さは残しつつも、今のような愛敬のあるデザインにしたところ、それまでなかなか越えられなかった年間1億本の壁を突破。以降、２００７年には2億本、２０１０年には３億本、２０１２年には4億本突破と、まさに破竹の勢いで成長し続けてきました。キャラクターリニューアルと同時期に制作した、耳に残るCMソングも知名度を高めました。

こうして当初はCM主導で動いていた「ガリガリ君」が、PRに戦略的に取り組み始めたのは２００５年ごろ。営業本部マーケティング部次長の萩原史雄さんがブランド担当になってからです。そのPR戦略は極めて明快で、Yahoo!のトップページに載ること。２０１２年に発売して大きな話題を呼んだ「ガリガリ君リッチ コーンポタージュ」は、その組み合わせの突飛さから発売後すぐにトップページに、そして発売３日目に供給不足で販売休止となった際にも載り、都合7回も「Yahoo!トップページ」に登場しました。それが『めざましテレビ』（フジテレビ）や『モーニングバード』（テレビ朝日）など全国ネットの番組にも波及し、女性週刊誌では次の味を予想する記事も出ました。コンビニで同時期に売れたアイスのうち5本に1本がこの商品だったというPOSデータもあり、同社では広告費に換算して、5億５０００万円のPR効果があったと試算しています。

台詞風タイトルが興味を引く

では、それだけ莫大な効果を生み出すリリースを見てみましょう。紹介するのは話題の「コーンポタージュ味」を再発売したときのリリースと、２０１３年にウルトラマンキャラクターとコラボしたリリースです。

まず**注目すべきはタイトルです。前者では「ごめんなさい」、後者では「やったよね！」と、友だちに対する話し言葉のようなフレーズを使い、ガリガリ君らしさを演出しています**。大したことではないと感じるかもしれませんが、リリースは公式文書であり企業の顔。この程度のことでもなかなか冒険できない企業が多いはずで、面白いことを進んでやろうとする赤城乳業の社風（会社のキャッチフレーズは「あそびましょ。ＡＫＡＧＩ」）が可能にしたことです。

またウルトラマンシリーズとのコラボは、円谷プロダクション50周年という絶好のタイミングで実施しています。私は常々、「周年記念はメディアが好む題材なので、極力ＰＲに活用するように」と言っていますが、自社のキリの良い周年記念は頻繁にやって来るものではありません。けれどコラボを用いれば、自社が周年記念ではなくても、相手の周年記念に乗ることができるわけで、機会は何倍にも膨らみます。

このほかにも、**インパクトのある商品ビジュアルを、リード下の目立つ位置に配置していること、無駄な文章やビジュアルを省き、1～2枚で簡潔にまとめていることなど**、ポイントはいくつかありますが、ガリガリ君のリリースの特徴は、究極的にはタイトルに集約されるのではないかと思います。

ガリガリ君のリリースは、本文はスタッフが作成し、タイトルだけは萩原さんが毎回考えているそうです。ＰＲ会社任せにしない熱を感じるとともに、〝リリースはタイトルしか読まれない〟という本質をしっかり意識していることが分かります。

「タイトルは前回品切れになってしまったら『ごめんなさい』と謝るとか、とにかく〝正直〟を心がけています。思い切ったのは2012年に6年ぶりに発売した『シャリシャリ君ソーダ』のタイトルで、6年前は正直ヒットしなかったんです。そこでタイトルに『伝説の華麗なる失敗から6年ぶりの復活！』と入れたらウケましたね。そんな自虐ネタも使って、とにかく面白がってもらえるものを意識しています」。

POINT 1

メッセージ性の強いタイトル

メインタイトルの上に3行でガリガリ君らしいコメントのような文言。メディアの興味を引く。

ガリガリ君リッチ　コーンポタージュ
販売再開のリリース

あそびましょ。AKAGI

2012年3月12日

食べたかったみなさん、長い間、お待たせして本当にごめんなさい。
やっと販売再開の準備が整いました。ガリガリ君の挑戦は続きます。
今度こそ、みなさんに食べていただけるように全力で頑張ります。

「ガリガリ君リッチ コーンポタージュ　販売再開　」

2013年3月26日（火）より全国で再発売

赤城乳業株式会社（本社：埼玉県深谷市、社長：井上秀樹）は、販売を休止していた「ガリガリ君リッチ コーンポタージュ」の販売を再開いたします。

「ガリガリ君リッチ コーンポタージュ」は2012年9月4日に発売しましたが、当初の販売予測を大きく上回る販売数量となり、9月6日に商品供給が間に合わず販売休止となりました。
皆様には多大なるご迷惑とご不便をおかけしましたことを、改めて心より深くお詫び申し上げます。

この度、販売再開に向けて商品供給体制が整いましたので、2013年3月26日（火）より、全国で販売を再開いたします。

【ガリガリ君リッチ コーンポタージュ】
コーンポタージュのかき氷！？つぶつぶコーン入り（北海道の厳選されたスーパースイートコーン使用）
人気飲料コーンポタージュがガリガリ君に！？想像つかない味わい、おどろきが楽しめます。

赤城乳業は「あそびましょ。AKAGI」の企業メッセージをお客様に届けるため、もっと手軽に楽しんでもらえる新しいアイスクリームの提案をしていきます。

商品名：ガリガリ君リッチコーンポタージュ

コーンポタージュ味のアイスキャンディーの中に、コーンポタージュ味のかき氷につぶつぶコーンを入れたアイスキャンディです。コーンは北海道の厳選されたスーパースイートコーンを使用しました。

希望小売価格　：126円（税込）
種類別　：ラクトアイス
容量　：110ml
発売日　：2013年3月26（火）～
発売エリア　：全国

POINT 2

パッケージ写真をタイトルまわりに

ビジュアルを上手に効果的に使う。訴求力のあるガリガリ君のパッケージデザインの写真をタイトル近くに大きく掲示。インパクトがあり、効果は絶大。

その視線の先にあるのはスマホの急激な普及です。今の世の中、誰もが面白いことを見つけては、TwitterやFacebookなどSNSで情報を発信しています。話題にしてもらうための鍵は「面白さ」。特にコーンポタージュ味のように賛否両論あるものは拡散効果が期待できます。ウェブで話題になればやがてYahoo!のトップページにつながる可能性もあります。

ちなみに赤城乳業では、商品やタイミングによってテレビCMもPRに有効活用しています。中でも2013年にオンエアしたチョコアイス「BLACK」のCMは、しりあがり寿さんの漫画と脱力感のある歌で話題を呼びました。赤城乳業ではこのCMをコマ落としにしたリリースを配信するとともに、YouTubeにも上げたところ、半年間で100万ビューがあり、Yahoo!のトップページでも取り上げられました。CMのリリースは大抵読み飛ばされてしまいますが、コマ落としにしたことで興味を喚起したのです。CM自体は最初からYouTubeに上げることを前提に、タレントなどを起用せずに制作したとのこと。CMはほんの数秒流すだけでも億単位の費用がかかってしまいますが、YouTubeならタダ。CMは首都圏だけに留め、YouTubeを全国で見てもらう戦法です。せっかくCMを制作するなら、PRにも有効に活用したいものです。

面白そうな会社として認知

実はガリガリ君は品薄商品が相次ぎ、〝守り〟に入ってしまった時期があったそうです。そんなときにあるバイヤーから「ガリガリ君には遊び心を期待している。ガリガリ君にはその義務があるんです」と言われて発奮し、「コーンポタージュ味」が生まれた経緯がありました。ガリガリ君というお化け商品があるものの、ア

ガリガリ君リッチ　ウルトラマンとのコラボ発表リリース

1枚目

AKAGI

2013年5月7日

POINT 1

ガリガリ君がウルトラマンごっこ！誰もが一度はやったよね！

世代を超えて愛されるウルトラヒーローとガリガリ君が合体！

円谷プロ50周年コラボ　ガリガリ君×ウルトラマンシリーズ発売
「ガリガリ君リッチ いちごオレ＆ゼリー」
2013年5月14日（火）より全国で新発売

赤城乳業株式会社（本社：埼玉県深谷市、社長：井上秀樹）は、円谷プロ50周年とコラボレーションした限定パッケージ「ガリガリ君リッチ いちごオレ＆ゼリー」を2013年5月14日（火）から数量限定で発売いたします。

POINT 2

©TSUBURAYA PROD.

この商品は、円谷プロダクションが2013年に50周年を迎えたことを記念して誕生しました。

円谷プロダクションは日本の特撮をつくり、ウルトラマンシリーズを生み出し、日本中の子供達に大きな夢を与えてきました。

世代を超えて愛されるウルトラヒーローとガリガリ君が夢のコラボレーションを展開します。


商品パッケージには、ウルトラマン・ウルトラセブン・ウルトラマンゼロが登場。誰もが一度は真似したポーズ、スペシウム光線・エメリウム光線などウルトラマンごっこで遊ぶガリガリ君がウルトラヒーローの隣に並びます。

さらにおなじみ、アイスキャンディーを食べて当たりが出ると、ここでしか手に入らない「ガリガリ君×ウルトラマンTシャツ」がもれなくもらえるキャンペーンを実施します。

赤城乳業は「あそびましょ。AKAGI」の企業メッセージをお客様に届けるため、もっと手軽に
アイスクリームの提案をしていきます。

2枚目

AKAGI

■商品名：ガリガリ君リッチ　いちごオレ＆ゼリー

練乳入りいちごオレ味のアイスキャンディーの中に、いちごオレ味のかき氷にぷるぷる食感のいちごゼリーを入れたアイスキャンディーです。

いちごゼリーにはいちご果汁15%を使用し、いちごの酸味・甘味・香りも楽しめます。

希望小売価格：126円（税込）
種類別：ラクトアイス
容量：110ml
発売日：2013年5月14日（火）～数量限定
発売エリア：全国

■ガリガリ君×ウルトラマンＴシャツ

アイスキャンディーを食べて「当り」が出ると、もれなくプレゼント。

サイズは１００cm／１２０cm／１４０cm／Ｓ／Ｍ／Ｌ／ＸＬから選べます。

この件に関する報道関係者のお問合せ先
赤城乳業株式会社
マーケティング部
[redacted]

この件に関する一般のお客様のお問合せ先
赤城乳業株式会社
[redacted]
お客様相談室（９：００～１８：００　日曜日を除く）

1枚目

赤城乳業株式会社

2013年3月5日

発売３５周年。
ガリガリ君の会社のチョコアイス、初のＣＭ！
究極にチカラのぬけた作品が完成！
新商品じゃない「ＢＬＡＣＫ」新ＴＶ-ＣＭ

赤城乳業は、ガリガリ君よりもロングセラー商品「BLACK」の新TV-CMを2013年3月5日（火）からオンエア開始いたします。

今回の新CMは、一見手抜きっぽい作品にみえますが豪華制作陣が名を連ねています。絶大なインパクトをもつアニメーションデザインには漫画家のしりあがり寿さん、コミカルな動きをみせる踊りの振り付けはラッキー池田さん、オリジナルソングの制作にトミシロ（掛川陽介、本澤尚之）さん栃尾恒樹さん、そして歌は外林知行さん、入尾信充さんです。彼らが本腰を入れて手掛けた本作では、ほがらかなキャラクター達がゆるい音楽に合わせて踊り、とりとめのない歌詞で商品「BLACK」が歌われています。

「新発売　じゃな～い　新発売　じゃな～い　新発売じゃないけど　CMつくってみた～」
（「じゃなーい篇」歌詞）

「たべたこと　ないですか　ガリガリ君の会社の　チョコアイス」
（「ガリガリ君の会社篇」）

「このCMで　売り上げのびたら　売り上げがのびたら　おかしいよね～」
（「売上篇」）

チョコレートアイス「BLACK」は新商品ではありませんが、1978年発売の赤城乳業を代表するロングセラー商品です。高級ココアパウダーと、ほろ苦く上品な風味が特徴のガーナ産のカカオマスを使用しており、コクのあるチョコレートアイスなのにサッパリ食べることができます。

毎年コンスタントに売り上げをのばしており、さらなるファン層の拡大に向けて、この度35年目にして初のCMが決定いたしました。CMオンエア開始日から商品特設サイトでも各CMをご覧いただけますので、これを機に「BLACK」に是非ご注目下さい！

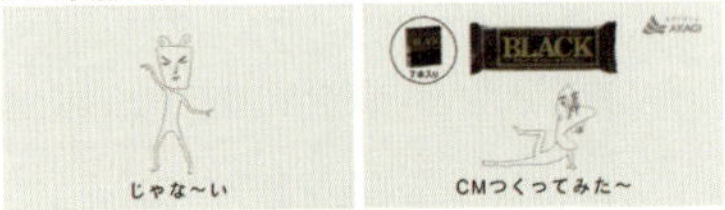

<CMカット>

<報道関係者様のお問合せ先>
赤城乳業「BLACK」PR事務局（㈱プラチナム内）／ 担当：[redacted]
TEL：[redacted]　FAX：[redacted]

2枚目

■新CMストーリーボード①
「じゃなーい（シングル・マルチ）篇」

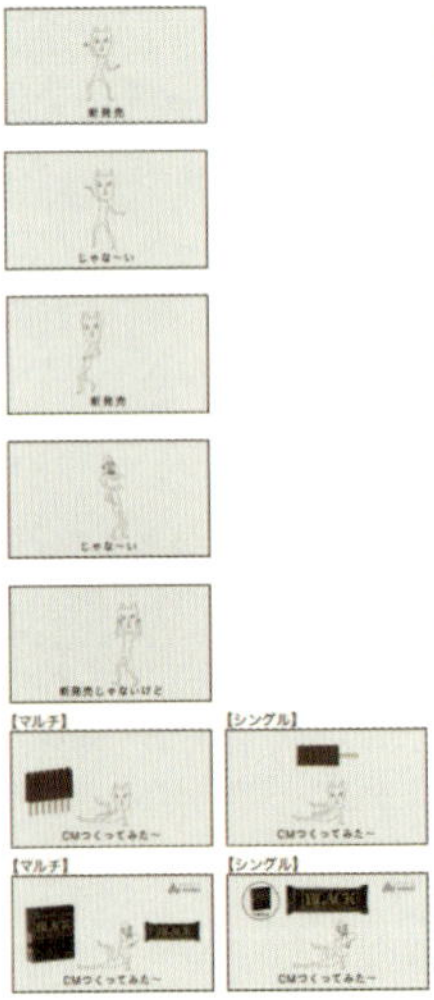

♪BGM
新発売～

じゃな～い

新発売～

じゃな～い

新発売
じゃないけど

CM つくってみた

NA
「チョコアイスバー ブラック」
買ってね！

チョコアイス「BLACK」のユニークな漫画と歌によるCM。コマ割りのリリースでその雰囲気を伝えている。

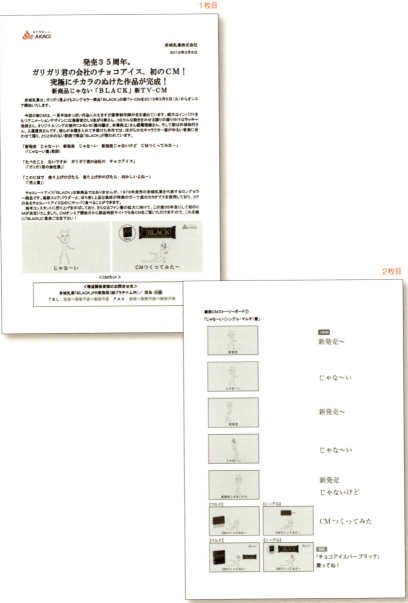

イス業界には競合がひしめきあっています。大手他社が「おいしさ」や「お洒落さ」などに力を入れるのとは別の闘い方があると、ある意味、近年の赤城乳業には開き直った強さが感じられます。ガリガリ君は面白いことをやるには適した商材で、面白そうな会社というブランディングもでき上がっています。これは他の企業がやろうとしても簡単に真似ることはできません。今のような時代には、この社風は大きな武器になるのです。

売場についても、上位メーカーにスペースを奪われスーパーなどで苦戦していたときに、コンビニに活路を見出しました。自社のポジショニングや、消費者に求められるイメージを正しく把握し、それを商品開発やPRに上手に取り入れていけるかがヒットの鍵を握っているのです。

File.03
カレー大學

市民大学に取材殺到

プロのノウハウを駆使した基本型リリース

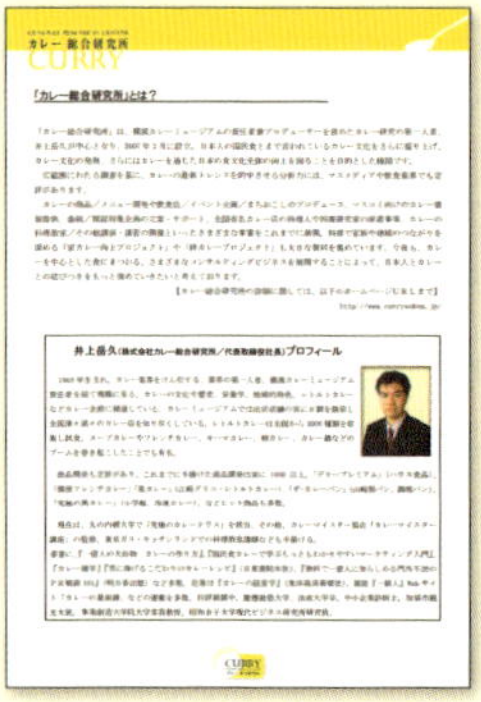
カレー 総合研究所
CURRY
「カレー総合研究所」とは？

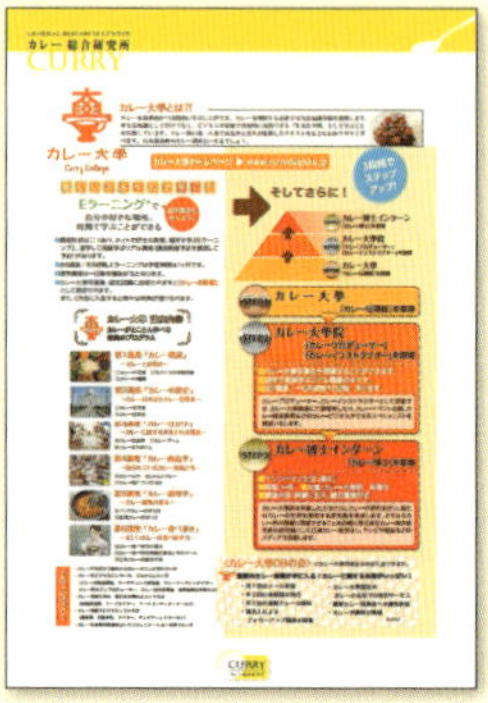
カレー 総合研究所
CURRY
カレー大學

カレー 総合研究所
CURRY
カレー界の第一人者がついに立ち上がる！
本格かつ体系的なカレー学！ 趣味に、商品開発に、まちおこしに！
カレーにおける日本最高峰といえる市民大学
「カレー大學」を６月２日（月）カレー記念日に開校

著者作成のリリースを紹介

皆さんによく言われるのが、「井上さんが自分でつくったリリースをもっと見てみたい」ということです。そこでここでは、カレー総合研究所で運営しているカレー大學が２０１４年春に配信した「カレー大學開校」のリリースを例に挙げます。

まずこの「カレー大學」という一風変わった大学を創設することになった経緯からお話しします。私が代表を務めるカレーのコンサルティングファーム、カレー総研はＢｔｏＢの取引がほとんどの企業です。しかし、ありがたいことに、私と直に接してみたいという声を折に触れて聞きます。それならそういう場をつくればいいと考えたのがひとつの理由。もうひとつは、私は普段、カレーを軸にビジネスに取り組んでいる人に会う機会が多いのですが、カレーのことをまったく知らずにビジネス展開をしている人が多いことを実感してきました。これだけ身近な国民食であるにもかかわらず、多くの人は、奥が深いカレーの世界を全体のうち1%くらいしか知りません。全国にカレーで町おこしをしている自治体は100以上、レトルトカレーは2000種以上存在するのに、そのほとんどが苦戦している原因はそこにあると思います。

カレーには長い歴史があり、そもそもどういう食べ物で、どう調理すればいいのか、といったことをちゃんと勉強した方がいい、そうすればもっと皆さんのビジネスが成功する確率が上がるのに……という思いが「カレー大學」創設の原動力です。もちろん、カレーが仕事と関係ない人や主婦、学生など、一般の人が教養や趣味のために入学するのも大歓迎です。この大学を通して日本のカレー業界の底上げがなされることが私の狙いです。受講方法はネットを利用して学ぶeラーニング講座と、教室で授業を聴講する通学講座の2種類があります。

メディアを意識しパンフを加工

ではここからは、リリースを見ていきましょう。

タイトルは3行がベストと常々いっていますが、今回は「カレー大學」のスタートということで、タイトルが超重要。そのため、**タイトルで1枚目の3分の1のスペースを使い、7行を用いてタイトルを書きました。これは井上流の奥義です**。タイトルは目立つ方が良いのはもちろんですが、あまり大きすぎても不格好。最もバランスが良くて、かつ目に飛び込んで来るのが3分の1なのです。行数については通常は1〜3行のところ、大胆に7行取ります。本タイトルとなる柱の1文を中心に据え、その前にメディアに響くようなキーワードをちりばめます。

そしてリリース内容のうち、特にPRしたい特長を3点、箇条書きにします。よく「メディアの記者はリリースのタイトルしか読まない」と言われますが、四角い枠で囲まれていて、箇条書きなどで要点がつかみやすくなっていれば、多少多めの7行でも記者は読んでくれます。

2枚目は**受講希望者向けの折り畳みパンフレットを、そのままでなく、編集し直して載せました**。そのひと手間が大切なのです。よくパンフレットの版下をパワーポイントに貼り付けて、そのままリリースにしている企業を見かけますが、いかにも手を抜いているような印象を与えますし、効果がないのでおすすめできません。というのも、受講希望者とメディア関係者では必要な情報が違うからです。例えばパンフレットには「受講までの流れ」を図式化して載せていますが、これはリリースを初見する記者には関係のないことで、不要な文章を読む暇は彼らにはありません。パンフレットを転載してしまえば楽というのは分かります。けれどそこにひと手間かけるだけで、受け取る側の印象は大きく変わってくるのです。

最終ページには会社概要とともに、私のプロフィールも必ず載せるようにしています。誰もが知っている有名企業なら必要ありませんが、知名度の低い当社のような企業は、どんな活動を行っているかを説明して信用してもらわないと取材は呼び込めません。そして、その中にさりげなく、経営者やユニークな社員など「人」の情報を盛り込みましょう。メディアが、ひいては読者や視聴者が関心を持つのはやはり人です。

記念日めがけて配信

このリリースは新聞、雑誌、テレビ、ラジオ、ネットを合わせて約150通を配信し、取材当時約30のメディアに取り上げられました。雑誌は『東京ウォーカー』（KADOKAWA）や『女性自身』（光文社）など

1枚目

GENERAL RESEARCH CENTER
カレー 総合研究所
CURRY

2014年5月29日

カレー界の第一人者がついに立ち上がる！
本格かつ体系的なカレー学！ 趣味に、商品開発に、まちおこしに！
カレーにおける日本最高峰といえる市民大学
「カレー大學」を6月2日（月）カレー記念日に開校

［特長1］カレー業界の第一人者の井上岳久（カレー総合研究所/所長）が講座を開設！！
［特長2］カレーを総合かつ体系的に学ぶことができ、ビジネスはもちろん、趣味でも役立つ！
［特長3］通学と、全国どこでも24時間いつでも学べるネットで学ぶeラーニングを用意！

株式会社カレー総合研究所（代表：井上岳久／東京都渋谷区）は、カレーを学問として、総合的、体系的に学ぶことのできる市民大学「カレー大學」を６月２日（月）に開校します。

＜設立目的＞
① 真のカレーの知識・奥深いカレーの世界を広めカレーの文化の発展を図る。
カレーは「国民食」といわれているのにも関わらず、意外にも深く知られていない状況を打破する。
② カレーの知識を深めることで、カレー店経営やレトルトカレーの開発などのビジネス的な局面から、家庭でのカレーパーティ、カレーの食べ歩きなど趣味の局面からなど、さまざまな面で役立てさせる。
③ 最終目標として、日本全国にカレー業界を牽引する「カレー伝導師」を育成する。

■大学の概要
大学名：カレー大學
開講日：2014年6月2日（月） カレー記念日
講　師：井上岳久（カレー総合研究所／代表）等
形　式：通学講座、eラーニング講座
内　容：6科目/5時間
①「カレー概論　カレーとはいったい何か？」
②「カレーの歴史　カレー日本史とカレー世界史」
③「カレー社会学　カレーに関する文化と社会現象」
④「カレー商品学　売られているカレー商品たち」
⑤「カレー調理学　カレー調理の基本」
⑥「カレー食べ歩き　正しいカレーの食べ歩き方」
受講料：20,000円（税別）
URL：www.currydaigaku.jp　→詳細は添付参照

カレー大學
Curry College

井上岳久（カレー大学／学長）
株式会社カレー総合研究所代表。事業創造大学院大学客員教授。
1968年生まれ。カレー業界をけん引する、業界の第一人者。横濱カレーミュージアム責任者を経て現職に至る。カレーの文化や歴史、栄養学、地域的特色、レトルトカレーなどカレー全般に精通している。メディアに年100媒体に出演。慶應義塾大学、法政大学卒。

お問い合わせ
株式会社カレー総合研究所　（担当）
TEL：　FAX：
住所：
e-mail：

CURRY

POINT 1

タイトルは大きく3分の1のスペースを活用

通常タイトルは1～3行だが、今回はタイトルが重要なので、7行を割いて強調している。

2枚目

GENERAL RESEARCH CENTER
カレー 総合研究所
CURRY

カレー大學とは?!
カレーを体系的かつ実践的に学ぶことができ、カレーを理解する必要不可欠な知識全般を習得します。単なる知識としてだけでなく、ビジネスや家庭で実用的に実践できる「生きた学問」として学ぶことを目指しています。カレー界の第一人者である井上岳久が監修したテキストをもとにわかりやすく学べます。日本最高峰のカレー講座といえるでしょう。

カレー大學
Curry College

カレー大學ホームページ ▶ www.currydaigaku.jp

新しいスタイルで学ぶ!!
Eラーニング*で自分の好きな場所、時間で学ぶことができる
通学講座もあります。

- 講座形式は二つあり、ネットで好きな時間、場所で学ぶEラーニングと、通学して直接学ぶリアル講座（講座開催予定を確認して予約）があります。
- 全6講座／約5時間。Eラーニングは学習期間は1ヶ月です。
- 通学講座は一日集中講座が主となります。
- カレー大學卒業後、認定試験に合格されますと「カレー伝導師」として認定されます。
また、OB会に入会すると様々な特典が受けられます。

カレー大學 講座内容
カレーがとことん学べる充実のプログラム

第1講座「カレー概論」
～カレーとは何か～
①カレーの定義　②スパイスの基礎知識
③カレーの種類

第2講座「カレーの歴史」
～カレー日本史とカレー世界史～
④カレー世界史

3段階でステップアップ!
そしてさらに！
カレー博士インターン 「カレー博士」を取得
カレー大學院 「カレープロデューサー」「カレーインストラクター」を取得
カレー大學 「カレー伝導師」を取得

STEP1 カレー大學
「カレー伝導師」を取得

STEP2 カレー大學院
「カレープロデューサー」
「カレーインストラクター」を取得

カレープロデューサー、カレーインストラクターとして活動でき、カレー大學講座にて講師をしたり、カレーイベント企画、カ

POINT 2

参考資料はパンフレットをリリース用に再加工

パンフレットをそのまま添付しているリリースをよく見かけるが効果はない。消費者向けのパンフレットをメディア用に再加工すると効果が高まる。

3枚目

GENERAL RESEARCH CENTER
カレー 総合研究所
CURRY

「カレー総合研究所」とは？

「カレー総合研究所」は、横濱カレーミュージアムの責任者兼プロデューサーを務めたカレー研究の第一人者、井上岳久が中心となり、2007年3月に設立。日本人の国民食とまで言われているカレー文化をさらに盛り上げ、カレー文化の発展、さらにはカレーを通じた日本の食文化全体の向上を図ることを目的とした機関です。

広範囲にわたる調査を基に、カレーの最新トレンドを的中させる分析力には、マスメディアや飲食業界でも定評があります。

カレーの商品／メニュー開発や飲食店／イベント企画／まちおこしのプロデュース、マスコミ向けのカレー情報提供、番組／雑誌特集企画の立案・サポート、全国有名カレー店の料理人や料理研究家の派遣事業、カレーの料理教室／その他講演・講習の開催といったさまざまな事業をこれまでに展開。料理で家族や地域のつながりを深める「家カレー向上プロジェクト」や「絆カレープロジェクト」も大きな賛同を集めています。今後も、カレーを中心とした食にまつわる、さまざまなコンサルティングビジネスを展開することによって、日本人とカレーとの結びつきをもっと強めていきたいと考えております。

【カレー総合研究所の詳細に関しては、以下のホームページＵＲＬまで】
http://www.currysoken.jp/

井上岳久（株式会社カレー総合研究所／代表取締役社長）プロフィール

1968年生まれ。カレー業界をけん引する、業界の第一人者。横濱カレーミュージアム責任者を経て現職に至る。カレーの文化や歴史、栄養学、地域的特色、レトルトカレーなどカレー全般に精通している。カレーミュージアムでは出店店舗の実に８割を誘致し全国津々浦々のカレー店を知り尽くしている。レトルトカレーは全国から2000種類を収集し試食。スープカレーやフレンチカレー、キーマカレー、朝カレー、カレー鍋などのブームを巻き起こしたことでも有名。

商品開発も定評があり、これまでに手掛けた商品開発は実に1000以上。「デリープレミアム」（ハウス食品）、「横濱フレンチカレー」「黒カレー」（江崎グリコ・レトルトカレー）、「ザ・カレーパン」（山崎製パン、調理パン）、「究極の萬カレー」（小学館、冷凍カレー）、などヒット商品も多数。

現在は、丸の内朝大学で「究極のカレークラス」を担当、その他、カレーマイスター協会「カレーマイスター講座」の監修、東京ガス・キッチンランドでの料理教室講師なども手掛ける。
著書に、『一億人の大好物　カレーの作り方』、『国民食カレーで学ぶもっともわかりやすいマーケティング入門』、『カレー雑学』『男に捧げるこだわりのカレーレシピ』（日東書院本社）、『無料で一億人に知らしめる門外不出のＰＲ戦術101』（明日香出版）など多数。近著は『カレーの経営学』（東洋経済新報社）。雑誌『一個人』Webサイト「カレーの最前線」などの連載を多数、好評展開中。慶應義塾大学、法政大学卒。中小企業診断士。加須市観光大使。事業創造大学院大学客員教授。昭和女子大学現代ビジネス研究所研究員。

CURRY
カレー総合研究所

POINT 3

必ず会社概要を入れ、同時に“人”を訴求

知名度の低い企業は必ず毎回、企業紹介を入れるべき。さりげなく経営者やユニーク社員を紹介すると取材の誘発にもつながる。

の情報誌や女性誌、ネットは「マイナビニュース」など。ラジオからもたくさん取材が来て、可能な限り出演しました。特に映像がなくても伝わる内容で、「カレー大學って何ですか?」というところから始まり、カレーに関するクイズなどができるのもラジオに向いた案件だったのでしょう。

ちなみにこのリリースは実は完成が遅れて、7月配信になってしまいそうだったのを、何とか6月2日に間に合うタイミングで配信しました。それはその日が「カレー記念日」だからです。ごく単純なことですが、リリース上では極めて効果大。特に新聞やテレビは毎日、新情報を欲しているメディアなので、記念日がらみの案件は優先して検討してくれます。本文でも触れたようにテレビから多く取材依頼が来たのも、今回のリリースが記念日案件だったからです。しかし、すべてのオファーを断らざるを得ませんでした。カレー大學の通学講座には常設校舎はなく、毎回施設を借りて運営しているため、2日の時点では映せる素材がなかったからです。まさか

そんなにオファーが来るとは予想しておらず、もう2週間あれば開校式典を用意できたのに、と少し残念。ともかく、記念日は強いということです。

〝市民大学〟こそ熱意が必要

現在、世の中には数えきれないくらいたくさんの市民大学が存在します。地方自治体が運営しているものは、特に採算は関係ないので受講生が多くなくても安泰ですが、「カレー大學」と同じく企業が運営するものは、成功する例もあれば失敗して撤退する例も多数あります。感じているのは、やはり主催者にしっかりした目的や熱い思いがないとダメだということです。私なら「日本におけるカレー文化の底上げを図る」という大きな目標がありますが、単にビジネスと捉えていると、成功は難しいでしょう。一時期、資格検定ビジネスが大流行したことがありましたが、今はずいぶん下火になりました。それは試験を受けてもらい資格を与えるだけで、〝教える〟という魂が主催者側にこもっていなかったからではないでしょうか。

もうひとつ感じたのは、同じカレーをビジネスにしている人でも、景気の良い企業の担当者はこぞって受講しますが、業績が良くない企業の人たちはあまり来ていないことです。商売に成功している人たちは自分を磨くために、さらに売上を伸ばすために学ぼうとするけれど、商売に苦戦している人は自己研鑽に投資しない傾向が強く、学ばないからますます差が開いていく。これは繁盛しているカレー店とそうでないカレー店の経営者も同じで、ここに格差が生じる源泉があることを痛感しました。自分への投資はいつか実になって返ってくるもの。学びのためには惜しまずに投資してほしいと思います。

File.04
ザッパラス

思わずメディアが体験したくなるリリース

サービス商品のオーソドックス型リリース

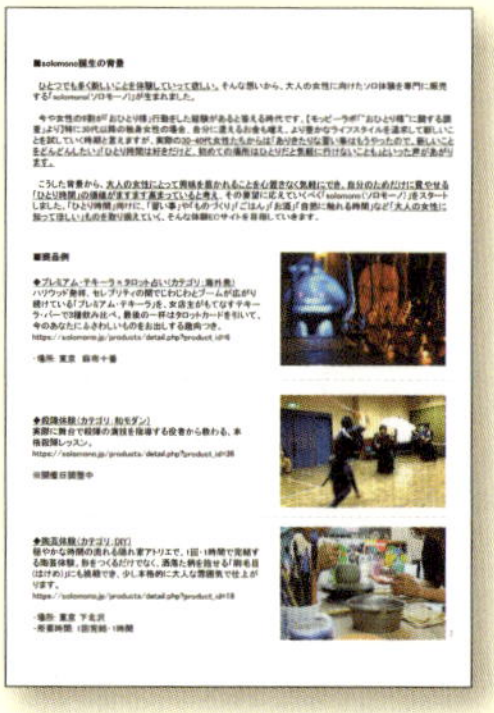

ひとりでも申し込みやすいサービス

メディアに取り上げてもらう方法のひとつに、記者に体験取材してもらい、その報告を執筆してもらうレポート記事があります。これは記者のリアルな体験談が書かれているため読者も興味を持って読んでくれるほか、記者も熱心に良い記事を書いてくれる傾向があります。ここでは、そんな体験を呼び込めるリリースの例として、ザッパラスの「ソロモーノ」のリリースに着目したいと思います。

「ソロモーノ」は、すでに終了したサービスなのですが、日常ではなかなかできない体験を提供する独身女性向けのサービスで、サイトには「殺陣体験」や「農業体験」などユニークなメニューがありました。こうしたサービスは従来、カルチャーセンターなどで入会金を払い、何回分かまとめて受講料を納めなければならないものがほとんどでした。ソロモーノではそれを単発で、料金も1回分を払うだけ、さらにひとりだけでも申し込みやすいかたちで提供しました。

そもそもザッパラスはデジタルコンテンツ事業を行い、なかでも「占い」をメインジャンルとして株式上場を果たした会社です。「占い」から「体験」へと、ずいぶん異なるジャンルに進出したのは、社内でビジネスプランコンテストが行われたのがきっかけでした。

そこで30代の女性社員が提案したのがこの「体験サービス」だったのです。提案者いわく、今はキラキラと輝いている40代の独身女性が増えており、ソーシャルメディアで自らのライフスタイルを積極的に発信しています。彼女たちは仕事でキャリアを積んでいて、金銭的にも余裕があります。そんな女性たちに、ありきたりでなく珍しいことを体験してもらうのがコンセプトで、そこに商機があると考えたのです。もちろん既存の占いユーザーである女性に結びつけやすいという理由もありました。

ソロモーノにラインアップされていた体験サービスは、いずれもプロデューサー（提案者である女性社員）自身が仕事上の下見とは明かさずに体験し、金額も含めて納得がいくと感じたものにだけ声をかけるというものでした。

女性記者の共感を得るための工夫

ここからはリリースを見ながら話を進めましょう。私がこのリリースを見て感じたのは、女性記者の目線を非常に意識したつくりになっているということ。

まず**タイトルで「ソロの女性（独身女性）」という、ニュース性のあるキーワードを大きく打ち出しています**。独身率の上昇や晩婚化は非常に今日的な、メディアとしては常に気になる話題。つまりそこに目を付けたソロモーノは非常に商品力のある企画ということです。ただし、その表現にはとても気を遣いました。例えば同じ意味でも「おひとりさま」という言葉は当事者にはあまり気持ちの良い言葉ではなく、いくつものアイデアを出し合った中で「ソロ」「ソロモーノ」という言葉を選んだと言います。これがもし「おひとりさま」だったら、女性記者もあまり好意的に受け止めてくれないかもしれません。

続いて2枚目では「ソロモーノ」誕生の背景を詳しく説明しています。そこには先述した**社会的背景に加えて、当事者である独身女性たちの気持ちも書かれています**。確かに世の中には習い事教室などがあふれていて、一般的な内容ではもう満足できない女性も多いのでしょう。関心はあるけどひとりでは行きづらいというのも、女性たちの本音だと思いますが、単身参加者が中心に集まるのであれば気後れしません。ソロモーノのサイトでは、当日実際に対応してくれる講師やスタッフの顔を掲載して心配を払拭する工夫もしていました。事前に顔が分かっているのといないのとでは安心感が違うものです。こうした女性の心理面への配慮に説得力があれば女性記者もうなずきながら読み進めるでしょう。

掲載している体験は「殺陣」や「テキーラ×タロット占い」など、目新しさのあるラインアップを厳選し、写真も楽しそうな雰囲気のものを掲載しています。もしこれが、よく聞くような体験内容だったら、たとえ記者が取材したいと提案しても部内で通らないでしょう。目新しい記事が書けそうだと期待するからデスクもOKを出すのです。また実際に利用した人が、ブログやSNSなどで体験を語り、口コミで浸透していくバイラル効果を期待したため、写真もスタッフが現地に行って納得のいくものを撮影。リリースにはそのまま使えるように、写真データも添付して配信しました。

配信数は300ほどでNHKの『おはよう日本』やFMなどの電波メディアでも紹介されました。さらに大きかったのが日経MJの女性記者の体験記事です。声が通りにくいと指摘される女性記者がボイストレーニン

POINT 2

楽しそうで雰囲気がある写真

本能的に体験したくなる、興味を持ってしまうような写真を選んでいる。

POINT 1

ニュース性のあるワードをタイトルに

- ソロの女性＝単身の女性(時事性)
- 新たなトレンド(時流)

ZAPPALLAS

報道関係各位

平成27年2月17日

【会社名】　株式会社　ザッパラス
(コード番号　3770 東証第一部)
【本社所在地】東京都渋谷区二丁目12番19号

ソロの女性へ向けて、新たなトレンドを買える“体験専門店”
「solomono(ソロモーノ)」サービス提供開始
～「ハリウッド発祥のプレミアム・テキーラブーム×タロット占い」や「殺陣体験」などのサービスが充実～

株式会社ザッパラス(本社：東京都渋谷区、代表取締役会長兼社長：玉置 真理)は、2015年2月17日(火)より、大人の独身女性に向けて、新たなトレンドを提供する体験ECサイト「solomono(ソロモーノ)」を開始いたします。
「solomono(ソロモーノ)」では、習い事教室やセミナー、芸術鑑賞などさまざまな体験を販売していきます。

＜ソロモーノ サイト　URL：https://solomono.jp＞
＜Facebook　https://www.facebook.com/solomonojp　＞

■「solomono(ソロモーノ)」の特徴

1. ひとりで来て欲しい「はじめて」体験
大人の独身女性が、好きなときに気軽に、新しいことを楽しめる形でお届けすることをコンセプトにしており、販売している体験も「ひとりで来られる×はじめて」仕様となっています。
・現場でおもてなしするご案内役をサイト上でご紹介しており、ひとりでも安心してお越しいただけます。
・すべて初心者向けに提供しており、原則は1回完結でお気軽にお越しいただける体験となっております。
(体験の特性に応じて3回セットなどのご用意もあります。)
・没頭する時間を過ごせる体験や1人参加限定の講座など、ひとり時間に合う体験を揃えております。

2. ○○×○○体験をご用意
当サイトならではの組み合わせで、新しい発見のある体験を提供します。同じ場所で全く別のことが体験できたり、女性が興味を持っているものを一度に2つ体験できるものなどもご用意していく予定です。

3. 次々に生まれる新たなトレンドを
海外発の文化や今のトレンドワードに結びつく商品を積極的に提供していきます。体験の種類も、女性が気になるワードである「海外発」や「自分磨き」など、全部で7つのカテゴリで分けられており、単純な商品ジャンルではなく気になるカテゴリから商品を選ぶことが可能です。

4. 読み物も充実
当サイトでは体験販売の他に、大人の独身女性のためのコラムも充実させて参ります。体験場所の周辺情報から、おすすめのデトックススポット、今知っておきたい人気店の情報など、コラムページも随時更新していきます。

＜本件に関するお問合せ先＞
株式会社ザッパラス(http://www.zappallas.com/)　広報担当：[redacted]
EMAIL：[redacted] TEL：[redacted]

1

1枚目

余計な情報が入っておらず、シンプルなレイアウト。見やすく読みやすいので2～3分で内容を把握できる。

POINT 3

企画の背景・意図に説得力あり

なぜ企画したのかを論理的に説明し、納得感がある。
同じ境遇のメディア関係者に共感が得られる内容。

■solomono誕生の背景

ひとつでも多く新しいことを体験していって欲しい。そんな想いから、大人の女性に向けたソロ体験を専門に販売する「solomono(ソロモーノ)」が生まれました。

今や女性の9割が「おひとり様」行動をした経験があると答える時代です。【モッピーラボ「"おひとり様"に関する調査」より】特に30代以降の独身女性の場合、自分に遣えるお金も増え、より豊かなライフスタイルを追求して新しいことを試していく時期と言えますが、実際の30-40代女性たちからは「ありきたりな習い事はもうやったので、新しいことをどんどんしたい」「ひとり時間は好きだけど、初めての場所はひとりだと気軽に行けないことも」といった声があがります。

こうした背景から、大人の女性にとって興味を惹かれることを心置きなく気軽にでき、自分のためだけに費やせる「ひとり時間」の価値がますます高まっていると考え、その要望に応えていくべく「solomono(ソロモーノ)」をスタートしました。「ひとり時間」向けに、「習い事」や「ものづくり」「ごはん」「お酒」「自然に触れる時間」など「大人の女性に知ってほしい」ものを取り揃えていく、そんな体験ECサイトを目指していきます。

■商品例

◆プレミアム・テキーラ×タロット占い(カテゴリ:海外発)
ハリウッド発祥、セレブリティの間でじわじわとブームが広がり続けている「プレミアム・テキーラ」を、女店主がもてなすテキーラ・バーで3種飲み比べ。最後の一杯はタロットカードを引いて、今のあなたにふさわしいものをお出しする趣向つき。
https://solomono.jp/products/detail.php?product_id=6

・場所: 東京　麻布十番

◆殺陣体験(カテゴリ:和モダン)
実際に舞台で殺陣の演技を指導する役者から教わる、本格殺陣レッスン。
https://solomono.jp/products/detail.php?product_id=36

※開催日調整中

◆陶芸体験(カテゴリ:DIY)
穏やかな時間の流れる隠れ家アトリエで、1回・1時間で完結する陶芸体験。形をつくるだけでなく、洒落た柄を施せる「刷毛目(はけめ)」にも挑戦でき、少し本格的に大人な雰囲気で仕上がります。
https://solomono.jp/products/detail.php?product_id=18

・場所: 東京 下北沢
・所要時間: 1回完結・1時間

2

2枚目

メディアが注目する可能性の高い、
ユニークなコンテンツのみを紹介

グの個別指導を受ける内容で、大きなスペースが割かれました。配信は2015年2月17日でしたが、4月下旬までに50以上の媒体に掲載。それ以降も掲載が続きました。

ネットメディアに掲載されることも多く、NHKや日経MJもそれらを読んで反応したようで、まさに情報が「拡散」していったようです。同社が広報活動を開始したのは2014年10月で、「今までで一番反響が大きく、息が長いです」と担当者は話していました。

利用実績は「殺陣体験」や「農業体験」などの人気が高く、地方から東京に出てくるときに体験しようと2～3種類をまとめて購入する人もいたそうです。自分で使わずに友人にプレゼントする女性もいて、「モノは十分に所有しているので、それよりも気の利いたプレゼントをしたい」という独身女性の心理にマッチしたようです。

File.05
ヤッホーブルーイング

自由な社風を表現

広報重視ベンチャー企業の情熱訴求型リリース

数日で２０００ケースが完売

皆さんはクラフトビール（地ビール）がお好きですか？　のどごしの良い一般的なラガービールに対し、独特の味わいがあるエールビールを中心としたクラフトビールのファンが最近は増えてきています。その中でシェアトップを走っているのが長野県軽井沢にあるヤッホーブルーイング（以下、ヤッホー社）で、近年はメディアでもよくその名前を耳にします。

ひとつ目に紹介するリリースは、２０１４年末にＡｍａｚｏｎ限定で新発売した「月面画報」というクラフトビールのリリースです。すでに生産が終了したビールで、当時コラボレーションを持ちかけたのはヤッホー社の方でした。先行する楽天ではクラフトビールが人気であるのに対して、Ａｍａｚｏｎは２０１４年の春に酒類の販売を始めたばかりで起爆剤が欲しいところでした。そこで双方の思いが一致して実現したのです。

ヤッホー社には専門の開発部署はなく、新商品開発の際は各部門から人材が集まった「開発プロジェクトチーム」が始動します。最初に取り組むのは、ターゲットを絞り込むこと。今回はＡｍａｚｏｎの顧客層と活用シーンを調査し、「40歳代男性で本やＤＶＤ、フィギュアなどをマニアックに楽しんでいる」という像が浮かび上がりました。そこで、昼間の顔とは違う「夜を楽しむ別の自分」というコンセプトを決定。夜、家でまったりと楽しめるビールとしてパッケージも味も開発しました。

リリースを見ていきましょう。**タイトルに入った「日本初」や「Ａｍａｚｏｎ」という言葉にインパクトがあります。本文が小見出しとボディコピーで3項目に分かれているのも、要点がはっきり分かって、良い点です。**商品のコンセプトや誕生の経緯が詳しく書かれており、非常に分かりやすくまとまっています。

そしてどのリリースにも末尾に企業概要が入っています。**同社商品の受賞歴が読み手に信頼感を与えるとともに、「ミッション」が書かれていることによって、企業の情熱がひしひしと伝わってきます。**リリースに情熱がこもっているか否かは読めばすぐに分かるものです。

リリースはヤッホー社から１２０通ほど配信したほか、Ａｍａｚｏｎからも別リリースを配信。記者発表には80人ほどが集まり、テレビ東京の『ワールドビジネスサテライト』をはじめ、多くのメディアに取り上げられました。これは地方のベンチャー企業としては異例のことでしょう。初回出荷数２０００ケースはクラフトビールとしてはかなり多い数だといいますが、わずか数日で完売。発売週はＡｍａｚｏｎの酒類ランキングで1位も獲得しました。２０１５年10月には全国のローソンで数量限定販売するなど、販路も広がっていきました。

2014年 11月 25日
株式会社ヤッホーブルーイング

News Release

POINT 1

日本初！Amazon限定ビール
新発売「月面画報」

『よなよなエール』醸造元ヤッホーブルーイングとAmazonがコラボレーション

株式会社ヤッホーブルーイング（本社:長野県軽井沢町、代表取締役社長:井手直行）とアマゾン ジャパン株式会社（本社:東京都目黒区、代表取締役社長:ジャスパー・チャン）は、華やかな香りが特徴のクラフトビール「月面画報」を、Amazon.co.jp限定のビールとしては日本で初めてコラボレートし、12月2日（火）より発売いたします。

Amazon.co.jp限定「月面画報」商品概要

1.ビアスタイル　ベルジャンペールエール
2.アルコール分　5.5%
3.容量　350ml
4.原材料　麦芽(100%)・ホップ
5.税込価格　1ケース24缶入り6,912円
(1缶288円×24本)
6.発売日　2014年12月2日(火)
7.製造量　初回約2,000ケース
8.Amazonページ
www.amazon.co.jp/dp/B00PADLC2W
9.ブランドサイト
yohobrewing.com/getsumengaho/

POINT 2

日本初！Amazon限定ビール

Amazon.co.jp限定でのオリジナルビールの開発・販売は日本で初めてです。ヤッホーブルーイングは、日頃からAmazon.co.jpにて書籍やDVDなどの趣味用品を購入しているお客様に、一緒に楽しめるクラフトビールを提案すると共に、よなよなエールをはじめとする個性豊かなビールの味わいをさらに日本で広げていきたいと考えています。

自分ひとりだけの世界を優雅に楽しむ

人よりちょっとだけこだわりが強い大人の皆様に、知的な趣味と共にゆったりと味わっていただけるビールをイメージして造りました。パッケージデザインでは、昼間の顔とは違う「夜を楽しむ別の自分」をミステリアスなキャラクターで表現しています。ケースパッケージでは、ご自宅でケースごと出していても世界観が楽しめる外装デザインを採用しています。

華やかなアロマとほのかな甘味が調和する“ベルジャンペールエール”

バナナを思わせるフルーティなアロマが特徴のベルジャン酵母と、アメリカンホップが織り成す、芳醇で華やかな香りが特徴です。かすかに感じられるモルトのやさしい甘味が調和する飲み心地の良いビールに仕上がりました。

POINT 3

株式会社ヤッホーブルーイング

「日本のビール文化にバラエティを提供し、お客様にささやかな幸せをお届けする」というミッションの下、品質にこだわり、個性的で味わい豊かなエールビールを専門に製造。数々の品評会で高い評価を頂き、多くのファンを生み出しております。看板商品『よなよなエール』は、国際品評会８年連続金賞、モンドセレクション３年連続最高金賞、楽天市場グルメ大賞８年連続受賞に輝き、日本を代表するクラフトビールとしてご好評いただいております。また、アメリカやオーストラリア、ヨーロッパ、アジア各国への輸出を行うなど世界にもファンを広げております。今後もより美味しいビール造りを目指し、お客様に幸せをお届けできるよう努力して参ります。

長野県北佐久郡軽井沢町大字長倉2148
www.yohobrewing.com

このリリースに関する報道関係者からのお問合せ先
株式会社ヤッホーブルーイング　広報ユニット
TEL:[illegible] FAX:[illegible] [illegible]

新商品リリース

POINT 1 タイトルに様々なテクニックを駆使

商品の名称がユニークで、メディアに興味を抱かせている。

- 鉄板キーワード「日本初」
- 有名企業「Amazon」のブランド力活用

POINT 2 本文部分は小見出し＋ボディコピーの構成

小見出しとその詳説で内容を伝えているので分かりやすい。本文の構成を凝らず、簡潔にまとめている。

POINT 3 「企業概要」を必ず末尾に掲載

企業使命と実績を記述することで、伸長している企業であることを上手に伝えている。

リサーチを踏まえた第2弾

もうひとつの案件は、看板商品である「よなよなエール」のファンを集めた「超宴」というイベントのリリースです。普段は2カ月に1回程度の割合で、都内の店舗にて「宴」というイベントを開催。参加者はお互いをニックネームで呼び合い、クイズなどのイベントを楽しみます。イベントの後、参加者同士で二次会に行く人や、ここで出会ってなんと結婚したカップルもいるそうです。同社スタッフもこの場でファンとのコミュニケーションを図っています。

この「宴」を10倍以上の規模にして、軽井沢のキャンプ場に1000人集めることを目標に企画されたのが2015年5月に開催された「超宴」です。同社では毎年、新人研修で業務に直結する課題が与えられるそうですが、2013年入社組がチャレンジしようとしたのが「1000人規模のイベントを開催すること」でした。それが2年の準備期間を経て実現したということです。

このリリースも120媒体ほど配信。内容特性から狙い通り、『BE-PAL』（小学館）のウェブ版などのアウトドア系媒体や地元紙などに掲載されました。さらに応募者の増加を図るため、この第2弾開催の1カ月前には、より詳しいリリースを再配信したところ、反響がさらに多くなりました。普段の「宴」で参加者にリサーチしてみたところ、泊まりがけのキャンプはハードルが高いのと、リリース時点ではまだ内容が固まっていなかったため検討中という人が多かったそうです。それらの要因を分析した上で、リリース制作の方向性を練りました。

もうひとつ力を入れたリリースが、ビールの造り手である「ブルワー」の好奇心から生まれた新商品「バレルフカミダスB-12」（2015年9月15日配信）です。「ワインやウイスキーで使われた木樽をビールの熟成

News Release (Y2002)

2015年 2月 23日
株式会社ヤッホーブルーイング

数分で完売　超人気イベント「宴」の超拡大版！

クラフトビールNo.1ヤッホーブルーイング × キャンプ場No.1スウィートグラス

よなよなエールの超宴《ちょううたげ》 in新緑の北軽井沢

初開催ファンイベント！　エールビールと新緑を楽しむ週末

株式会社ヤッホーブルーイング(本社:長野県軽井沢町、代表取締役社長:井手直行　以下「ヤッホー」)は、『よなよなエール』をはじめとするエールビールを大自然の中で楽しんでいただくファンイベント「超宴(ちょううたげ)」を、2015年5月23日(土)～24日(日)にキャンプ場「北軽井沢スウィートグラス」で初めて開催いたします。ヤッホーが単独で開催するイベントとしては過去最大の規模です。

満足度94%超のファンイベントが10倍以上に超パワーアップ

ヤッホーはお客様との密接なコミュニケーションを通じて“ビールの楽しさやバラエティの豊富さ”を感じていただく活動に積極的に取り組んでいます。特にファンイベント「宴(うたげ)」は、お客様同士やスタッフとの交流やビールの知識を深めるクイズといった体験コンテンツが大変好評で、お客様の満足度は94%を超えています。予約は数分で満席になるほどの人気ぶりです。過去に17回開催しています。今回はこの「宴」の超拡大版として、これまでの10倍以上となる1,000人規模のファンイベント「超宴」を開催いたします。

エールビールと自然の新しい楽しみ方を体験

ヤッホーは日本のビール文化を豊かにしたいと考えています。『超宴』では、ただビールを飲むだけではなく、仲間との交流や大自然の中での滞在といった4つの時間帯を通して、「エールビールと自然の新しい楽しみ方」を提案します。

23(土) 12時～16時	よなよなタイム	個性豊かなエールビールを飲み比べながら、新緑の中でゆったりと過ごす時間（スペシャルビールを含むヤッホーのビール飲み放題）
23(土) 16時～19時	わくわくタイム	ワークショップでビールやアウトドアの知識を深めたり、アクティビティで体を動かしたり、皆でキャンプファイヤーを囲んで話したりと、酔いを覚ましながら多様な楽しみを体験する時間（ビール提供無し）
23(土)19時～ 24(日)6時	すやすやタイム	都会にはない静かな空間で、自分だけのスペースで、たっぷりと睡眠をとる時間（ビール提供無し）
24(日) 6時～11時	シャキシャキタイム	いつもより早く目覚めて、朝ヨガや新緑の散策などでリフレッシュする時間（ビール提供無し）

『よなよなエール』で乾杯すればみんな友達

「超宴」はお客様に一方的に魅力を伝える場ではなく、お客様もヤッホーのスタッフも一体となって、ビールを楽しむ空間を生み出します。交流が深まるコンテンツやアクティビティ、ニックネームでの呼び合い(※)を通じて、お客様同士が仲良くなるようなイベントを目指します。井手(ニックネーム：てんちょ)をはじめ多数のスタッフが参加します。

僕も参加！
（てんちょ）

※ヤッホーではフラットな組織文化のもとスタッフ同士がニックネームで呼び合っています。「宴」でもお客様同士がニックネームで呼び合っています。

イベントリリース

POINT 1　**タイトルに様々なテクニックを駆使**

イベント名がユニークで、メディアに興味を抱かせている。

- 人のアイキャッチと吹き出しで注目度アップ
- 鉄板キーワード「No.1」をダブルで表示……など

POINT 2　**本文部分は小見出し＋ボディコピーの構成**

に使っている」「使用する樽や熟成期間で味わいが異なる自然まかせのビール」といった表現は魅力的で、ビール好きならぜひとも試したくなります。

従来のリリースとの違いは、「事実」をそのまま伝えるだけでなく担当者へのヒアリングを重ねて広報担当者の解釈を加え、ストーリーづくりを重視するようになったこと。特にこの商品はブルワーのビールに対する情熱や探求心が起点となり開発された点をストレートに伝えています。

「本来、企業が発信するリリースは戦略的な考え方やマーケティングの視点を押し出すものだと思います。でも自分が消費者の立場だったら、『市場にない商品を造りました』という視点よりも『自分が飲みたいから造った』と言われる方が惹かれるんじゃないかと思ったんです。微妙な表現の違いですが、そういうこだわりを伝えてみようとトライした例です」と担当の方はお話しされていました。

顔が見える広報を

「超宴」や「大人の醸造所見学ツアー」のリリースでユニークだと感じるのは、タイトルにも社員の顔写真が入っている点。お堅い大手企業ではなかなかできないことです。同社の施策には3つのポイントがあって「個性的」「革新的」、そして「顔が見える」に価値を置いているそうです。

私も常々、顔が見える広報は重要だと考えています。イベントの「宴」も消費者に社員の顔を覚えてもらう施策の一環で、「○○さんに会いたい」と実際に社員目当てで参加するファンもいるほどの効果が出ているとのことです。社員が親近感を持たれるということは、企業のファンになってもらうことと密接に結びついています。社長でも名物社員でも良いので、顔が見える広報戦略もひとつの方法かと思います。

News Release (No.2010 2015/7)

ヤッホーブルーイング

夏季限定特別企画

～ビール職人の臨場感あふれる現場でよなよなエール造りを体感～

「よなよなエール　大人の醸造所見学ツアー」

株式会社ヤッホーブルーイング(本社:長野県軽井沢町、代表取締役社長:井手直行)は、8月1日(土)～10月31日(土)の週末に「よなよなエール　大人の醸造所見学ツアー」を開催します。例年、ご好評につき早期完売のため、ツアー日程を2倍に増やして開催。完全予約制でインターネット直営店「よなよなの里」にて7月中旬から発売開始いたします。

1. 臨場感バツグン！よなよなエールが造られる現場に潜入

「よなよなエール」をはじめとしたビールが造られる醸造所施設内をご案内します。ガラス越しではなく、実際にビール職人の仕事風景や設備を間近で見学します。立ちこめる蒸気、仕込室全体に満ちたモルトの甘い香り、貯酒施設の低温環境、新鮮なビールの味・香りなど、ビール造りの現場を肌で体感することができます。

2. フレンドリーなスタッフがビール造りを解説

普段はビール造りや販売に勤しむヤッホーブルーイングのスタッフ自らが「よなよなエールができるまで」をご紹介。原材料や醸造工程はもちろん、ビール造りにかける情熱や、開発や販売の秘話などを交えてお話しします。対話形式でツアーが進行するので、質問にもすぐにお答えすることができます。

3. 新鮮なクラフトビールを本格テイスティング

見学後は造り立てのビールを試飲していただきます。「よなよなエール」「水曜日のネコ」「インドの青鬼」などの定番商品の他、限定販売のレアビールもご用意。更に、お家に帰ってからも、クラフトビールの多彩な味・香りを今まで以上に楽しんでいただけるような本格ティスティング方法も伝授いたします。

2015年7月配信

リリースに社員が総出演
撮影は内製で画づくり

ビール醸造所の見学ツアーを告知するリリースにも社員が出演。実際のツアーの案内役も社員が務めている。実はこの写真はすべて内製で、外注は一切なし。「広報担当が撮影することもあれば、元プロカメラマンのパートさんにお願いすることもあります(笑)」と担当者。

News Release (Y2014)

2015年9月15日
ヤッホーブルーイング

60年の歴史を持つ木樽で熟成、複雑な味と香りをつくり出した
新発売 『バレルフカミダス B-12』

株式会社ヤッホーブルーイング(長野県・軽井沢町)は、ウイスキーやワインの木樽にビールを入れて長期熟成することで複雑な味と香りをつくりだすシリーズ『バレルフカミダス』の新製品『バレルフカミダス B-12』を2015年10月14日(水) 20時より発売します。

木樽熟成の圧倒的おいしさと、クラフトならではの醍醐味がつまった『バレルフカミダス』シリーズ

ウイスキーやワインの熟成で使われた木樽をビールの熟成樽として利用する「バレルエイジ」と呼ばれる技法。木の香りや、それまで木樽に入っていたお酒の香りが移り、ビールに複雑な味を与える効果があります。バレルエイジドビールは、使用する樽と熟成期間で味わいが異なる、まさに自然まかせのビールといえます。そこにビールづくりの楽しみ・クラフトならではの醍醐味が詰まっています。ヤッホーブルーイングでは、ブルワーの好奇心からバレルエイジドビールの研究がスタートし、試行錯誤を繰り返しながら、個性豊かなバレルエイジドビールを造り続けています。日本のビールファンに、これまで体験したことのないビールの奥深さをお届けするこだわりのシリーズです。

※パッケージデザインは変更になる可能性があります。

アプリコットやレーズンのような芳醇な香りと木樽由来の渋みが心地よく味を引き締める

今回使用しているのは、戦後の1950年頃に日本に輸入され、さまざまなジャパニーズウイスキーを熟成し、最後にヤッホーブルーイングにたどりついた60年物の木樽。仕込んだ原酒は、製造から一年熟成させ、濃厚な甘みとボディの重みが特徴のバーレーワイン(2013仕込み)です。昨年樽に入れ、定期的にテイスティングを行いながら、もっとも香りと味のバランスが整ったタイミングで今回の発売が決まりました。アプリコットやレーズンのような芳醇な香りと、円熟したモルトの甘みが広がり、樽由来のまろやかな渋みが味を引き締めています。

ネット通販数量限定発売 飲食店での提供も

一般販売は、10月14日(水)の20時より数量限定でネット店舗「よなよなの里」(本店、楽天市場店)で発売します。お店での提供は、公式ビアレストラン「よなよなBEER KITCHEN」や一部クラフトビール専門店でお楽しみいただけます。

＜『バレルフカミダス B-12』製品概要＞

アルコール分	：	11.5%
原材料	：	大麦麦芽・小麦麦芽・ホップ
内容量	：	375ml（瓶）
希望小売価格	：	1300円（税抜）
発売日	：	2015年10月14日(水) 20時発売　※数量限定
販売チャネル	：	ネット店舗「よなよなの里」（一般向け瓶製品） 本店：http://yonasato.com/ 楽天市場店 http://www.rakuten.co.jp/yonayona/

ヤッホーブルーイング

「日本のビール文化にバラエティを提供し、お客様にささやかな幸せをお届けする」というミッションの下、品質にこだわった個性的で味わい豊かなエールビールを専門に製造。看板商品『よなよなエール』は、国際品評会8年連続金賞、モンドセレクション3年連続最高金賞、楽天市場グルメ大賞8年連続受賞に輝き、日本を代表するクラフトビールとしてご好評いただいております。日本国内で最も飲まれているクラフトビールです(※)。また、12か国以上への輸出を行うなど世界にもファンを広げております。今後もより美味しいエールビール造りを目指し、お客様に幸せをお届けできるよう努力して参ります。※自社調べ

この資料に関するお問合せ先
ヤッホーブルーイング 広報隊ユニット　TEL: [redacted]

2015年9月15日配信

戦略よりも「情熱」打ち出す ビール職人の思いをストーリーに

ビールの造り手である「ブルワー」のこだわりにより、ワインやウイスキーの熟成で使われる木樽を使用した新商品のリリース。会社としての製品戦略よりも「ブルワーの好奇心から研究がスタートした」という情熱や開発ストーリーを強調した表現にトライした。

File.06
近畿大学

年間369本配信し大学ブランド価値UP

大量配信を可能にした広範適用型リリース

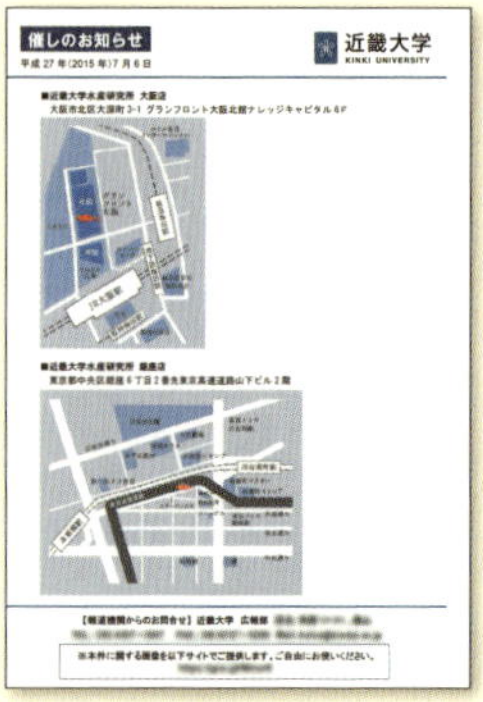

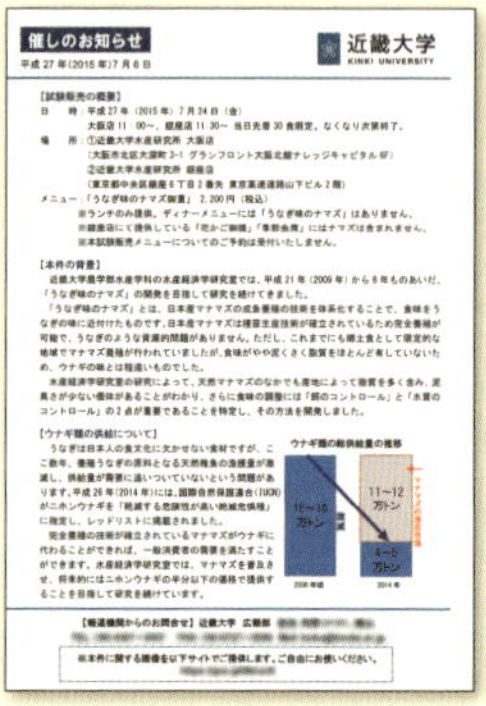

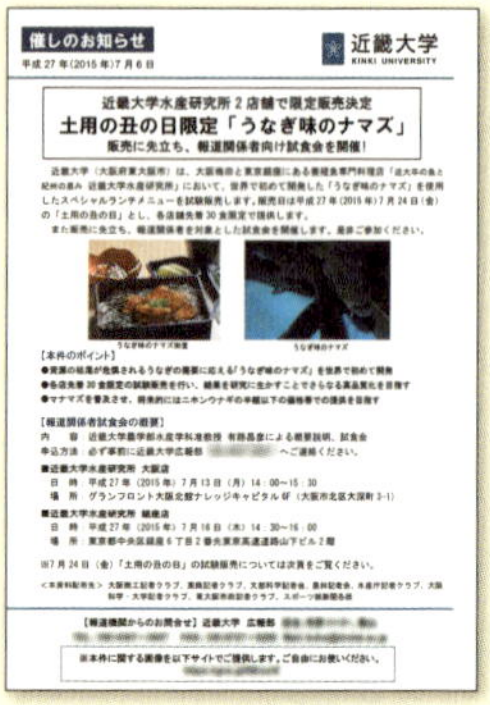

リリースを寝かせておく

「近大マグロ」「つんく♂プロデュース入学式」など、何かと世の中に話題を提供している近畿大学（近大）。他大学の広報関係者に話を聞いても、近大のPRは別格だといいます。2015年7月に、その近大が大きくクローズアップされたのが「うなぎ味のナマズ」という案件。広報部長の世耕石弘さんに話を聞きました。

近年、ウナギの漁獲高が減少して消費者を悩ませています。同大農学部水産学科准教授の有路昌彦さんが代替品の研究を始めたのは9年ほど前のこと。様々な魚を試して苦労の末たどり着いたのが「マナマズ」でした。淡白でやや泥臭いマナマズを、餌と水質をコントロールすることでウナギに近い食味に変えることに成功したのです。

実は2015年2月には、ほとんど発表できる段階まで研究が進んでいたのを、しばらく寝かせておいたと言います。広報サイドが、このネタが一番ニュースになる時期は「土用の丑の日」だと提案し、有路さんも同意したそうです。広報に信頼感がある証拠でしょう。

2015年の7月6日にリリースを配信し、13日と16日に大阪と東京で近大が経営する料理店「近畿大学水産研究所」で記者向けの試食会を開催。24日には両店で各30食の限定販売を実施し、そこにもマスコミを呼び込みました。その結果、NHK『ニュースウオッチ9』、テレビ東京『ワールドビジネスサテライト』、日本テレビ『ズームイン!!サタデー』、TBS『新・情報7days ニュースキャスター』、フジテレビ『めざましどようび』と名だたる番組で紹介。反響が大きかった成功要因は「話題の店との合わせ技だったから」と世耕さんは分析しています。

ポイントは3つに絞る

ではリリースを見ていきましょう。タイトルにはニュースバリューのあるキーワードが多数入っています。「土用の丑の日」という季節性、「限定販売」という希少性、そして「うなぎ味のナマズ」という新奇性。**こうして複数の切り口を提供することで、メディアはどこからでも取り上げることができるのです**。

レイアウトの上手さも目立ちます。例えば**【本件のポイント】が太字になっていることで、読み手の目が自然とタイトル↓写真↓ポイントの順を追うように動線をつくっているのです**。近大ではどのリリースでも、ポイントは概ね3つに絞っています。意識するのは「社会に対してどのようなインパクトを与えられるか」「大学にどんなメリットがあるか」「学生にどんなメリットがあるか」の3点。皆さんもこうした3つの柱を自分の中で決めておくと、どの案件でもポイントが絞りやすくなるはずです。

POINT 1

ニュースバリューのあるキーワードを多く配置

- うなぎ味のナマズ➡新奇性
- 土用の丑の日➡季節性
- 限定販売➡希少性

メディアが取り上げたくなる複数の切り口を提供している。

1枚目

催しのお知らせ

平成27年(2015年)7月6日

近畿大学
KINKI UNIVERSITY

近畿大学水産研究所2店舗で限定販売決定
土用の丑の日限定「うなぎ味のナマズ」
販売に先立ち、報道関係者向け試食会を開催!

近畿大学(大阪府東大阪市)は、大阪梅田と東京銀座にある養殖魚専門料理店「近大卒の魚と紀州の恵み 近畿大学水産研究所」において、世界で初めて開発した「うなぎ味のナマズ」を使用したスペシャルランチメニューを試験販売します。販売日は平成27年(2015年)7月24日(金)の「土用の丑の日」とし、各店舗先着30食限定で提供します。

また販売に先立ち、報道関係者を対象とした試食会を開催します。是非ご参加ください。

うなぎ味のナマズ御重

うなぎ味のナマズ

【本件のポイント】
- ●資源の枯渇が危惧されるうなぎの需要に応える「うなぎ味のナマズ」を世界で初めて開発
- ●各店先着30食限定の試験販売を行い、結果を研究に生かすことでさらなる高品質化を目指す
- ●マナマズを普及させ、将来的にはニホンウナギの半額以下の価格帯での提供を目指す

【報道関係者試食会の概要】
内　容:近畿大学農学部水産学科准教授 有路昌彦による概要説明、試食会
申込方法:必ず事前に近畿大学広報部 [redacted] へご連絡ください。

■近畿大学水産研究所 大阪店
日　時:平成27年(2015年)7月13日(月)14:00〜15:30
場　所:グランフロント大阪北館ナレッジキャピタル6F(大阪市北区大深町3-1)

■近畿大学水産研究所 銀座店
日　時:平成27年(2015年)7月16日(木)14:30〜16:00
場　所:東京都中央区銀座6丁目2番先東京高速道路山下ビル2階

※7月24日(金)「土用の丑の日」の試験販売については次頁をご覧ください。

<本資料配布先> 大阪商工記者クラブ、東商記者クラブ、文部科学記者会、農林記者会、水産庁記者クラブ、大阪科学・大学記者クラブ、東大阪市政記者クラブ、スポーツ紙新聞各紙

【報道機関からのお問合せ】近畿大学 広報部 [redacted]

※本件に関する画像を以下サイトでご提供します。ご自由にお使いください。
[redacted]

POINT 2

レイアウトが上手で見やすい

- 中央部分「本件のポイント」が目立ち、準タイトルとしての効果を発揮
- タイトル➡写真➡ポイントの順で視線がいくように計算されている
- 行間が適度に空き、見やすい

2枚目には、ウナギの絶滅危機という社会的問題があって、苦労を経て完成したというストーリーがあります。こうした**ストーリーのある商品がヒットするのは近年の傾向なので、できるだけ入れたいところです**。

研究成果は学校の財産

近大はマグロやウナギなど研究テーマ自体がキャッチーです。でももちろんPR効果を意識して研究テーマを選んでいるわけではありません。ただ創立当時から〝実学〟を重んじる方針が明確で、世の中が便利になる研究を重視してきました。そうした研究成果が人々の関心を集めるのは当然のこと。本来、他大学にもそうしたネタは眠っているはずなのです。

では、なぜ近大だけが一人勝ちしているかといえば、広報が上手に機能しているからです。各学部にいる広報担当を通じて広報部にリリースしたい案件が集まってきます。このシステムが構築されているのもまれで、多くの大学ではマスコミから取材要請が入ると、教授の研究室に直接連絡させることが多いそうです。「もし広報を通さずに教授が直接取材を受け、記事が載っているのを見かけたら厳しく抗議します。研究は各教授にお任せしますが、その成果は大学の財産だときちんと理解していただいています」。

リリースの書き方をルール化

集まった案件は、市民にとって親しみやすい研究ばかりではありません。他大学では教授の難解な資料をコピー＆ペーストしただけのようなリリースが多いところ、近大では分かりやすく補足することに力を割いています。寄せられた案件はなるべくリリース化しますが、それでも年間５００件中、リリースできるのが３６９件（２０１４年度実績）という感触だそうです。そして３６９本打った内、メディアで取り上げられたのは１６１本、５大全国紙に限れば１０５本で「そんなに打率は高くない」と言います。「でも最近はネットがあるからまったくの空振りにはならない。教育問題を熱心に追っているブロガーが取り上げてくれて、ずいぶん経ってからメディアに波及することもあり、助かっています」。そんな地道な努力がいくつかの大ヒットに結びつくのです。

世耕さんは誰でもリリースを書けるようにルール化しています。字体やポイントの3点列記なども決まっており、年間３７０本程度あるリリースを配信していくためにも、システム化が必要なのです。広報部員が分担してリリースを書き、管理職がチェック、最終的にはすべて世耕さんが見ます。そのやり取りを全員がメッセージアプリで共有することで、お互いに緊張感を持ちながら作業ができるといいます。そして何か改善点が見つかったら、ルールも全員で更新していくようにしています。

2枚目

催しのお知らせ

近畿大学
KINKI UNIVERSITY

平成27年(2015年)7月6日

【試験販売の概要】

日　　時：平成27年（2015年）7月24日（金）
　　　　　大阪店11：00～、銀座店11:30～ 当日先着30食限定。なくなり次第終了。
場　　所：①近畿大学水産研究所 大阪店
　　　　　（大阪市北区大深町3-1 グランフロント大阪北館ナレッジキャピタル6F）
　　　　　②近畿大学水産研究所 銀座店
　　　　　（東京都中央区銀座6丁目2番先 東京高速道路山下ビル2階）
メニュー：「うなぎ味のナマズ御重」 2,200円（税込）
　　　　※ランチのみ提供。ディナーメニューには「うなぎ味のナマズ」はありません。
　　　　※銀座店にて提供している「花かご御膳」「季節会席」にはナマズは含まれません。
　　　　※本試験販売メニューについてのご予約は受付いたしません。

【本件の背景】

近畿大学農学部水産学科の水産経済学研究室では、平成21年（2009年）から6年ものあいだ、「うなぎ味のナマズ」の開発を目指して研究を続けてきました。

「うなぎ味のナマズ」とは、日本産マナマズの成魚養殖の技術を体系化することで、食味をうなぎの味に近付けたものです。日本産マナマズは種苗生産技術が確立されているため完全養殖が可能で、うなぎのような資源的問題がありません。ただし、これまでにも郷土食として限定的な地域でマナマズ養殖が行われていましたが、食味がやや泥くさく脂質をほとんど有していないため、ウナギの味とは程遠いものでした。

水産経済学研究室の研究によって、天然マナマズのなかでも産地によって脂質を多く含み、泥臭さが少ない個体があることがわかり、さらに食味の調整には「餌のコントロール」と「水質のコントロール」の2点が重要であることを特定し、その方法を開発しました。

【ウナギ類の供給について】

うなぎは日本人の食文化に欠かせない食材ですが、ここ数年、養殖うなぎの原料となる天然稚魚の漁獲量が激減し、供給量が需要に追いついていないという問題があります。平成26年(2014年)には、国際自然保護連合(IUCN)がニホンウナギを「絶滅する危険性が高い絶滅危惧種」に指定し、レッドリストに掲載されました。

完全養殖の技術が確立されているマナマズがウナギに代わることができれば、一般消費者の需要を満たすことができます。水産経済学研究室では、マナマズを普及させ、将来的にはニホンウナギの半分以下の価格で提供することを目指して研究を続けています。

ウナギ類の総供給量の推移

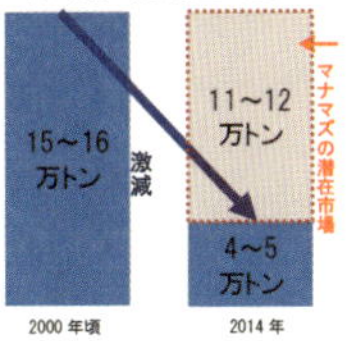

【報道機関からのお問合せ】近畿大学 広報部

※本件に関する画像を以下サイトでご提供します。ご自由にお使いください。

POINT 3

背景や経緯を詳細に描き説得力アップ

開発理由に「ウナギの絶滅」という社会的話題を盛り込んで紹介。背景には開発の苦労話などを入れ、ストーリー化している。

3枚目

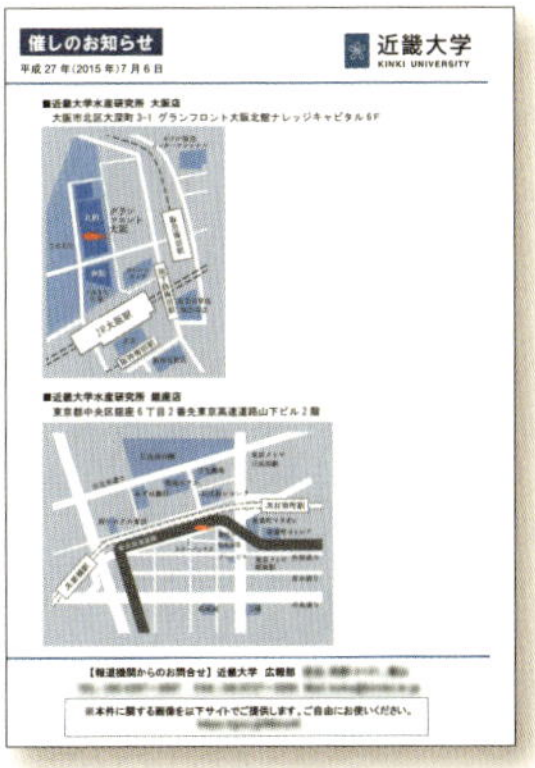

講師案内をメディアに配布

メディアに露出する効果は2つあると世耕さんは考えています。ひとつは「研究した成果を世の中に還元する」効果。近大では講師を含めた1200人の専門分野をまとめた『近大コメンテーターガイドブック』を発行して、メディアの需要に応えています。「先生には〝売り出される〟ことに抵抗のある方も多くいます。でも何か事件が起きて市民が不安を感じている時に、適切にコメントをすることは社会のためになりますし、研究費を無駄に使っていない証明にもなります。1200人の先生方で99％の事柄には対応できるので、〝困った時の近大頼み〟のような存在でありたいと思っています」。

もうひとつは学生をはじめ、教員や職員を活気づかせる効果です。「ニュースでやってたナマズの大学、○○ちゃんのところでしょ？」と親戚や友人に言われるだけで、学生としては誇らしいものです。

また、多くの大学では第二、第三志望で入って来る「不本意入学生」を抱えています。彼らに最終的に「この大学に入って良かった」と思ってもらうには、大学の価値を感じてもらうしかありません。この課題は大学界では触れてはいけないタブーでしたが、近大が初めて大がかりな入学式の意図を明かし、日経新聞や産経新聞に紹介されて、世間にも認知されました。

少子化が進む将来、大学の半分は淘汰されるという予見があり、大学が価値を高めることは不可欠です。近大は現状でも、偏差値が該当する関西地区の学生はほとんどが受験するマンモス校。他地域からの志願者を増やすことが必須です。インパクトのあるニュースが積み重なることで、それは可能となります。実際、関東地区からの受験生は2011年の1365人から年々増加し、2015年には3081人にまで増えており、ネームバリューを高める広報戦略は着実に実を結んでいます。

いまだに帝大時代の序列が生きている大学界。大学界再編と生き残りのカギを握るのは広報力に違いありません。

File.07
田辺三菱製薬

表現の制約を超え一般紙掲載を実現

専門性の高い情報のメディア訴求型リリース

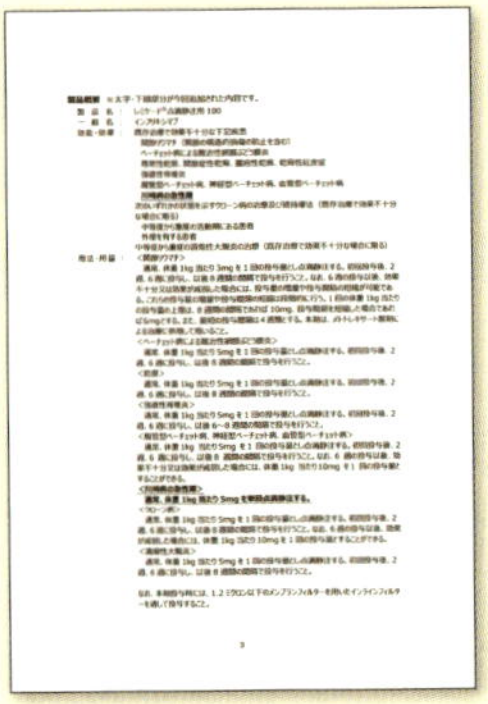

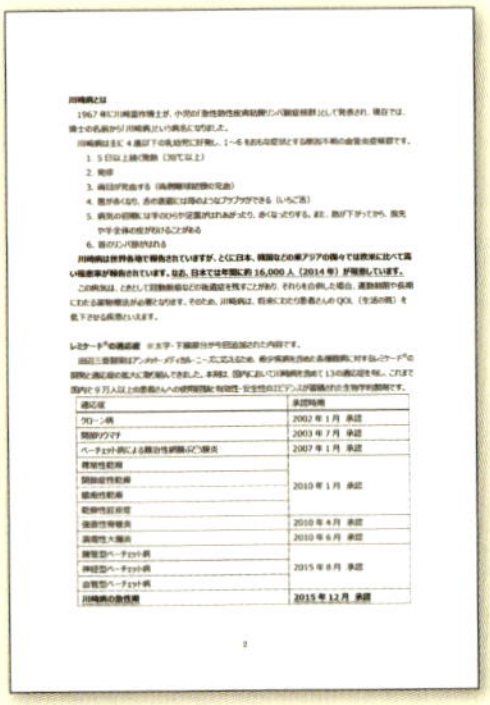

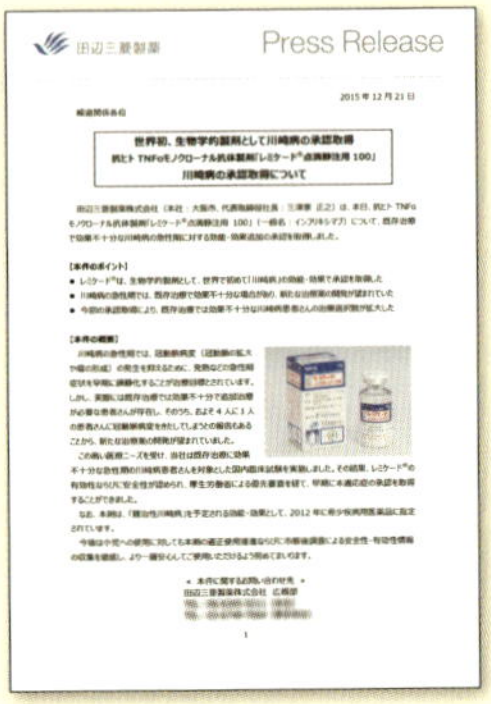

田辺三菱製薬　Press Release

2015年12月21日

報道関係各位

世界初、生物学的製剤として川崎病の承認取得
抗ヒトTNFαモノクローナル抗体製剤「レミケード®点滴静注用100」
川崎病の承認取得について

医薬品業界広報の使命とは

ここでは医薬品会社のリリースを紹介します。一般的にメディアには取り上げられにくい医薬品業界において、ひとり気を吐いているのが田辺三菱製薬です。

医薬品は大まかにいって、街中のドラッグストアなどで販売される「一般用医薬品」と、病院で医師が用いる「医療用医薬品」とに分かれます。前者であれば、例えば花粉症など多くの消費者に関心があって、季節感のある話題ならメディアが取り上げる可能性はあります。後者となると患者やその家族などの一部の人、もしくは医療機関でしか接しないケースが多く、かつ内容が難しいので、なかなか記事化されないのは致しかたないところです。

ここで紹介する「レミケード®」もそうした医療用医薬品のひとつです。これまで12の適応症がありましたが、新たに「川崎病」についても適応が承認されたことのリリースです。川崎病とは日本では年間約1万6000人が罹患する病気で、既存の治療法では患者の4人に1人が冠動脈病変などの後遺症が残るというデータがあり、レミケード®はそれに効果があると認められたのです。

田辺三菱製薬は1678年に大阪で創業した田辺製薬と、三菱ウェルファーマが2007年に合併してできた企業です。今も本社は大阪なので、リリースは大阪と東京、双方の医薬品を扱う記者クラブに配信します。広報部報道グループ担当者によれば、まずは12紙ある業界紙と新聞などの一般紙に載ることがベースで、今後は他の媒体にも掲載を広げていきたいそうです。

担当者はリリースの目的を「広く社会に情報を発信し、ひいては患者さんにも必要な情報を届けること」だといいます。例えば、川崎病で苦しんでいる人にとっては、レミケード®という薬の存在が分かれば治療の選択肢は広がります。けれど知らなければ、選択すらできません。そうした患者を少なくするのが広報の一大使命なのです。「アイスバケツチャレンジ」で有名になったALS（筋萎縮性側索硬化症）の適応追加のリリースを出した際は、一般の消費者からかなりの問い合わせがあったといいます。「難病を抱える方は患者会を組織して情報ネットワークも発達しています。敏感に反応されますので、とにかく情報を発信することが大切なのです」。私たちはリリースというと、商品を売るためとか施設を活性化させるためとか、商業的なツールと捉えがちですが、医薬品業界におけるリリースは、少し意味合いが異なるようです。

とはいえ、より良いリリースを作成して、なるべく多くのメディアに取り上げてほしいのは、どの業界のリリースも一緒です。レミケード®については業界紙以外に日経産業新聞や朝日新聞の大阪版にも掲載されました。一般紙には普段ならまず載らないそうで、リリースに工夫をしたからこその快挙と言えます。

「世界初」の表記にこだわる

まずタイトルですが、従来は2行目と3行目だけにあるような内容で、事務的な文書のようでした。**そこで、このニュースにどんな価値があるのかをキャッチコピー的に1行目に付加しました**。「なるべく新奇性と社会性を取り入れた方が良く、〝世界初〟などのキーワードがニュースバリューになるということだったので取り入れたのです。朝日新聞などの一般紙に掲載されたのはこの文言のおかげだと思います」と担当者。また要点を3つにまとめ、【本件のポイント】として箇条書きにしているのも私が推奨している通りです。その3点も内容→背景→効果の順番にロジカルに展開しているので非常に分かりやすいです。

次が重要です。医薬品は専門性が高く、知識のない人には難解なものです。業界紙だけが対象ならそれでもいいですが、このリリースでは**一般紙の記者にも伝わるレベルに噛み砕いた文章にしています**。冠動脈病変という言葉にはカッコ書きで説明を付加することで、だいぶ分かりやすくなっています。こうした配慮はどの業界でも多かれ少なかれ必要ですが、難しいのはその業界にいると感覚が麻痺しているので、どのレベルなら一般の人にも伝わるのかが分からなくなっていることです。担当者はこの点に細心の注意を払い書き上げています。

また、このリリースは**ページごとにテーマがはっきりしています**。1枚目はニュースを端的にまとめて、このページだけで完結しています。2枚目はその補足説明。川崎病についてほとんど知識を持たない私のような者でも、これを読めば一通りは理解できるよう上手にまとめられています。レミケード®が川崎病以前にどんな適応症が認められているのかを列記することで説得力も増しています。3枚目は専門紙を想定した専門情報。家電製品などではスペックに当たる部分で、専門紙には欠かせない情報をまとめています。ここまで丁寧

POINT 1

タイトル、ポイント欄に様々な工夫をしている

- タイトル：「世界初」を最上段で訴求
  商品名に解説を付与
- ポイント：3つの項目を①内容 ②背景 ③効果の順でロジカルに分かりやすく展開

1枚目

田辺三菱製薬　Press Release

2015年12月21日

報道関係各位

世界初、生物学的製剤として川崎病の承認取得
抗ヒトTNFαモノクローナル抗体製剤「レミケード®点滴静注用 100」
川崎病の承認取得について

田辺三菱製薬株式会社（本社：大阪市、代表取締役社長：三津家 正之）は、本日、抗ヒトTNFαモノクローナル抗体製剤「レミケード®点滴静注用 100」（一般名：インフリキシマブ）について、既存治療で効果不十分な川崎病の急性期に対する効能・効果追加の承認を取得しました。

【本件のポイント】
- レミケード®は、生物学的製剤として、世界で初めて「川崎病」の効能・効果で承認を取得した
- 川崎病の急性期では、既存治療で効果不十分な場合があり、新たな治療薬の開発が望まれていた
- 今回の承認取得により、既存治療では効果不十分な川崎病患者さんの治療選択肢が拡大した

【本件の概要】

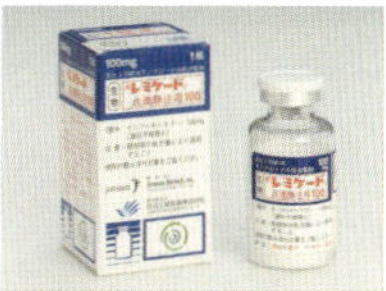

川崎病の急性期では、冠動脈病変（冠動脈の拡大や瘤の形成）の発生を抑えるために、発熱などの急性期症状を早期に鎮静化することが治療目標とされています。しかし、実際には既存治療では効果不十分で追加治療が必要な患者さんが存在し、そのうち、およそ4人に1人の患者さんに冠動脈病変をきたしてしまうとの報告もあることから、新たな治療薬の開発が望まれていました。

この高い医療ニーズを受け、当社は既存治療に効果不十分な急性期の川崎病患者さんを対象とした国内臨床試験を実施しました。その結果、レミケード®の有効性ならびに安全性が認められ、厚生労働省による優先審査を経て、早期に本適応症の承認を取得することができました。

なお、本剤は、「難治性川崎病」を予定される効能・効果として、2012年に希少疾病用医薬品に指定されています。

今後は小児への使用に対しても本剤の適正使用推進ならびに市販後調査による安全性・有効性情報の収集を徹底し、より一層安心してご使用いただけるよう努めてまいります。

《 本件に関するお問い合わせ先 》
田辺三菱製薬株式会社 広報部

1

POINT 2

本文部分を製薬に詳しくないメディアにも伝わる文章に

薬は専門的で難解な文章になりがちだが、一般メディアにも理解可能なレベルに噛み砕いている。

POINT 3

各シートごとにテーマを決め構成している

1枚目：ニュースを端的にまとめる
2枚目：1枚目の内容を理解できるよう、キーワードの「川崎病」「適応症」について補足
3枚目：専門紙を想定した、深掘りした情報を追加している

2枚目

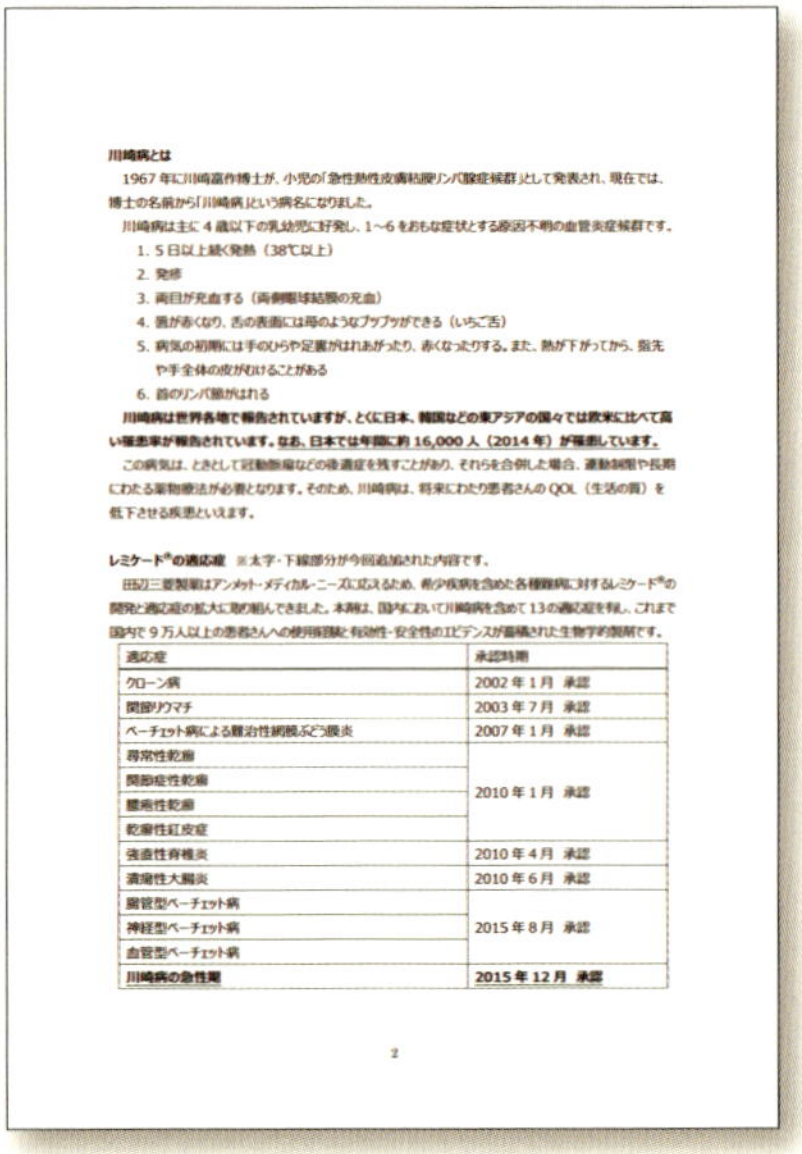

川崎病とは

1967年に川崎富作博士が、小児の「急性熱性皮膚粘膜リンパ腺症候群」として発表され、現在では、博士の名前から「川崎病」という病名になりました。

川崎病は主に4歳以下の乳幼児に好発し、1～6をおもな症状とする原因不明の血管炎症候群です。

1. 5日以上続く発熱（38℃以上）
2. 発疹
3. 両目が充血する（両側眼球結膜の充血）
4. 唇が赤くなり、舌の表面には苺のようなブツブツができる（いちご舌）
5. 病気の初期には手のひらや足裏がはれあがったり、赤くなったりする。また、熱が下がってから、指先や手全体の皮がむけることがある
6. 首のリンパ節がはれる

川崎病は世界各地で報告されていますが、とくに日本、韓国などの東アジアの国々では欧米に比べて高い罹患率が報告されています。なお、日本では年間に約16,000人（2014年）が罹患しています。

この病気は、ときとして冠動脈瘤などの後遺症を残すことがあり、それらを合併した場合、運動制限や長期にわたる薬物療法が必要となります。そのため、川崎病は、将来にわたり患者さんのQOL（生活の質）を低下させる疾患といえます。

レミケード®の適応症　※太字・下線部分が今回追加された内容です。

田辺三菱製薬はアンメット・メディカル・ニーズに応えるため、希少疾病を含めた各種難病に対するレミケード®の開発と適応症の拡大に取り組んできました。本剤は、国内において川崎病を含めて13の適応症を有し、これまで国内で9万人以上の患者さんへの使用経験と有効性・安全性のエビデンスが蓄積された生物学的製剤です。

適応症	承認時期
クローン病	2002年1月　承認
関節リウマチ	2003年7月　承認
ベーチェット病による難治性網膜ぶどう膜炎	2007年1月　承認
尋常性乾癬	2010年1月　承認
関節症性乾癬	
膿疱性乾癬	
乾癬性紅皮症	
強直性脊椎炎	2010年4月　承認
潰瘍性大腸炎	2010年6月　承認
腸管型ベーチェット病	2015年8月　承認
神経型ベーチェット病	
血管型ベーチェット病	
川崎病の急性期	**2015年12月　承認**

2

3枚目

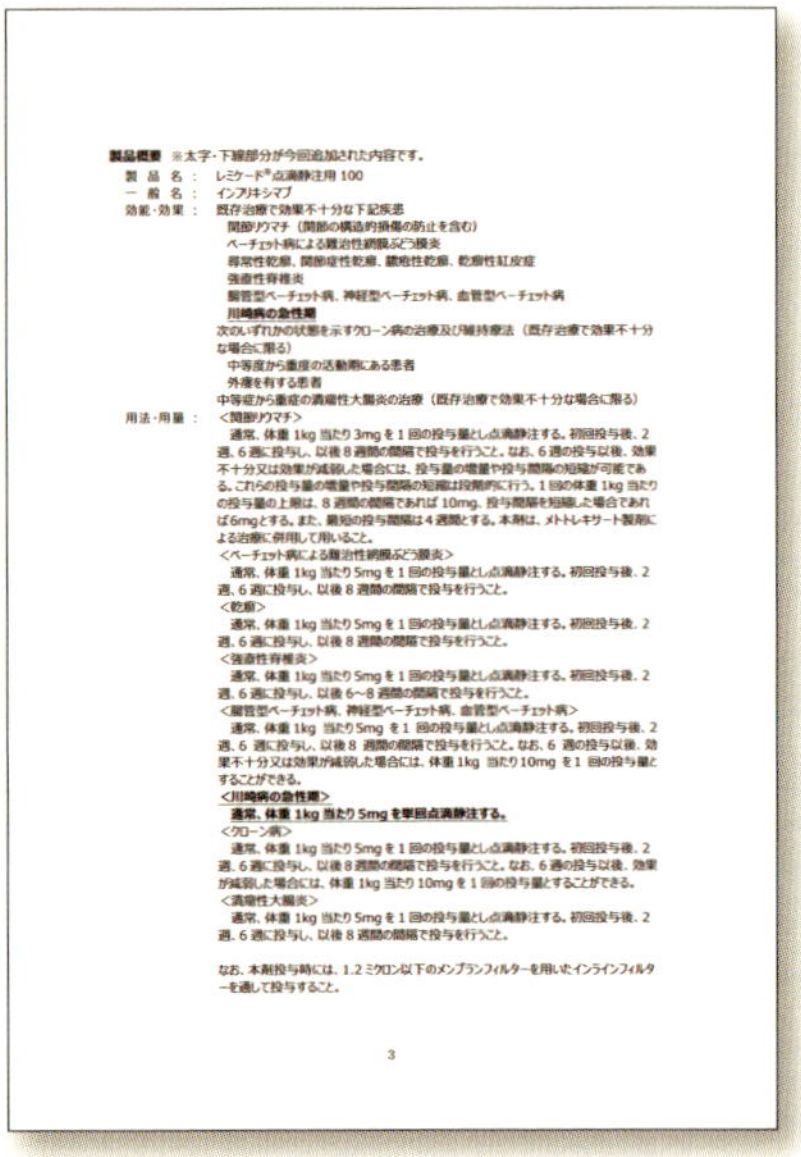

製品概要　※太字・下線部分が今回追加された内容です。

製品名：　レミケード®点滴静注用100
一般名：　インフリキシマブ
効能・効果：　既存治療で効果不十分な下記疾患
関節リウマチ（関節の構造的損傷の防止を含む）
ベーチェット病による難治性網膜ぶどう膜炎
尋常性乾癬、関節症性乾癬、膿疱性乾癬、乾癬性紅皮症
強直性脊椎炎
腸管型ベーチェット病、神経型ベーチェット病、血管型ベーチェット病
川崎病の急性期
次のいずれかの状態を示すクローン病の治療及び維持療法（既存治療で効果不十分な場合に限る）
中等度から重度の活動期にある患者
外瘻を有する患者
中等症から重症の潰瘍性大腸炎の治療（既存治療で効果不十分な場合に限る）

用法・用量：　<関節リウマチ>
通常、体重1kg当たり3mgを1回の投与量とし点滴静注する。初回投与後、2週、6週に投与し、以後8週間の間隔で投与を行うこと。なお、6週の投与以後、効果不十分又は効果が減弱した場合には、投与量の増量や投与間隔の短縮が可能である。これらの投与量の増量や投与間隔の短縮は段階的に行う。1回の体重1kg当たりの投与量の上限は、8週間の間隔であれば10mg、投与間隔を短縮した場合であれば6mgとする。また、最短の投与間隔は4週間とする。本剤は、メトトレキサート製剤による治療に併用して用いること。
<ベーチェット病による難治性網膜ぶどう膜炎>
通常、体重1kg当たり5mgを1回の投与量とし点滴静注する。初回投与後、2週、6週に投与し、以後8週間の間隔で投与を行うこと。
<乾癬>
通常、体重1kg当たり5mgを1回の投与量とし点滴静注する。初回投与後、2週、6週に投与し、以後8週間の間隔で投与を行うこと。
<強直性脊椎炎>
通常、体重1kg当たり5mgを1回の投与量とし点滴静注する。初回投与後、2週、6週に投与し、以後6～8週間の間隔で投与を行うこと。
<腸管型ベーチェット病、神経型ベーチェット病、血管型ベーチェット病>
通常、体重1kg当たり5mgを1回の投与量とし点滴静注する。初回投与後、2週、6週に投与し、以後8週間の間隔で投与を行うこと。なお、6週の投与以後、効果不十分又は効果が減弱した場合には、体重1kg当たり10mgを1回の投与量とすることができる。
<川崎病の急性期>
通常、体重1kg当たり5mgを単回点滴静注する。
<クローン病>
通常、体重1kg当たり5mgを1回の投与量とし点滴静注する。初回投与後、2週、6週に投与し、以後8週間の間隔で投与を行うこと。なお、6週の投与以後、効果が減弱した場合には、体重1kg当たり10mgを1回の投与量とすることができる。
<潰瘍性大腸炎>
通常、体重1kg当たり5mgを1回の投与量とし点滴静注する。初回投与後、2週、6週に投与し、以後8週間の間隔で投与を行うこと。

なお、本剤投与時には、1.2ミクロン以下のメンブランフィルターを用いたインラインフィルターを通して投与すること。

3

に情報を載せたので、記事化したメディアからほとんど追加取材の依頼が来ることなく、このリリースだけで執筆できたようです。

ところで先述したように、このリリースは医薬品業界の中では、かなり画期的な内容のリリースでした。それ以前の同社のリリースを見ると、レターヘッドや写真などはなく、タイトルも枠で囲むことはなく、事務的な体裁でした。レミケード®はドラッグストアに並びませんから、写真のパッケージが消費者の目に触れるわけではありません。けれど写真を入れたことで、リリースから商品イメージが格段に伝わりやすく

なったことは間違いありません。

同社ではリリースを配信する際に、営業部門と研究部門のチェックを受けます。今までのリリースとはだいぶ変えたので「体裁を以前のように戻して」という指示もあったそうです。例えば「世界初」という文言にもチェックが入りました。当初は本文にもう何箇所か入っていたのを外したほか、タイトルからも外すようにとの要請が来たのを、担当者が説得して残したそうです。その結果、朝日新聞にも取り上げられたので、粘ったかいがあったというものです。新しいことをするにはいつでも困難はつきもので、それを乗り越えた先に進化と信頼が生まれます。

セミナーで関係を構築する

近年、医療業界ではMR（医薬情報担当者）の病院訪問が以前と比べて規制されているそうです。そうした中で、一般紙で話題になったことは、訪問時の良い話のタネにもなるでしょう。担当者が、広報の目標に掲げていたのが主要メディアとの人的ネットワークの整備です。年に2回、記者と役員が顔を合わせる懇談会を開くほか、新薬が出るタイミングで適宜、メディアセミナーを開催。一般紙や週刊誌の記者も招き、臨床試験に関わった医師が出席して説明をするなどの工夫をしているため記事化の確率も高いそうです。

２０１６年2月には「遺伝子治療薬を国内発売へ」という記事で、なんと日本経済新聞の1面で大きく「田辺三菱」の文字が躍りました。長年広報を担当していても、一度つかむことができるかどうかの大金星です。これも日頃から記者とコンタクトを取り、情報を発信しているからでしょう。こうして社名が消費者の目に触れる機会が増えることで、会社のブランドも確立されていくはずです。

File.08
ゼブラ

40年前の情報を切り口に価値最大化

リブランディングを図る復刻版アピール型リリース

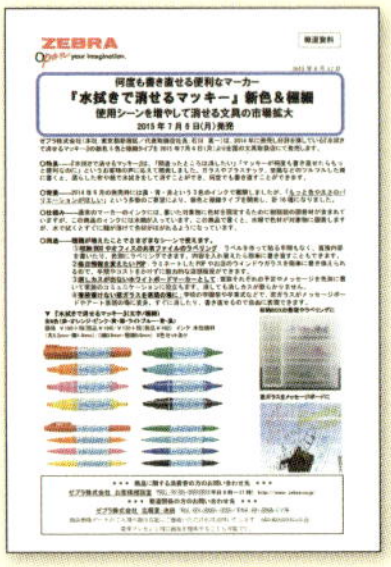

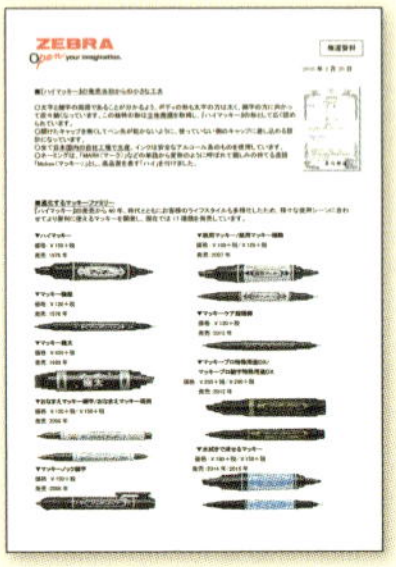

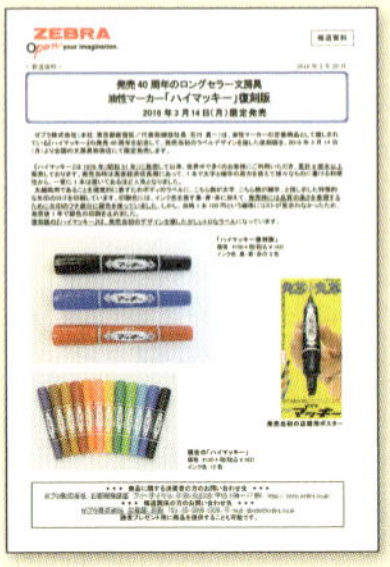

当時の商品を忠実に再現

ゼブラは私も学生時代、蛍光マーカーで大変お世話になった愛着のある筆記具メーカーです。暗記ものには欠かせないアイテムで、読者の中にも愛用していた方は多いのではないでしょうか。ここで取り上げるのは、同じく代表的な商品である油性マーカーの「ハイマッキー」。2016年に発売から40周年を記念して製造販売した復刻版のリリースを検証します。

ハイマッキーは1976年に発売され、日本だけでなくアメリカやアジアなどで累計8億本を販売してきたベストセラー商品。おそらくどこの家庭にも1本はあるのではないでしょうか。2015年12月にせっかく40周年なのだからと営業企画部から企画が発進したのですが、発売当初の企画書など、社内に資料が何も残っていないという問題が。「会社の倉庫に発売時の現物が1本だけ残っていて、それをもとにデザイナーが目視でデザインを再現しました」と広報室室長の池田智雄さんが裏話を教えてくれました。

当時は寺西化学工業の「マジックインキ」（1953年発売）の独占市場でしたので、太字と細字が1本で使い分けでき、キャップを尻に差し込むことで紛失やペン先の乾燥を防げるなど、画期的な工夫を施しました。現行商品との最大の違いはボディラベルの矢印の縁に銀色を使っていることです。

池田さんは聞き取り調査をしようと、40年前にハイマッキーを企画し、数年前に退職した元社員に会いに行きました。当時は思いついた商品はいくつか試作品をつくったらすぐに商品化していたそうで、今とはモノづくりのあり方が大きく異なっていました。銀色のラベルは既存の商品とは異なる品質の高さを示しており、商品に対するプライドの表れとのこと。しかしコストが見合わず途中から白に変わったため、銀ラベルを採用していたのは約1年間だけ。幻の商品なのです。「開発者も現物を持っておらず、復刻版が出ると聞いてとても喜んでいました」。

当時は製品に対する注意書きが今ほど多くなく、ＰＯＳシステムに対応したＪＡＮコードもありませんでした。復刻版ではレトロ感を出すために、忠実に再現。ただし注意書きは不可欠であるため、商品を包むビニール袋に印刷することで解消しました。

3月14日の発売に向け、2月26日にリリースを配信。記者クラブへの投函と郵送を中心に、約１００通配信しました。「ハイマッキー復刻版」は読売新聞の「ロングセラーの理由」に大きく取り上げられたほか、『モノ・マガジン』（ワールドフォトプレス）、日経ＭＪなどにも掲載されました。文具店でも通常は奥の方に並べられるのが、店頭の前面で展開されて売れ行きも好調。中年世代からは「自分と同い年」、若者からは「レトロな感じがしていい」などの声が寄せられたそうです。

POINT 1

「復刻版」はPRで有効なコンテンツ

リリースでは「復刻」というワードが目立ち、目に入ってくる。

※復刻版は限定販売であることが多いので、「限定」の希少性も同時に伝えると効果が高い。

1枚目

ZEBRA
Open your imagination.

報道資料

<報道資料> 2016年2月26日

発売40周年のロングセラー文房具
油性マーカー「ハイマッキー」復刻版
2016年3月14日(月)限定発売

ゼブラ株式会社(本社:東京都新宿区／代表取締役社長:石川 真一)は、油性マーカーの定番商品として親しまれている『ハイマッキー』の発売40周年を記念して、発売当初のラベルデザインを施した復刻版を、2016年3月14日(月)より全国の文房具取扱店にて限定発売します。

『ハイマッキー』は1976年(昭和51年)に発売して以来、世界中で多くのお客様にご利用いただき、累計8億本以上販売しております。発売当時は高度経済成長期にあって、1本で太字と細字の両方を使えて様々なものに書ける利便性から、一家に1本は置いてあるほど人気となりました。

太細両用であることを視覚的に表すためボディのラベルに、こちら側が太字、こちら側が細字、と指し示した特徴的な矢印のロゴを印刷しています。印刷色には、インク色を表す黒・青・赤に加えて、発売時には品質の高さを表現するために矢印のフチ部分に銀色を使っていました。しかし、当時1本100円という価格にコストが見合わなかったため、発売後1年で銀色の印刷を止めました。

復刻版の『ハイマッキー』は、発売当初のデザインを模した少しレトロなラベルになっています。

「ハイマッキー復刻版」
価格 ¥150＋税(税込¥162)
インク色:黒・青・赤の3色

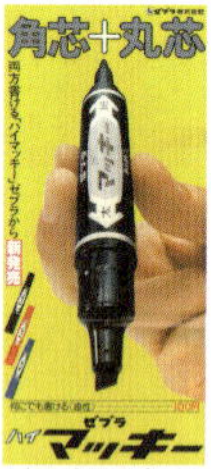

発売当初の店頭用ポスター

現在の「ハイマッキー」
価格 ¥150＋税(税込¥162)
インク色:12色

＊＊＊ 商品に関する消費者の方のお問い合わせ先 ＊＊＊
[illegible]
＊＊＊ 報道関係の方のお問い合わせ先 ＊＊＊
[illegible]
読者プレゼント用に商品を提供することも可能です。

当時のポスターも有効

その当時の時代の雰囲気を感じることができる。

POINT 2

現在の商品と比較する

復刻版の特徴が分かるように現在の商品と比較する。

復刻版をなぜ出すのか、その理由を必ず載せる。

既存商品にも再注目の好機

タイトルや本文で強く押しているように、**「復刻版」はPRにとっても有効なコンテンツです**。復刻版ということはすなわち誰もが知っている著名な商品で、メディア内でも企画が通りやすいのです。時代とともに商品は変化しており、歴史をたどると興味深い読み物になります。復刻版はデザインに独特のレトロ感があり、限定販売でもあるため「手に入れたい」というマニア心も刺激します。こうした理由から復刻版は商品として有力で、メディアも取り上げたくなるのです。

復刻版のリリースでは、現行商品とどう違うかを示すことも重要。両方の写真を並べることで、違いは一目瞭然です。幸運だったのは発売当初の店頭用ポスターが残っていたことで、リリースの良いアクセントになっています。発売時からロングセラーになると分かっている商品などあるわけがなく、こうした販促ツールが残っていることはまれです。

2枚目には現在販売中の商品をまとめて載せています。私も知りませんでしたが、マッキーファミリーは17種類もあるそう。「マッキーケア」は詰め替え式のインクや再生材を使ったエコロジー商品で、官公庁などが積極的に採用。「マッキープロ特殊用途DX」は通常品よりインクが落ちにくく、工事現場などで重宝されています。このように**復刻版のリリースには、既存商品に再び光を当てる効果があります**。バリエーションの豊富さが伝われば、興味を持ったメディアが特集を組んでくれる可能性もあり、ブランド全体の勢いを押し上げるまたとないチャンスなのです。

2枚目

ZEBRA
Open your imagination.

報道資料

2016年2月26日

■『ハイマッキー』の発売当初からの小さな工夫

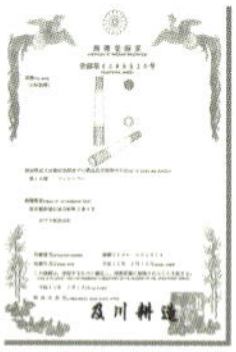

○太字と細字の両頭であることが分かるよう、ボディの形も太字の方は太く、細字の方に向かって段々細くなっています。この独特の形は立体商標を取得し、『ハイマッキー』の形として広く認められています。
○開けたキャップを無くしてペン先が乾かないように、使っていない側のキャップに差し込める設計になっています。
○全て日本国内の自社工場で生産。インクは安全なアルコール系のものを使用しています。
○ネーミングは、「MARK(マーク)」などの単語から愛称のように呼ばれて親しみの持てる造語「Mckee(マッキー)」とし、高品質を表す「ハイ」を付けました。

■進化するマッキーファミリー
『ハイマッキー』の発売から40年、時代とともにお客様のライフスタイルも多様化したため、様々な使用シーンに合わせてより便利に使えるマッキーを開発し、現在では17種類を発売しています。

▼ハイマッキー
価格:¥150＋税
発売:1976年

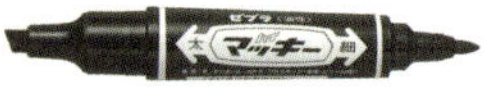

▼マッキー極細
価格:¥120＋税
発売:1978年

▼マッキー極太
価格:¥450＋税
発売:1989年

▼おなまえマッキー細字/おなまえマッキー両用
価格:¥120＋税/¥150＋税
発売:2006年

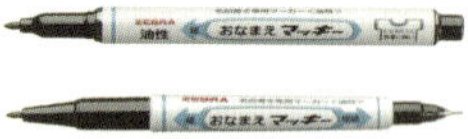

▼マッキーノック細字
価格:¥150＋税
発売:2006年

▼紙用マッキー/紙用マッキー極細
価格:¥150＋税/¥120＋税
発売:2007年

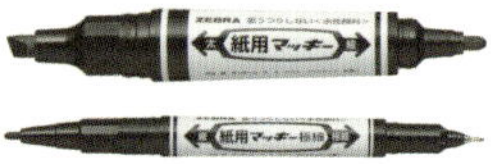

▼マッキーケア超極細
価格:¥120＋税
発売:2012年

▼マッキープロ特殊用途DX/
マッキープロ細字特殊用途DX
価格:¥250＋税/¥200＋税
発売:2012年

▼水拭きで消せるマッキー
価格:¥180＋税/¥150＋税
発売:2014年/2015年

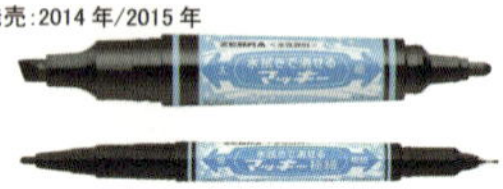

POINT 3

現在販売中の商品を総合的に1枚にまとめて表現する

復刻版で関心を示したメディアに対し、現状商品を改めて伝えることで、次のRR展開につなげる。

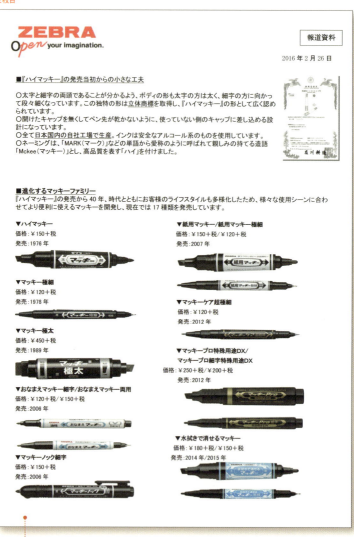

使用シーンも入れたリリースを

近年は「文房具の専門家」も現れるほど、文房具業界全体が盛り上がっています。文具店で1時間以上商品を眺めている人も少なくなく、多くの人が文具にこだわりを持っています。池田さんによれば「企業が経費削減を進めていて、社員に文具が支給されなくなりました。自費で買うのだったら、使いやすさやデザイン性の高い商品を買おうという意識が文具ブームにつながっているようです」。

子ども時代から誰にとってもなじみが深く、比較的安価で購入できる文房具は、プチ贅沢を楽しみやすいカテゴリーでもあるのでしょう。モノ系の雑誌は一時期よりは減ってきましたが、文具専門のムックなどは今も増えているそうで人気がうかがえます。メーカー間の競争は激しくなりますが、「ひとつの商品が出ただけではニュースになりづらいところ、競合が出ると併せて記事になりやすい。他社と一緒に盛り上がっていければ」と前向きに捉えています。

またターゲットとして外せないのがネットメディアです。一見、アナログな文房具とは相反するようですが、「ニュースサイトの編集者から文具系の記事は人気が高いと言われます。ＩＴ系の方も発想を練る時は紙に書いてアイデアを広げるので、文具に愛着のある方が多いようです」。近年は愛用者が使い方を動画にしてＹｏｕＴｕｂｅにアップロードしてくれてるケースもあり、そのサイトからリリースにリンクされ購買につながるなど、予測外の効果があります。

池田さんがリリースをつくる上で意識しているのが「スペックを伝えるだけではなく、使用シーンやユーザーにとってのメリットを盛り込むこと」。例えば「水拭きで消せるマッキー」は市販のウエットティッシュなどで消せる商品ですが、元来「消えない」ことがマッキーの特性だったため、消費者には戸惑いもあったようです。それを感じた池田さんは、店舗のメニューボードやガラス窓を日替わりで書き換えるなど使用シーンを提案するリリースを配信しました。こうした細やかなケアが新たな市場を創造していくケースもあります。

1枚目

ZEBRA
Open your imagination.

報道資料

2015年6月12日

何度も書き直せる便利なマーカー
『水拭きで消せるマッキー』新色＆極細
使用シーンを増やして消せる文具の市場拡大
2015年7月6日(月)発売

ゼブラ株式会社(本社:東京都新宿区／代表取締役社長:石川 真一)は、2014年に発売し好評を博している『水拭きで消せるマッキー』の新色5色と極細タイプを2015年7月6日(月)より全国の文具取扱店にて発売します。

○特長——『水拭きで消せるマッキー』は、「間違ったところは消したい」「マッキーが何度も書き直せたらもっと便利なのに」というお客様の声に応えて開発しました。ガラスやプラスチック、金属などのツルツルした面に書くと、濡らした布や紙で水拭きをして消すことができ、何度でも書き直すことができます。

○背景——2014年6月の発売時には黒・青・赤という3色のインクで展開しましたが、「もっと色や太さのバリエーションがほしい」という多数のご要望により、新色と極細タイプを開発し、計16種になりました。

○仕組み——通常のマーカーのインクには、書いた対象物に色材を固定するために樹脂製の固着材が含まれていますが、この商品のインクには水糊が入っています。この商品で書くと、水糊で色材が対象物に固着しますが、水で拭くとすぐに糊が溶けて色材がはがれるようになっています。

○用途——**種類が増えたことでさまざまなシーンで使えます。**
①**収納BOXやオフィスの共有ファイルのラベリング**:ラベルを作って貼る手間もなく、直接内容を書いたり、色別にラベリングできます。内容を入れ替えたら簡単に書き直すこともできます。
②**毎日情報を変えたいPOP**:ラミネートしたPOPやお店のウインドウガラスを簡単に書き換えられるので、手間やコストをかけずに魅力的な店頭販促ができます。
③**消しカスが出ないホワイトボードマーカーとして**:家族それぞれの予定やメッセージを色別に書いて家族のコミュニケーションに役立ちます。消しても消しカスが散らかりません。
④**普段書けない窓ガラスを表現の場に**:学校の学園祭や卒業式などで、窓ガラスがメッセージボードやアート表現の場に変身。すぐに消したり、書き直せるので自由に表現できます。

▼『水拭きで消せるマッキー』(太字/極細)
全8色(赤・オレンジ・ピンク・黄・緑・ライトブルー・青・黒)
価格:￥180＋税(税込￥194)/￥150＋税(税込￥162)　インク:水性顔料
(太5.3mm・細1.4mm)/(細0.9mm・極細0.6mm)　8色セットあり

収納BOXの整理やラベリングに

窓ガラスをメッセージボードに

＊＊＊　商品に関する消費者の方のお問い合わせ先　＊＊＊
ゼブラ株式会社　お客様相談室　[redacted](平日9時～17時)　http://www.zebra.co.jp/
＊＊＊　報道関係の方のお問い合わせ先　＊＊＊
ゼブラ株式会社　広報室:池田　[redacted]
商品画像データがご入用の際は右記にご連絡いただければ送付いたします。[redacted]
読者プレゼント用に商品を提供することも可能です。

2枚目

報道資料

ZEBRA
Open your imagination.

2015 年 6 月 12 日

--- 補足 ---

機能部門
優秀賞
第23回 日本文具大賞 2014
ISOT
国際 文具・紙製品展

■経緯

『水拭きで消せるマッキー』は、何度も書き直せるマーカーとして多くのお客様から好評をいただき、「2014 年日本文具大賞機能部門」を受賞しました。当初、太字の黒・青・赤を発売し、収納ボックスのラベリングや店頭 POP の内容書き換えなどの使用シーンを想定していました。発売後、ユーザー調査をおこなったところ、様々な使い方をされていて、それに合わせて色や太さのバリエーションの要望を多数いただきました。今回、色と太さを増やしたことで、より便利でクリエイティブな使い方をご提案し、消して書き直せる筆記具の市場を広げます。

▼ 色で分かりやすくファイルや備品をラベリング（ツルツルした面）

開発担当

▼メニューボード、ラミネートした POP を手書きですぐに書き直せる

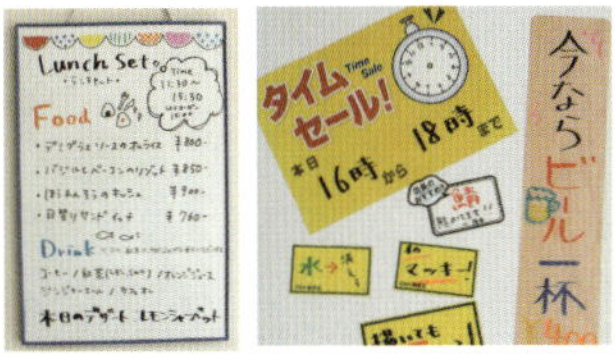

▼ お店の窓ガラスを個性的な看板に

▼ 消しカスが出ないホワイトボードマーカーとして

▼ 小さなモノへの記入に

ゼブラ公式 YouTube チャンネル
（https://www.youtube.com/user/zebrapres）で、
『水拭きで消せるマッキー』の使い方動画をご覧いただけます。

使用方法を提案して
商品の特性をアピール

File.09
ライオン

「調査＋マイスター」の力で既存商品がニュースに

調査データ活用による記事化喚起型リリース

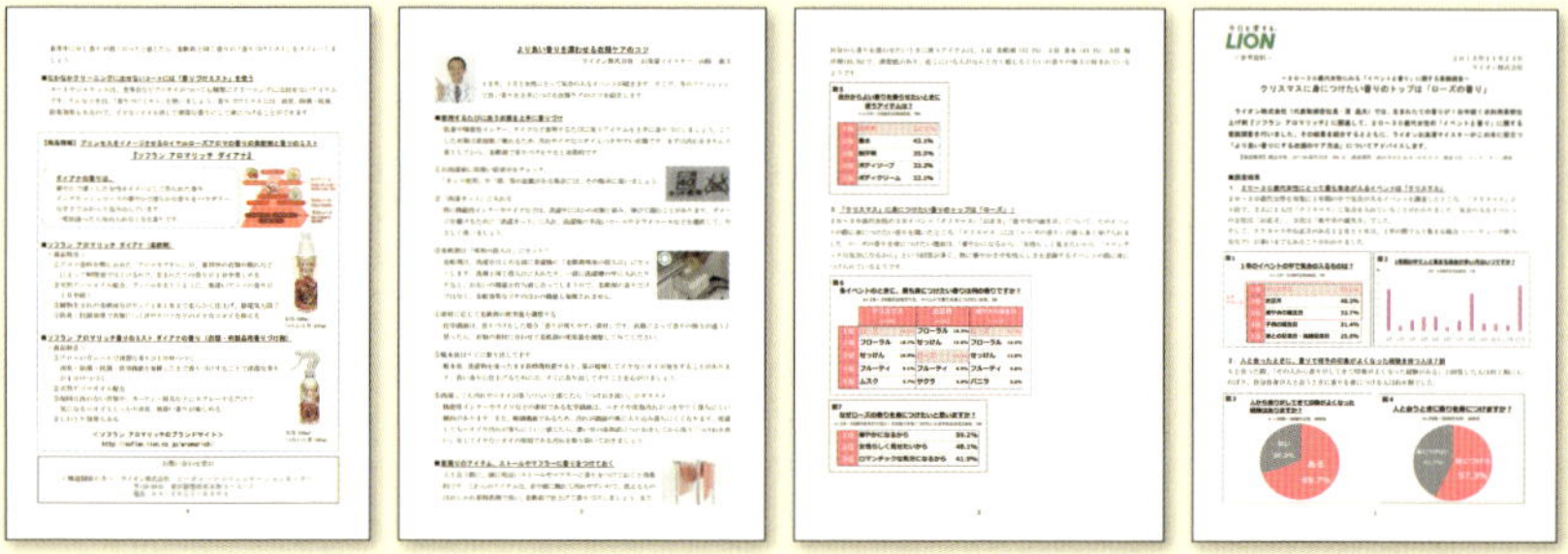

生活情報を発信する研究所

どの企業にもその分野の〝専門家〟がいるものですが、その貴重な宝をPRに結び付けられていない企業がほとんどです。そんな中、トイレタリーメーカーのライオンは「お洗濯マイスター」や「オーラルケアマイスター」など、〝暮らしのマイスター〟というポジションをつくって上手に広報活動に役立てており、ぜひ見習いたい事例です。

ここで取り上げるのは、2015年11月に配信した「ソフラン アロマリッチ」という柔軟剤に関するリリース。既発の商品を「クリスマスと香りの意識に関する調査リリース」としてまとめることでメディアに再度アプローチしています。

現在、柔軟剤には洗濯物を柔らかく仕上げるとともに、〝良い香りを付ける〟という機能も重視されています。2000年代前半、香りが強めの海外の柔軟剤が雑貨屋などに置かれるようになり、それを気に入った層からの需要が生まれまし

POINT 1

リリース全体の構成がロジカル

リリース4枚を「序」「本論」「結論」の3部構成で展開している。

［きっかけ／問題提起］
調査データ

1枚目

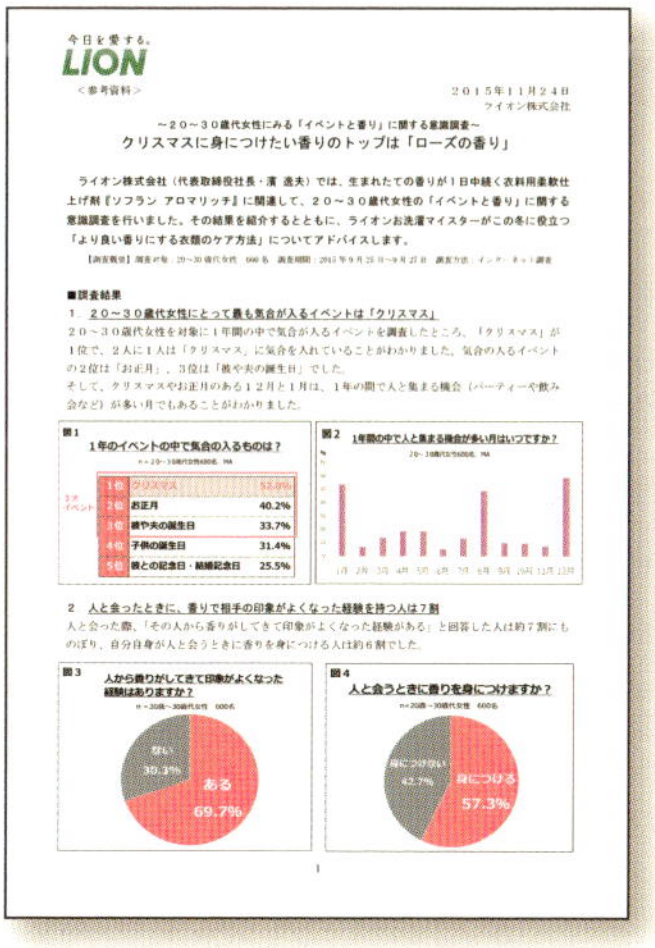

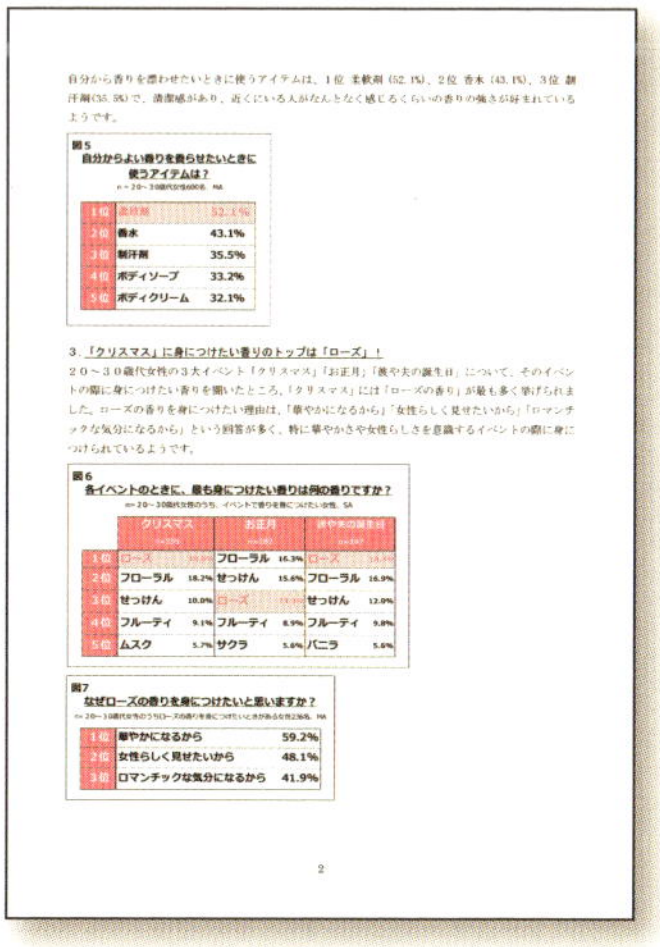

［対応方法］
専門家による問題の
対応策

［具体的解決策］
商品を活用しての
解決策

4枚目

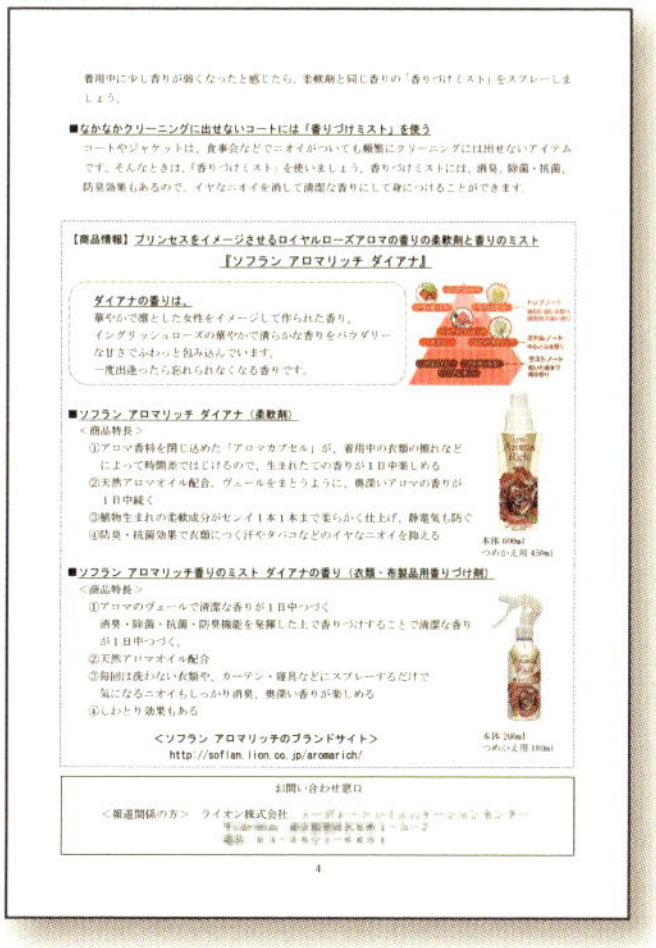

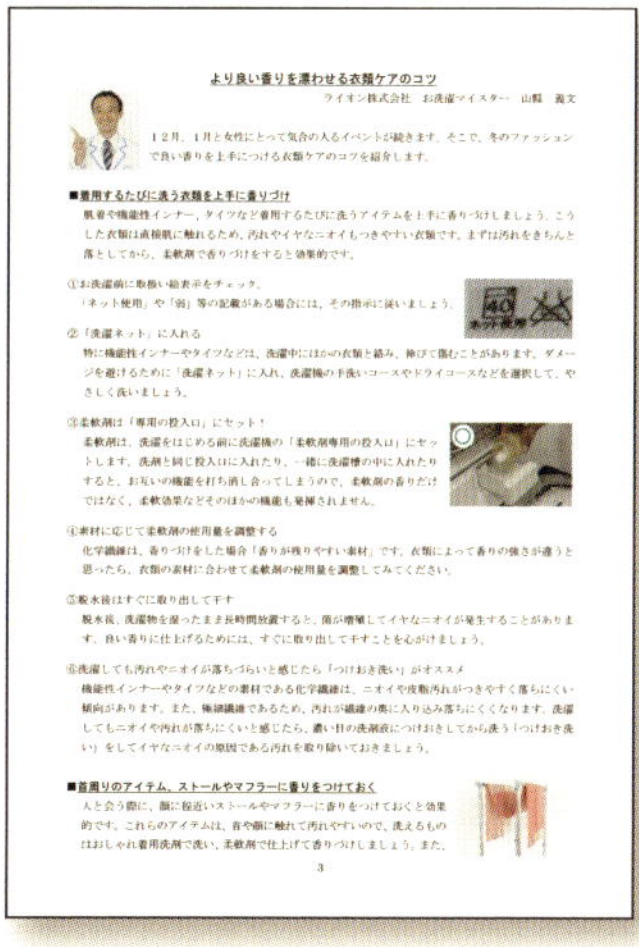

た。

そこでライオンでは、2005年に「香りとデオドラントのソフラン」という商品を発売。競合商品も次々と登場し、店頭に様々なパッケージの柔軟剤が並ぶ〝香り競争〟の様相を呈していきます。日本人の体臭に対する意識が敏感になる中、香水とは異なった清潔感のある香り付けができるのが人気の理由でした。それまで柔軟剤を使っていなかった層も取り込み、市場規模は2010年の600億円から2015年の850億円にまで拡大しています（ライオン調べ）。ただし強い香りを敬遠する層もいて、香りが控えめな「香り防臭タイプ」と香りを長く残す「高残香タイプ」に市場は二分しています。

「ソフラン　アロマリッチ」は高残香タイプで、ローズの香りがする商品。ライオンは「クリスマスに身につけたいのはローズの香りだ」という調査結果とともにリリースしています。皆さんもご存じの通り、新発売の時期を過ぎてしまった商品の記事化は難しく、それを分かっているのでリリースも送りづらいものです。しかしライオンでは、発売後も商品を「育てる」という発想で、切り口を工夫して既発商品のリリースを積極的につくっています。その際によく使うのが「調査＋マイスター」リリースなのです。

同社が進んでいるのはそのために「快適生活研究所」という研究所まで設立していることです。冒頭で触れた暮らしのマイスターが中心となって暮らしに役立つ情報の開発や調査、実証研究などを行い、広報発信をしているのです。

快適生活研究所と暮らしのマイスターは2011年に新設されました。ここまで徹底している企業は他には聞いたことがありません。当時、取材対応してくれた広報担当の伊野波美恵子さんと大古麻利さんも快適生活研究所の所属でした。

1枚目

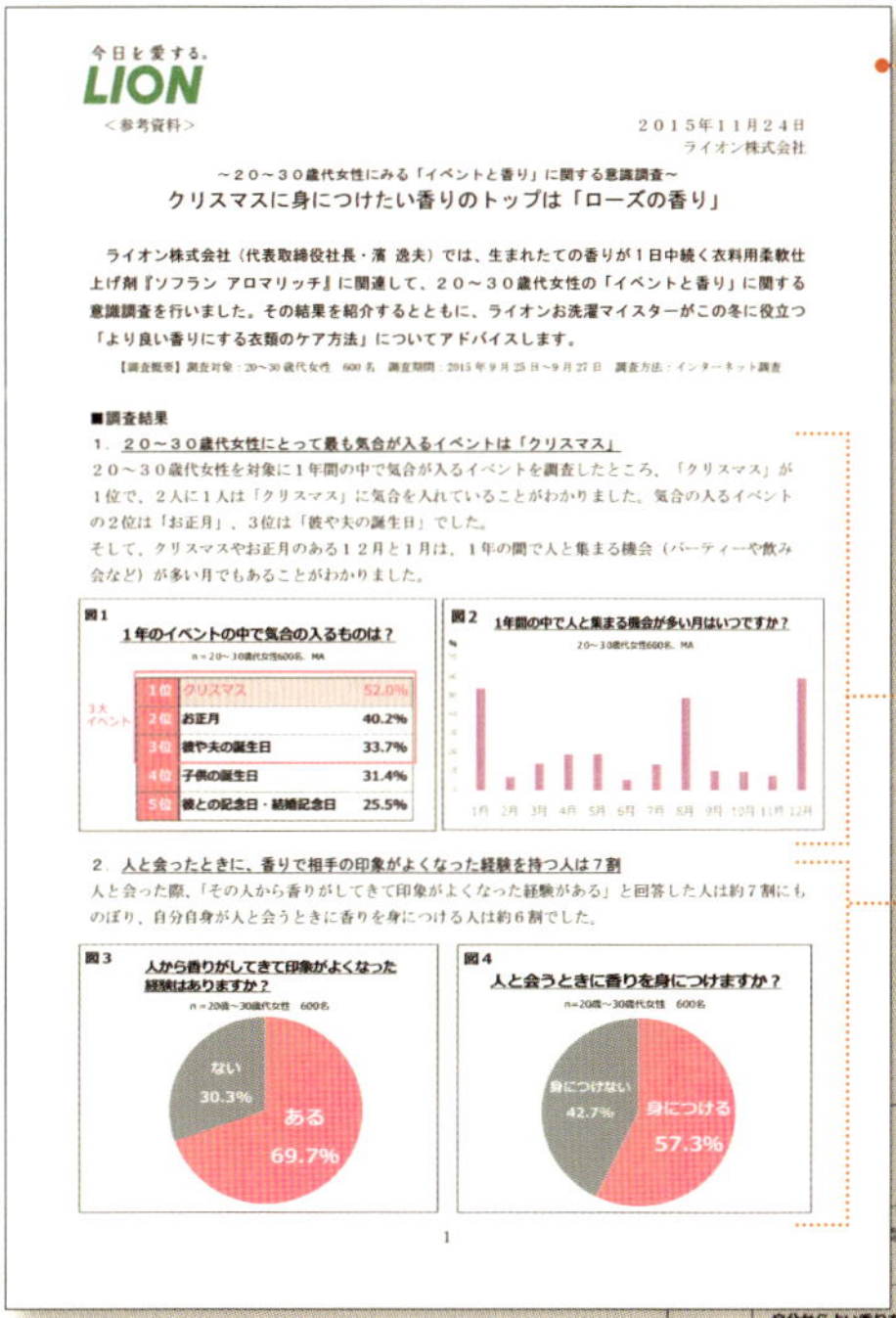

今日を愛する。
LION
＜参考資料＞

２０１５年１１月２４日
ライオン株式会社

～２０～３０歳代女性にみる「イベントと香り」に関する意識調査～
クリスマスに身につけたい香りのトップは「ローズの香り」

ライオン株式会社（代表取締役社長・濱 逸夫）では、生まれたての香りが１日中続く衣料用柔軟仕上げ剤『ソフラン アロマリッチ』に関連して、２０～３０歳代女性の「イベントと香り」に関する意識調査を行いました。その結果を紹介するとともに、ライオンお洗濯マイスターがこの冬に役立つ「より良い香りにする衣類のケア方法」についてアドバイスします。

【調査概要】調査対象：20～30 歳代女性　600 名　調査期間：2015 年 9 月 25 日～9 月 27 日　調査方法：インターネット調査

■調査結果

1．２０～３０歳代女性にとって最も気合が入るイベントは「クリスマス」

２０～３０歳代女性を対象に１年間の中で気合が入るイベントを調査したところ、「クリスマス」が１位で、２人に１人は「クリスマス」に気合を入れていることがわかりました。気合の入るイベントの２位は「お正月」、３位は「彼や夫の誕生日」でした。
そして、クリスマスやお正月のある１２月と１月は、１年の間で人と集まる機会（パーティーや飲み会など）が多い月でもあることがわかりました。

図１
1年のイベントの中で気合の入るものは？
n＝20～30歳代女性600名、MA

1位	クリスマス	52.0%
2位	お正月	40.2%
3位	彼や夫の誕生日	33.7%
4位	子供の誕生日	31.4%
5位	彼との記念日・結婚記念日	25.5%

3大イベント

図２
1年間の中で人と集まる機会が多い月はいつですか？
20～30歳代女性600名、MA
1月 2月 3月 4月 5月 6月 7月 8月 9月 10月 11月 12月

2．人と会ったときに、香りで相手の印象がよくなった経験を持つ人は７割

人と会った際、「その人から香りがしてきて印象がよくなった経験がある」と回答した人は約７割にものぼり、自分自身が人と会うときに香りを身につける人は約６割でした。

図３
人から香りがしてきて印象がよくなった経験はありますか？
n＝20歳～30歳代女性　600名
ない 30.3%
ある 69.7%

図４
人と会うときに香りを身につけますか？
n=20歳～30歳代女性　600名
身につけない 42.7%
身につける 57.3%

1

POINT 2

調査データのポイントを絞り、簡潔に展開

❶～❹の流れるような展開が分かりやすい。表をベースとした解説で視覚的に理解できる。

❶イベント需要

❷そのイベントと香りの関係

2枚目

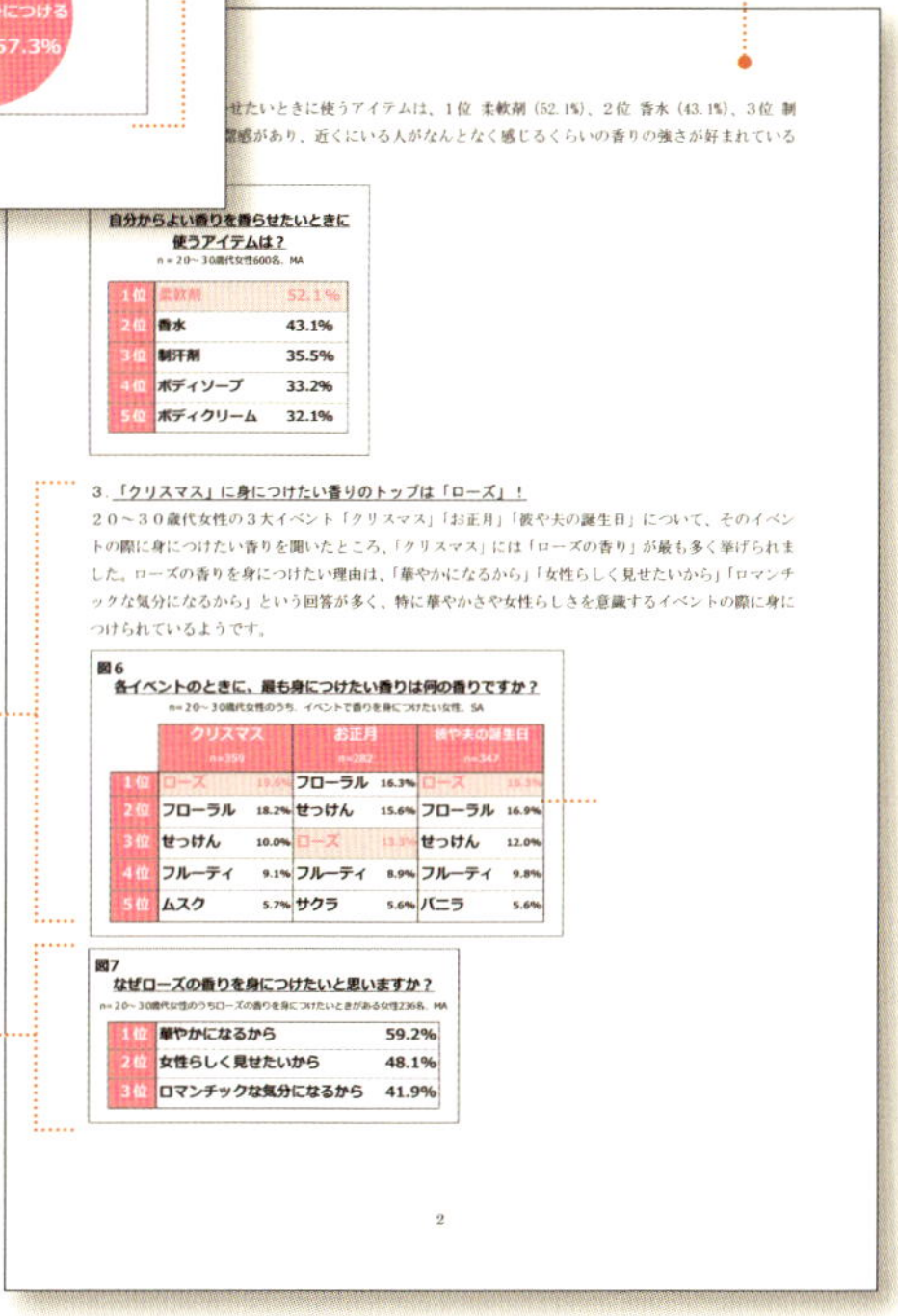

…せたいときに使うアイテムは、1位 柔軟剤（52.1%）、2位 香水（43.1%）、3位 制…
…潔感があり、近くにいる人がなんとなく感じるくらいの香りの強さが好まれている

自分からよい香りを香らせたいときに使うアイテムは？
n＝20～30歳代女性600名、MA

1位	柔軟剤	52.1%
2位	香水	43.1%
3位	制汗剤	35.5%
4位	ボディソープ	33.2%
5位	ボディクリーム	32.1%

3．「クリスマス」に身につけたい香りのトップは「ローズ」！

２０～３０歳代女性の３大イベント「クリスマス」「お正月」「彼や夫の誕生日」について、そのイベントの際に身につけたい香りを聞いたところ、「クリスマス」には「ローズの香り」が最も多く挙げられました。ローズの香りを身につけたい理由は、「華やかになるから」「女性らしく見せたいから」「ロマンチックな気分になるから」という回答が多く、特に華やかさや女性らしさを意識するイベントの際に身につけられているようです。

図６
各イベントのときに、最も身につけたい香りは何の香りですか？
n＝20～30歳代女性のうち、イベントで香りを身につけたい女性、SA

	クリスマス n=359		お正月 n=282		彼や夫の誕生日 n=347	
1位	ローズ	19.6%	フローラル	16.3%	ローズ	18.3%
2位	フローラル	18.2%	せっけん	15.6%	フローラル	16.9%
3位	せっけん	10.0%	ローズ	13.3%	せっけん	12.0%
4位	フルーティ	9.1%	フルーティ	8.9%	フルーティ	9.8%
5位	ムスク	5.7%	サクラ	5.6%	バニラ	5.6%

図7
なぜローズの香りを身につけたいと思いますか？
n＝20～30歳代女性のうちローズの香りを身につけたいときがある女性236名、MA

1位	華やかになるから	59.2%
2位	女性らしく見せたいから	48.1%
3位	ロマンチックな気分になるから	41.9%

2

❸各イベントと香りの種類

❹代表例としてクリスマスとバラの香りの説明

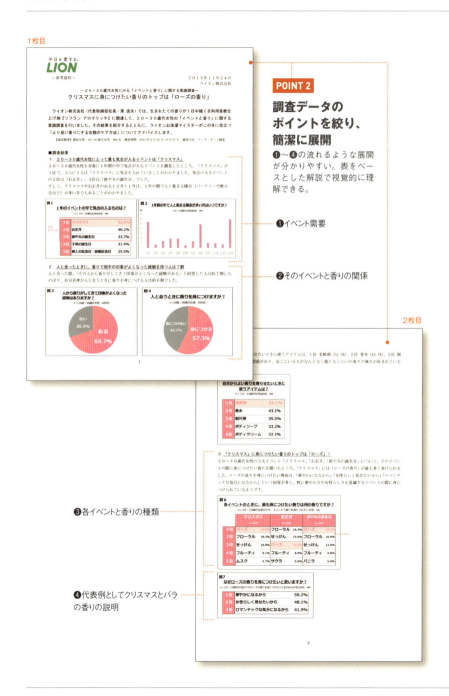

マイスターは生活者を第一に

私たちが生活の中で直面する多くの困りごとについて、解決策を提示する側である企業が生活者に対して商品を紹介するのは説得力があり、理にかなっています。しかしそれだけに留まらず、生活者目線を持ち、暮らしの悩みの解決や暮らし方の提案をする中で、商品を解説できる人材を育てるために生まれたのが「暮らしのマイスター」です。マイスターには開発研究や商品企画経験者など、知識が豊富でコミュニケーション能力の高い人材が社内から抜擢されました。最初の2年間は特に調査などを通してマイスターとしてのスキルを磨いたそうです。

ではそんなマイスターがどんなふうに登場するのか、実際にリリースを見てみましょう。このリリースは**全体を俯瞰して非常にロジカルであるという点が特徴です**。まず冒頭の2枚で調査データを示し、読み手に問題提起をしています。次の1枚で専門家（マイスター）による対応策を示し、最後の1枚で具体的な対応商品（アロマリッチ）のPRに結び付けるという三段論法となっています。リリースを作成した大古さんが「伝えたい道筋は一本に絞りました」と言うように、枝葉をどんどん落とすことで、論旨が明確になります。

それは各パートも同じこと。例えば調査データの2枚を見ていくと、①最もイベントごとが増えて気合いが入るのはクリスマスである ②人と会うときに香りは重要で、そのアイテムは柔軟剤が最も多い ③中でもクリスマスに身につけたい香りはローズだ、と流れるように展開しています。**表現方法も文章は少なめに抑えて、グラフや表組みなどが中心**。「もっと様々な調査をしたのですが、掲載するデータはだいぶ絞り込みました。そんな中でも図6（リリース2枚目）では、クリスマスや彼の誕生日にはムスクやバニラなど異性を意識した匂いが入ってくるなど、深読みすると楽しめるデータもこっそり盛り込みました」。

3枚目

より良い香りを漂わせる衣類ケアのコツ

ライオン株式会社 お洗濯マイスター 山縣　義文

１２月、１月と女性にとって気合の入るイベントが続きます。そこで、冬のファッションで良い香りを上手につける衣類ケアのコツを紹介します。

■着用するたびに洗う衣類を上手に香りづけ

肌着や機能性インナー、タイツなど着用するたびに洗うアイテムを上手に香りづけしましょう。こうした衣類は直接肌に触れるため、汚れやイヤなニオイもつきやすい衣類です。まずは汚れをきちんと落としてから、柔軟剤で香りづけをすると効果的です。

①お洗濯前に取扱い絵表示をチェック。
「ネット使用」や「弱」等の記載がある場合には、その指示に従いましょう。

②「洗濯ネット」に入れる
特に機能性インナーやタイツなどは、洗濯中にほかの衣類と絡み、伸びて傷むことがあります。ダメージを避けるために「洗濯ネット」に入れ、洗濯機の手洗いコースやドライコースなどを選択して、やさしく洗いましょう。

③柔軟剤は「専用の投入口」にセット！
柔軟剤は、洗濯をはじめる前に洗濯機の「柔軟剤専用の投入口」にセットします。洗剤と同じ投入口に入れたり、一緒に洗濯槽の中に入れたりすると、お互いの機能を打ち消し合ってしまうので、柔軟剤の香りだけではなく、柔軟効果などそのほかの機能も発揮されません。

④素材に応じて柔軟剤の使用量を調整する
化学繊維は、香りづけをした場合「香りが残りやすい素材」です。衣類によって香りの強さが違うと思ったら、衣類の素材に合わせて柔軟剤の使用量を調整してみてください。

⑤脱水後はすぐに取り出して干す
脱水後、洗濯物を湿ったまま長時間放置すると、菌が増殖してイヤなニオイが発生することがあります。良い香りに仕上げるためには、すぐに取り出して干すことを心がけましょう。

⑥洗濯しても汚れやニオイが落ちづらいと感じたら「つけおき洗い」がオススメ
機能性インナーやタイツなどの素材である化学繊維は、ニオイや皮脂
傾向があります。また、極細繊維であるため、汚れが繊維の奥に入り
してもニオイや汚れが落ちにくいと感じたら、濃い目の洗剤液につけ
い」をしてイヤなニオイの原因である汚れを取り除いておきましょう

■首周りのアイテム、ストールやマフラーに香りをつけておく

人と会う際に、顔に程近いストールやマフラーに香りをつけておくと
的です。これらのアイテムは、首や顔に触れて汚れやすいので、洗える
はおしゃれ着用洗剤で洗い、柔軟剤で仕上げて香りづけしましょう。

3

POINT 3

キーパーソンを上手に売り込む

商品だけでなくキーパーソンを切り口とした取材の誘致を狙っている。

商品の特長をリリースの論旨に沿ってアピール。

4枚目

着用中に少し香りが弱くなったと感じたら、柔軟剤と同じ香りの「香りづけミスト」をスプレーしましょう。

■なかなかクリーニングに出せないコートには「香りづけミスト」を使う

コートやジャケットは、食事会などでニオイがついても頻繁にクリーニングには出せないアイテムです。そんなときは、「香りづけミスト」を使いましょう。香りづけミストには、消臭、除菌・抗菌、防臭効果もあるので、イヤなニオイを消して清潔な香りにして身につけることができます。

【商品情報】プリンセスをイメージさせるロイヤルローズアロマの香りの柔軟剤と香りのミスト
『ソフラン アロマリッチ ダイアナ』

ダイアナの香りは、
華やかで凛とした女性をイメージして作られた香り。
イングリッシュローズの華やかで清らかな香りをパウダリーな甘さでふわっと包み込んでいます。
一度出逢ったら忘れられなくなる香りです。

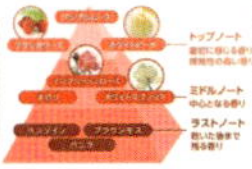

■ソフラン アロマリッチ ダイアナ（柔軟剤）

＜商品特長＞
①アロマ香料を閉じ込めた「アロマカプセル」が、着用中の衣類の擦れなどによって時間差ではじけるので、生まれたての香りが１日中楽しめる
②天然アロマオイル配合。ヴェールをまとうように、奥深いアロマの香りが１日中続く
③植物生まれの柔軟成分がセンイ１本１本まで柔らかく仕上げ、静電気も防ぐ
④防臭・抗菌効果で衣類につく汗やタバコなどのイヤなニオイを抑える

本体 600ml
つめかえ用 450ml

■ソフラン アロマリッチ香りのミスト ダイアナの香り（衣類・布製品用香りづけ剤）

＜商品特長＞
①アロマのヴェールで清潔な香りが１日中つづく
消臭・除菌・抗菌・防臭機能を発揮した上で香りづけすることで清潔な香りが１日中つづく。
②天然アロマオイル配合
③毎回は洗わない衣類や、カーテン・寝具などにスプレーするだけで気になるニオイもしっかり消臭、奥深い香りが楽しめる
④しわとり効果もある

本体 200ml
つめかえ用 180ml

＜ソフラン アロマリッチのブランドサイト＞
http://soflan.lion.co.jp/aromarich/

お問い合わせ窓口
＜報道関係の方＞　ライオン株式会社 [redacted]

4

続いていよいよ専門家のページです。ここでは「お洗濯マイスター」の山縣義文さんが、柔軟剤の上手な使い方を紹介。**キーパーソンを自然な形で登場させ、売り込むことに成功しています**。メディアには社員を取材したいという希望も多く、商品だけを載せるよりも取材のきっかけが広がります。ただしマイスターは自社製品の使い方や有用性を伝える一方で、暮らしに役立つ情報の発信者であることを第一としていることから、製品の紹介は4枚目に集約しています。

このリリースを配信した後、全国紙に山縣さんのお洗濯情報が掲載されたり、女性誌やファッション誌に山縣さんが登場したりと、様々な派生を見せています。直接的にアロマリッチが載らなくても、「ローズの香り」という言葉が入ったり、山縣さんが登場したりすることでライオン商品のPRになっているのです。また冬に配信しておくと、春の衣替えの〝しまい洗い〟で取り上げてもらえることもあります。既発の商品については、よほどのきっかけがなければ大きく取り上げられることは難しくなります。その分、地道に目に触れていくことが大切なのです。

オウンドメディアによる接点も

ところで、快適生活研究所では「Ｌｉｄｅａ」という生活情報サイトを運営しており、広報的にも重要な役割を果たしています。季節に合った情報発信や読者からの質問に答えるなど、マイスターたちが記事を執筆しており、ここからリリースに転用することもあります。

メディアは企画を立てる際にまずインターネットで検索するので、「Ｌｉｄｅａ」の記事にたどり着き、「専門家のコメントが欲しい」と取材につながることも多いそうです。一度メディアに出始めると、世の中でも専門家として認識され、また次の取材につながっていきます。

新商品ばかりに力を入れるのでなく、既発商品を「育てていく」ことも広報の重要な役割だと改めて思いました。「社内の情報を掘り起こし、お客さまや社会のニーズを見極めながら暮らし情報を組み込んで、情報づくりをしています。快適生活研究所という組織を上手に活かしていきたいです」と広報の伊野波さん。研究所までつくるのはトップの理解が必要でハードルが高いかもしれませんが、その精神は他の企業も見習えるものではないでしょうか。

File.10
タイガー魔法瓶

製品説明を写真・図解メインに一新

商品機能を効果的に伝える理解促進型リリース

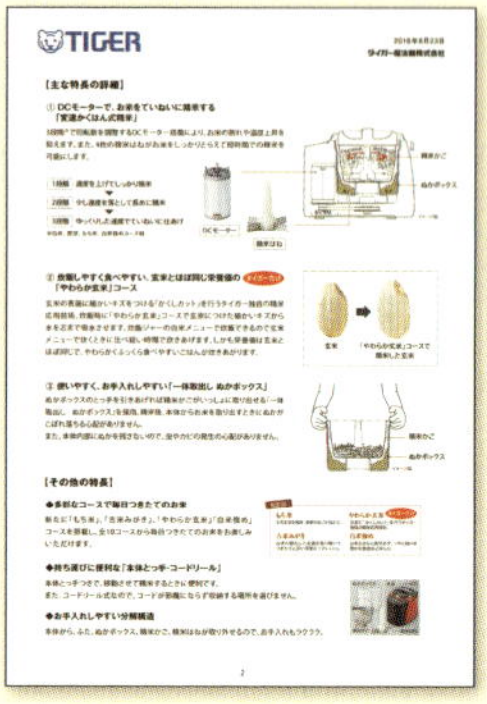

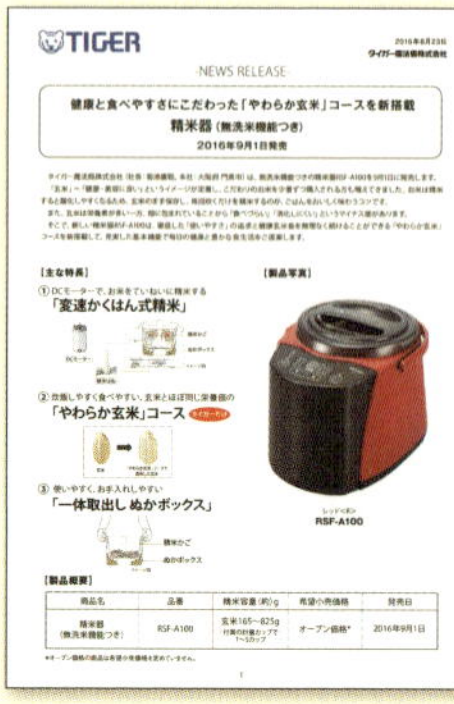

カタログや取扱説明書も担当

スペックが重要な分野のリリースというのは、説明しようとするあまり往々にして枚数が多くなりがちです。この問題を上手に解決している例として、タイガー魔法瓶のリリースに着目しました。

取り上げるのは2つのリリース。ひとつ目は2016年9月1日に発売した、「やわらか玄米」コースを搭載した精米器です。2011年に起きた東日本大震災後、新しい米が手に入らず在庫のあった古米を精米するために精米器の需要が高まったそうです。それ以降も、おいしいご飯を食べたいというこだわりを持った方のニーズがあり、年間3万～4万台（日本電機工業会加入社分のみ集計）が購入されています。

食品は私も詳しいジャンルですが、米は精米した瞬間から酸化が始まるので、炊く前に精米すると一番おいしく炊けます。また玄米は体の中で消化されづらいと言われており、糖質制限ダイエットの観点から愛好する女性も増加しています。こうした健康志向の高まりから、精米器はコンスタントに売れているのです。「炊飯ジャーも高価格帯の商品が人気で、購入する商品の平均単価は年々上がっています。外食などでぜいたくをするよりも、毎日食べるものをおいしく食べたいという思いが強まっているようです」と広報宣伝チームの林優紀さんは言います。

一方で「玄米は固くて食べづらい」という声もよく聞かれます。そこで玄米の表面に細かい傷をつけて水分を吸収しやすくし、軟らかく食べやすくしたのがリリースの商品です。これはタイガー独自の画期的な方法で、1年半かけて開発したそうです。

ではそのリリースを見てみましょう。**3枚展開で、シンプルな全体構成が非常に分かりやすいです**。本商品の特長を3つに絞り込み、1枚目ではダイジェストを、2枚目ではその詳細を、3枚目には商品データをまとめている、私の推奨する理想的な構成です。注目してほしいのは、このリリースにはほとんど本文がありません。**6行のリードで開発の経緯から商品の特長までを簡潔に説明してしまっているのです**。そして本文のスペースは写真や図解がメインで、文章はその説明だけという潔さです。

林さんによれば、リリースの構成は2015年から様々な形を試みており、同年6月の新商品リリースは6枚で、この時の倍の枚数がありました。前述のように、商品説明を詳しく入れて長くなってしまうパターンです。その後、改善して3枚に減らしたものの、1枚目の文字情報が多くなりすぎたといいます。そして試みたのがこのパターン。ここまでスッキリしたリリースは（しかも機械製品で）あまり見たことがなく、長くなりがちなリリースのひとつの改善策と言えます。

そうなると重要なのがビジュアルの使い方。**このリリースでは写真、イラスト、表組みなど様々なビジュアルを使いこなしており、しかも無駄がありません**。P100でも触れましたが、その要因として考えられるのが、タイガーの社内システムです。林さんらが在籍する広報宣伝チームは広報だけでなく広告や印刷物全般も担当しているため、商品カタログはもちろん、パッケージや取扱説明書まで一貫して担当しています。カタログ用につくったビジュアルなどをすべて把握しているので、リリースにも有効なビジュアルを選ぶことができるのです。開発の段階から関わっているので、商品知識が豊富だという利点もあります。逆にリリースが長くなりそうですが、取扱説明書とリリースは読み手が異なると考えて頭を切り替えているようです。広報担当者が取扱説明書も作成しているという企業は私が知る限り初めてでびっくりしましたが、意外といいシステムかもしれませんね。

「魅せランチ」という造語で訴求

２つ目に取り上げるのは、ステンレスカップと透明なカップを組み合わせた「ＬＵＮＣＨ ＣＵＰ」です。それぞれスープ類またはライス、野菜などを入れてお弁当にします。

数年前に不況の影響で外食を控えて弁当をつくる人が増えたり、お母さんが子どもにつくるキャラ弁が人気になったりとお弁当に対する意識が高まりました。一方で街中にスープ店が増えて、スープとおにぎり、あるいはスープとサンドイッチという食スタイルの人気も女性を中心に高まりました。タイガーでも他社に追随する形で２０１２年にステンレス製のカップを発売。朝の忙しい時間にスープのベースと食材を入れておくだけで、保温機能によって昼食のころにはおいしいスープができあがっているという「保温調理」がブームとなり、雑誌などでも紹介されました。現在では年間20万個の市場に成長しています。

やがてＴｗｉｔｔｅｒやＦａｃｅｂｏｏｋ、Ｉｎｓｔａｇｒａｍで自分の弁当を発表する場ができると、お

POINT 2

リードで開発理由を的確に記述

なぜ商品開発に至ったのかを簡潔に表現している

※簡潔であるが説得力がある。

1枚目

TIGER

2016年8月23日
タイガー魔法瓶株式会社

-NEWS RELEASE-

健康と食べやすさにこだわった「やわらか玄米」コースを新搭載

精米器（無洗米機能つき）

2016年9月1日発売

タイガー魔法瓶株式会社（社長：菊池嘉聡、本社：大阪府 門真市）は、無洗米機能つきの精米器RSF-A100を9月1日に発売します。

「玄米」＝「健康・美容に良い」というイメージが定着し、こだわりのお米を少量ずつ購入される方も増えてきました。お米は精米すると酸化しやすくなるため、玄米のまま保存し、毎回炊くだけを精米するのが、ごはんをおいしく味わうコツです。

また、玄米は栄養素が多い一方、殻に包まれていることから「食べづらい」「消化しにくい」というマイナス面があります。

そこで、新しい精米器RSF-A100は、徹底した「使いやすさ」の追求と健康玄米食を無理なく続けることができる「やわらか玄米」コースを新搭載して、充実した基本機能で毎日の健康と豊かな食生活をご提案します。

【主な特長】

① DCモーターで、お米をていねいに精米する
「変速かくはん式精米」

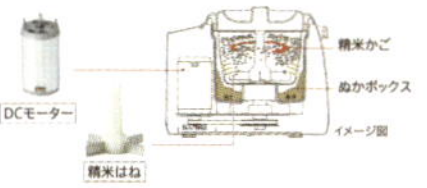

② 炊飯しやすく食べやすい、玄米とほぼ同じ栄養価の
「やわらか玄米」コース タイガーだけ

③ 使いやすく、お手入れしやすい
「一体取出し ぬかボックス」

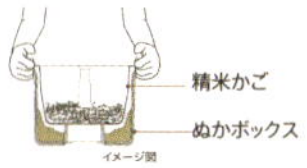

【製品写真】

レッド<R>
RSF-A100

【製品概要】

商品名	品番	精米容量（約）g	希望小売価格	発売日
精米器（無洗米機能つき）	RSF-A100	玄米165〜825g（付属の計量カップで1〜5カップ）	オープン価格*	2016年9月1日

*オープン価格の商品は希望小売価格を定めていません。

1

POINT 1

全体の構成がシンプルで分かりやすい

商品内容を伝えるために①〜③の3段階で構成。

※ページごとに読み進められるようになっている

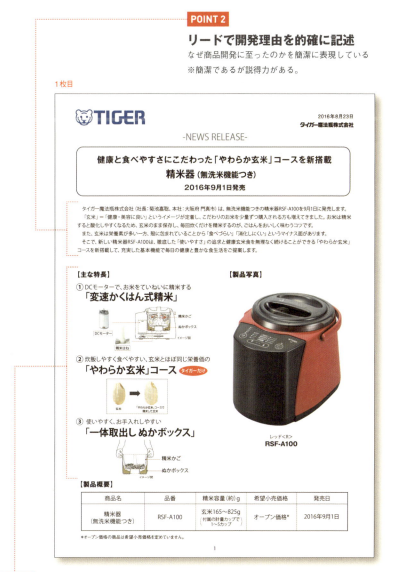

2枚目

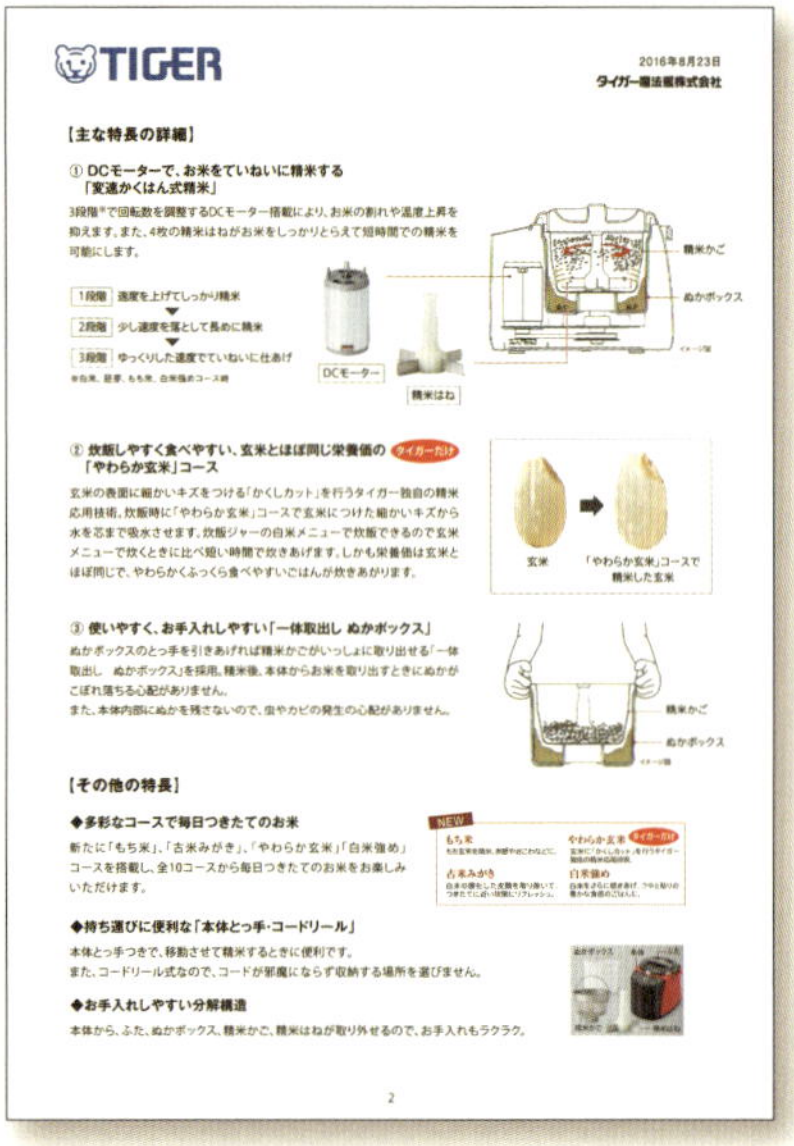
TIGER

2016年8月23日
タイガー魔法瓶株式会社

【主な特長の詳細】

① DCモーターで、お米をていねいに精米する
「変速かくはん式精米」

3段階※で回転数を調整するDCモーター搭載により、お米の割れや温度上昇を抑えます。また、4枚の精米はねがお米をしっかりとらえて短時間での精米を可能にします。

1段階 速度を上げてしっかり精米
2段階 少し速度を落として長めに精米
3段階 ゆっくりした速度でていねいに仕あげ

② 炊飯しやすく食べやすい、玄米とほぼ同じ栄養価の タイガーだけ
「やわらか玄米」コース

玄米の表面に細かいキズをつける「かくしカット」を行うタイガー独自の精米応用技術。炊飯時に「やわらか玄米」コースで玄米につけた細かいキズから水を芯まで吸水させます。炊飯ジャーの白米メニューで炊飯できるので玄米メニューで炊くときに比べ短い時間で炊きあげます。しかも栄養価は玄米とほぼ同じで、やわらかくふっくら食べやすいごはんが炊きあがります。

③ 使いやすく、お手入れしやすい「一体取出し ぬかボックス」

ぬかボックスのとっ手を引きあげれば精米かごがいっしょに取り出せる「一体取出し ぬかボックス」を採用。精米後、本体からお米を取り出すときにぬかがこぼれ落ちる心配がありません。
また、本体内部にぬかを残さないので、虫やカビの発生の心配がありません。

【その他の特長】

◆多彩なコースで毎日つきたてのお米

新たに「もち米」、「古米みがき」、「やわらか玄米」「白米強め」コースを搭載し、全10コースから毎日つきたてのお米をお楽しみいただけます。

◆持ち運びに便利な「本体とっ手・コードリール」

本体とっ手つきで、移動させて精米するときに便利です。
また、コードリール式なので、コードが邪魔にならず収納する場所を選びません。

◆お手入れしやすい分解構造

本体から、ふた、ぬかボックス、精米かご、精米はねが取り外せるので、お手入れもラクラク。

2

3枚目

TIGER

2016年8月23日
タイガー魔法瓶株式会社

【製品仕様】

レッド<R>
RSF-A100

品名	精米器（無洗米機能つき）
品番	RSF-A100
希望小売価格	オープン価格*
定格消費電力(W)	300
精米容量(約)g	玄米 165～825（付属の計量カップで1～5カップ）
サイズ 幅×奥行×高さ(約)cm	22.7×30.1×23.6
本体質量(約)kg	3.6
定格時間	10分
精米時間(白米5合コース)目安	2分45秒
色柄	レッド<R>
発売日	2016年9月1日

このリリースに関するお問合せ先
タイガー魔法瓶株式会社 広報室

3

弁当のお洒落化が加速。きれいに見せるために透明なクリアカップを付けたのが、この商品のポイントです。

リリースを見ると、タイトルの「魅せランチ」というキーワードが目に飛び込んできます。これは商品企画チームと広報チームが「何か仕掛けたい」と考えてアイデアを出し合い、10以上の候補の中から選んだもの。一見、プロのコピーライターが考えたかのような秀逸なコピーで、メディアもこのキーワードとセットで紹介し、若い女性に人気のキュレーションメディア「MERY」や日経MJなどにも取り上げられました。

製品の利用シーンも提案する

以前にもこのコーナーで触れたように、電化製品には商品名がなく、製品番号だけということも多いのです。電気ポットの「とく子さん」

番外

メディア向け商品コンセプトをつくっている

「ステンレスカップの弁当」でなく、「魅せランチ」という造語によってメディアを引き付けている。

1枚目

2枚目

3枚目

POINT 3

ビジュアル使いが巧み

イラストや写真、表など様々なビジュアルを使いこなし、ビジュアルのみでも商品特徴が伝わるように工夫されている。

が有名なタイガーでもその状況に変わりはなく、「LUNCH CUP」は名前がありますが、精米器には特別な名前はありません。私はPRの観点から「商品名を付けるべき」と声を大にして言い続けていますが、付いていない場合は「魅せランチ」のようなキーワードを考案すると広報活動もスムーズになるでしょう。

このリリースでは、実際に「LUNCH CUP」を利用しているシーンの写真を使っています。消費者はよりニッチな機能に特化した調理家電を求めるようになりましたが、「機能だけではなく、その商品を使うとどのような暮らしができるか、生活シーンを含めて提案することが重要だと感じています」と林さん。メディアからもそんなイメージを想起させる写真素材を求められることが増えているそうで、近年「モノ消費からコト消費へ」と言われる現象が、ここにも表れています。

File.11
宝島社

30年前の漫画を復刊 55万部の大ヒットに

ヒット企画へ飛躍させる達成数字（請求）型リリース

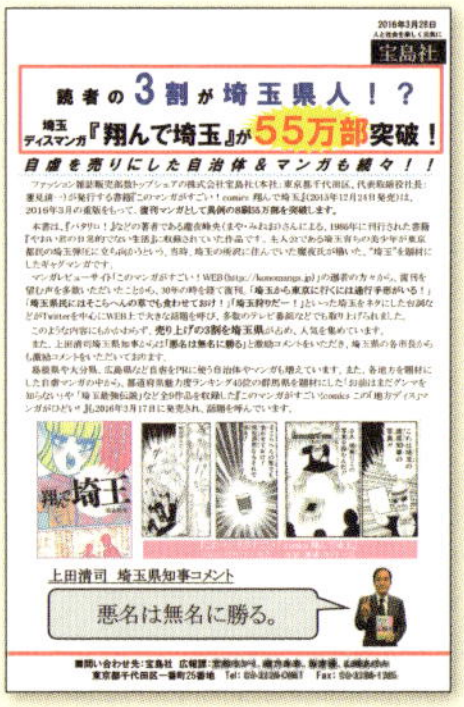
2016年3月28日
人と社会を楽しく元気に
宝島社

読者の3割が埼玉県人！？
埼玉ディスマンガ『翔んで埼玉』が55万部突破！
自虐を売りにした自治体＆マンガも続々！！

上田清司 埼玉県知事コメント
悪名は無名に勝る。

『翔んで埼玉』、ついに55万部突破！
埼玉県知事・各市長からも応援コメント続々！！

埼玉県の各市長の皆様からも続々と…！

市長、次の選挙応援します！

≪取材・スケジュール調整などお気軽にご連絡ください！≫

埼玉県全市長にコメントを依頼

1980年代、『パタリロ！』（白泉社）で一世を風靡した魔夜峰央さんの『翔んで埼玉』（宝島社）というギャグ漫画が復刊され、発行部数62万部突破のベストセラーになっています。この漫画は約30年も前に描かれた作品で、しかも埼玉県のことをひどくディスっている（罵倒している）内容なのですが、Ｙａｈｏｏ！ニュースのトップや情報番組、『月曜から夜ふかし』（日本テレビ）などのバラエティ番組、週刊誌や日経新聞、朝日新聞など幅広いメディアで取り上げられました。

発売したのは2015年12月24日のことです。宝島社では「このマンガがすごい！」という漫画レビューサイトを運営しており、毎月様々な選者が選んだ新刊漫画ランキングを発表しています。その選者たちから「すごい作品がある」と復刊を求める声が集まったことで遂に単行本の刊行へ。活気ある同サイトでも復刊にまで至る作品は滅多にないそうです。発売当初からネットなどで話題が沸騰し、2016年1月には累計部数30万部を突破しました。広報課では折に触れて「アトパブ」（発売後のさらなるパブリシティ拡大を狙ったリリース）を配信しており、今回紹介するのはその第4弾と5弾です。

まず3月28日に配信した第4弾。**ビジュアルを重視しており、一見してインパクトのあるリリースです**。中でも漫画のダイジェストに目が行きます。「テレビ番組で紹介されるときも、ナレーションで面白いコマを読み上げることが多く、紙芝居のように特徴的なコマを並べるのが効果的だと思いました」と広報課課長の山崎あゆみさんは説明します。

随所にリリース特有のテクニックも見られます。例えば**タイトルに「3割」「55万部」という数字を入れていることや、本文の重要な箇所は太字にしていることなど**。特に重要なのが、1枚目に上田清司・埼玉県知事、2枚目に藤本正人・所沢市長や工藤正司・行田市長、大久保勝・飯能市長のコメントを入れたこと。**公人を出すことで、意外性と説得力を持たせることができます**。

これは、広報課が埼玉県の全市長に送本してコメントを依頼するという果敢なアタックを展開し、返事が戻ってきた分を活用しています。この漫画は埼玉にまつわるブラックジョークが満載なので、「不謹慎だ」など批判される可能性もあり、刊行前は評判がどちらに転ぶか分からない不安要素がありました。結果的には多くの人がユーモアと受け止め大ヒットしましたが、それでもメディアとしては扱っていいのかを迷うわけで、実際に一度、テレビ番組からのオファーが流れてしまったこともあったといいます。テレビは最大多数の視聴者を不快にさせないことを目指すメディアだからです。

そこを乗り越えるためには「お墨付き」が必要と考え、広報が仕掛けたのが市長コメントでした。タイトルの「読者の3割が埼玉県人!?」というPOSデータも、「当事者たちも面白がっていて、決して嫌がってはいない」と証明するための数字です。

さらにこの後、チャンスが訪れます。本書が話題になっていたため、埼玉県が主催する観光交流会に宝島社も招待されたのです。県知事もやって来ると聞き、編集者と広報で出向いて手に入れたのが1枚目の写真とコメント。ピースサインまでして、ノリノリで応じてくれたことが分かります。市長や作者のコメントと一緒に2枚目に入れるのでなく、県知事を目立たせたいと1枚目に移したそうです。これらの要素が揃ったことで「県知事や県民も納得しているなら」と、テレビでの露出も増え、まさに広報の作戦勝ちでした。

面白いのは**2枚目の冒頭が囲み枠になっていて、まるでタイトルがもうひとつあるように構成している点です**。同社ではリリースをファクスでも配信しているため、受信先でバラバラになってしまっても理解できるようにとの配慮ですが、1枚目と2枚目で強調することにより、訴求効果を高めています。さらに「地方をディスる漫画だけを集めたアンソロジーも刊行」「自虐ネタでPRする地方自治体が増えている」などの周辺情報も盛り込み、多数の切り口を用意したことで、『あさチャン！』（TBS）では地方の自虐PRの切り口で、『ノンストップ！』（フジテレビ）ではコマを読み上げて楽しむなど、番組のカラーに合った取り上げられ方が可能になりました。

好調持続でロングセラーに発展

半月後の4月15日に配信した第5弾は、新所沢パルコとのコラボ企画。リニューアルオープンするパルコから広告やイベントでコラボしたいとのオファーが来たのです。作者である魔夜さんのトークショー&サイン会は平日開催にもかかわらず、整理券配布から2日で定員に達し、記念撮影スポットなどの企画は期間延長とな

1枚目

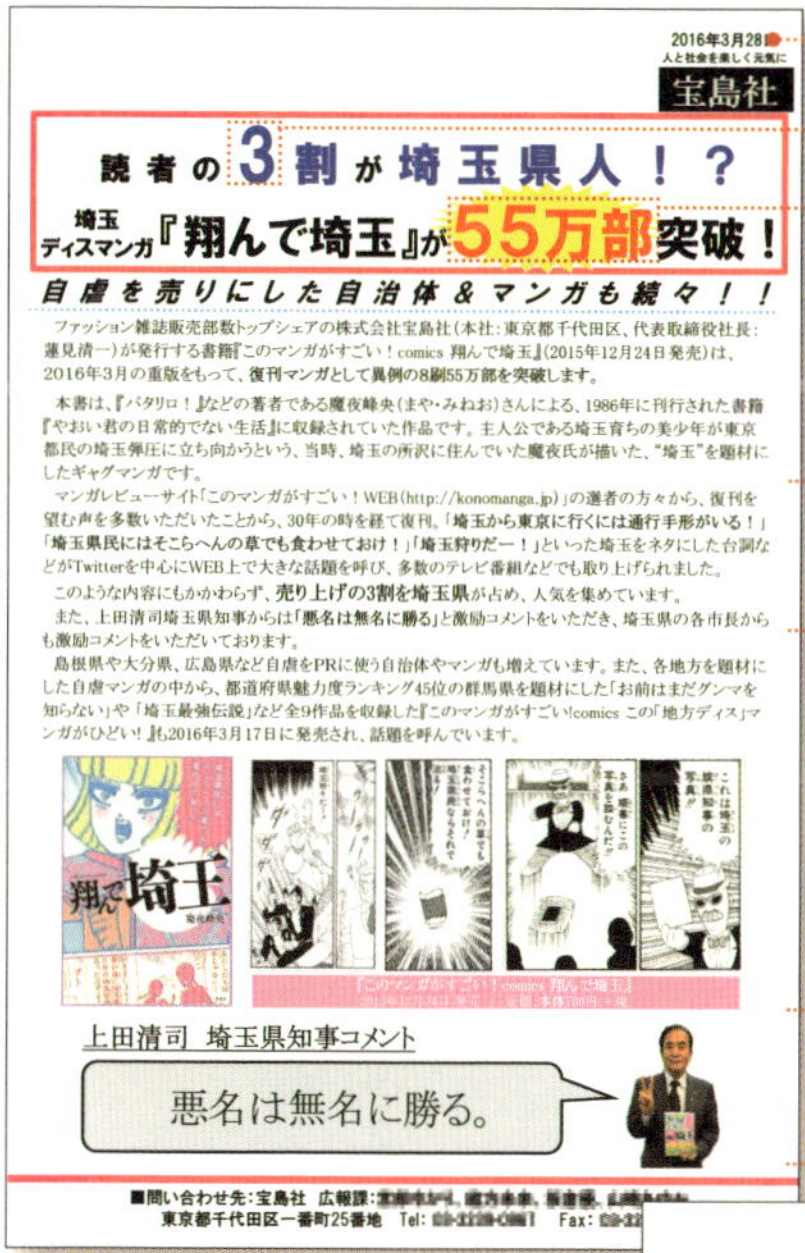

2016年3月28日
人と社会を楽しく元気に
宝島社

読者の3割が埼玉県人！？
埼玉ディスマンガ『翔んで埼玉』が55万部突破！

自虐を売りにした自治体＆マンガも続々！！

ファッション雑誌販売部数トップシェアの株式会社宝島社（本社：東京都千代田区、代表取締役社長：蓮見清一）が発行する書籍『このマンガがすごい！comics 翔んで埼玉』（2015年12月24日発売）は、2016年3月の重版をもって、**復刊マンガとして異例の8刷55万部を突破します。**

本書は、『パタリロ！』などの著者である魔夜峰央（まや・みねお）さんによる、1986年に刊行された書籍『やおい君の日常的でない生活』に収録されていた作品です。主人公である埼玉育ちの美少年が東京都民の埼玉弾圧に立ち向かうという、当時、埼玉の所沢に住んでいた魔夜氏が描いた、"埼玉"を題材にしたギャグマンガです。

マンガレビューサイト「このマンガがすごい！WEB（http://konomanga.jp）」の選者の方々から、復刊を望む声を多数いただいたことから、30年の時を経て復刊。**「埼玉から東京に行くには通行手形がいる！」「埼玉県民にはそこらへんの草でも食わせておけ！」「埼玉狩りだー！」**といった埼玉をネタにした台詞などがTwitterを中心にWEB上で大きな話題を呼び、多数のテレビ番組などでも取り上げられました。

このような内容にもかかわらず、**売り上げの3割を埼玉県**が占め、人気を集めています。

また、上田清司埼玉県知事からは**「悪名は無名に勝る」**と激励コメントをいただき、埼玉県の各市長からも激励コメントをいただいております。

島根県や大分県、広島県など自虐をPRに使う自治体やマンガも増えています。また、各地方を題材にした自虐マンガの中から、都道府県魅力度ランキング45位の群馬県を題材にした「お前はまだグンマを知らない」や「埼玉最強伝説」など全9作品を収録した『このマンガがすごい!comics この「地方ディス」マンガがひどい！』も2016年3月17日に発売され、話題を呼んでいます。

『このマンガがすごい！comics 翔んで埼玉』

上田清司　埼玉県知事コメント

悪名は無名に勝る。

■問い合わせ先：宝島社　広報課：[redacted]
東京都千代田区一番町25番地　Tel：[redacted]　Fax：[redacted]

POINT 1

POPのように、全体の印象が強くインパクトがある

カラフルで華やかなビジュアルを重視。個性的で目立つとともに記憶に残る。

POINT 2

随所にリリーステクニックを駆使している

- タイトルに数字
- ポイントを太字
- 公人コメントを掲載　など

2枚目

『翔んで埼玉』、ついに55万部突破！
埼玉県知事・各市長からも応援コメント続々！！

埼玉県の各市長の皆様からも続々と…！

◇所沢市長　藤本正人氏
『パタリロ！』の作者が、こんな本も出されていたとはついぞ知りませんでした。埼玉のそして所沢の宣伝をしていただき、苦笑しながら感謝しています。魔夜峰央先生は所沢にお住まいだったとのことで、とてもうれしく思います。この漫画がどんどん宣伝され、日本中に広まればさらにうれしいです。感想を、というので家に本を持ち帰ったところ「お父さんも買ったの？」と娘に言われました。既に買って読んでいたのだ･･･。ええいっ、こうなれば鬣・麒麟の活躍とブームが本市に吉と出ることを願いたい。

◇行田市長　工藤正司氏
『翔んで埼玉』は、良い意味で読者の想像を裏切る展開で、大変楽しく読ませていただきました。約30年を経て、今の埼玉であればどのように描かれ、どのような結末を迎えるのか、続編があれば読んでみたいと思います。埼玉県は災害が少なく暮らしやすい土地柄もあって、おおらかな人が多いと言われていますが、この勢いにのって、全国各地に埼玉の魅力をどんどんPRしていきたいですね。機会がありましたら、「埼玉県名発祥の地」行田市にもぜひお越しください。

◇飯能市長　大久保勝氏
『翔んで埼玉』により、さまざまなところで埼玉県が話題になっているとのことで、魔夜峰央先生とこの作品の人気の高さを感じるところです。本市内の書店でも大きく取り上げられており、大変注目されていることがうかがえます。今後は埼玉県のみならず、わがまち飯能市もぜひ取り上げていただきたいと思います。

市長、次の選挙応援します！

【プロフィール】魔夜峰央（まや・みねお）
1953年生まれ、新潟県出身、横浜在住。
1973年、「デラックスマーガレット」（集英社）でデビュー。1978年、「花とゆめ」（白泉社）にて代表作『パタリロ！』の連載を開始。『パタリロ西遊記！』などのスピンオフ作品を生む大ヒット作となる。1982年、フジテレビ系列で『パタリロ！』がアニメーション化。現在、「花LaLa online」（白泉社）にて『パタリロ！』を連載中。また、「まんがライフ」（竹書房）にて年に1回、『眠らないイヴ』を連載している。

著者
魔夜峰央（まや・みねお）氏

『このマンガがすごい！comics この「地方ディス」マンガがひどい！』
2016年3月17日 発売
定価：本体700円＋税

『お前はまだグンマを知らない』著者：井田ヒロト
『増補改訂版 東京都北区赤羽』著者：清野とおる

■収録作品■
・「お前はまだグンマを知らない」
・「増補改訂版 東京都北区赤羽」
・「ジャポニズム47」
・「登別沈没」
・「発動！D-4計画」
・「埼玉最強伝説」
・「47都道府県擬人化バトル よとしち！」
・「地方は活性化するか否か」
・「翔んで埼玉」
全9作品収録

《取材・スケジュール調整などお気軽にご連絡ください！》
■問い合わせ先：宝島社　広報課：[redacted]
東京都千代田区一番町25番地　Tel：[redacted]　Fax：[redacted]

POINT 3

2枚目冒頭にもタイトルのような仕掛け

1枚目だけでなく2枚目もタイトルのような体裁に。サブタイトルを1枚目と異なる切り口で表現。

※二重で伝え、強調することで効果を高めている

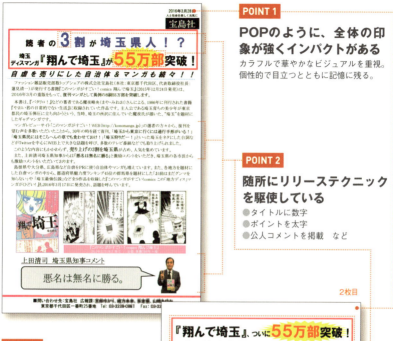

る人気ぶり。それまでは主に全国メディアが取り上げていたのが、このイベントは魔夜さんが地元に来るとあってテレビ埼玉でも取り上げられ、地元での再プッシュにつながりました。このオファーがあったのも、所沢市長が好意的なコメントを寄せていた下地があったからかもしれません。

『翔んで埼玉』は、その後もコンスタントに売れ続けており、一過性のブームではなくロングセラーになるようにアトパブが機能してきたことが分かります。実際に広報の目標も「好調を持続し、テレビまでたどり着くこと」だったといいます。

宝島社は現在も創業社長が会社の指揮をとっています。蓮見清一社長は非常に広報マインドのある経営者で、さらに「良い本は長く売れる」との信念があるそうです。「出版業界では書店さんも一定期間売ったら『もう売り切った』と思い込む傾向があるように感じます。ですが文豪の小説が時代を超えて売れるように、面白い本は普遍的に売れ続けるもので、それをバックアップしていくのが広報の役割だと思います」と山崎さんはいいます。

積極的な突撃訪問で掲載へ

ところで今回の取材で最も斬新だったのが、テレビ局へのアプローチでした。同社では、瞬発力があり売れ行きへの影響が大きいテレビへの露出を重視しているといいます。午前から昼、午後の情報番組やワイドショーが主なターゲットですが、テレビの担当者は連絡が取りづらいし、敷居が高いと感じる広報も多いはずです。ところが広報課の緒方未来さんは、アポイントなしでも、「今、近くに来ているので少しお時間よろしいですか？」と訪問を繰り返していき、番組内での紹介に結び付けています。「雑誌の新しい号が出たので、

イベントリリース

2016年４月15日に配信した新所沢パルコとのコラボイベントのリリース。

人と社会を楽しく元気に
宝島社
2016年4月15日

「翔んで埼玉」が全面ジャック！？

55万部突破の埼玉ディス漫画『翔んで埼玉』に
新所沢パルコから異例のコラボオファー？！

大規模コラボで、『翔んで埼玉』広告が続々！！

パルココラボポスター

ファッション雑誌販売部数トップシェアの株式会社宝島社(本社：東京都千代田区、代表取締役社長：蓮見清一)が発行する書籍『このマンガがすごい！comics 翔んで埼玉』(2015年12月24日発売)は、このたび「新所沢パルコ」とコラボレーションし、2016年4月28日より、「新所沢パルコ」グランドリニューアル企画を盛り上げます。

本書は、『パタリロ！』などの著者である魔夜峰央(まや・みねお)さんによる、"埼玉"を題材にしたギャグマンガです。本書では、「埼玉から東京に行くには通行手形がいる！」「埼玉県民にはそこらへんの草でも食わせておけ！」「埼玉狩りだー！」といった埼玉をネタにした台詞が多数登場しているにもかかわらず、上田清司埼玉県知事や藤本正人所沢市長からも応援コメントをいただき、**売り上げの3割を埼玉県**が占め、**累計55万部突破**の人気を集めています。今回も、2016年4月28日(木)のグランドリニューアルを機に、「一緒に新所沢を盛り上げたい」と新所沢パルコからオファーをいただき、異例のコラボレーションが実現しました。

"翔んで埼玉祭"と銘打ち、コラボレーションしたポスターや看板、交通広告、新聞広告まで実施。新所沢パルコでは、魔夜先生によるトークショー&サイン会、原画展などのイベントも行われ、記念撮影用パネルも作成、オリジナルふせんなども配布される大規模な企画となります。

当日のイベントや著者・魔夜さんへの取材も相談可能です。お気軽にお問い合わせください。

異例のコラボで、トークショーや交通広告まで実施！！

＜新所沢パルコ・西武線沿線駅に『翔んで埼玉』広告が続々登場！＞
新所沢パルコ店内はポスターやフラッグの掲示はもちろんのこと、
西武線沿線駅にはポスター、西武池袋線・新宿線では車内吊り広告も掲示！

＜記念イベント「翔んで埼玉祭」＞
著者・魔夜先生に会えるトークショー＆サイン会はもちろん、ポストカードやふせんのプレゼントをはじめ、来場者が記念に押せるスタンプ、『翔んで埼玉』の原絵を背景に、記念写真撮影ができるスポットも設置！
名セリフ吹き出しの小道具も用意していますので、マンガの登場人物になりきって写真を撮影できます。

↑ 記念撮影用パネル

※こちらにも、情報がアップされております※
「このマンガがすごい！WEB」特設ページ　http://konomanga.jp/special/tondeshintokorozawa

翔んで埼玉×新所沢パルコ

店頭大型広告(H130cm×W570cm)

店内広告(フラッグ)

ダイレクトメール

記念スタンプ

オリジナルグッズ・ふせん

※デザイン制作中により、変更の可能性がございます。

『翔んで埼玉』著者・魔夜峰央先生トークショー＆サイン会概要
【日時】5/3(火・祝)14:00～(トークショー)/14:30～(サイン会)
【場所】新所沢パルコ1Fガレリア(パルコ館とレッツ館の間のアーケードスペース)
【参加条件】
4/28(木)以降、新所沢パルコにて『このマンガがすごい!comics 翔んで埼玉』、または『このマンガがすごい! comics この「地方ディス」マンガがひどい！』(宝島社刊)をお買い上げの先着100名様
※4/28(木)は朝10時より12時まで、新所沢パルコ1Fガレリアにてリブロックスによる対象書籍の販売と整理券配布を行います。
※4/28(木)12時以降、整理券がまだある場合は、新所沢パルコ レッツ館3F リブロブックスにて対象書籍の販売と整理券配布を行います。
【内容】魔夜先生の所沢時代の思い出、作品制作の裏話などを、所沢出身の女性MCとの掛け合いで語っていただきます。
★著者・魔夜さんへの取材も相談可能です。お気軽にお問い合わせください。
★トークショー＆サイン会の詳細は新所沢パルコwebをご確認ください。

見本をお持ちしました、というぐらいの気持ちでお邪魔しています。若いADさんしか手が空いていないときもありますが、だんだん『何曜日の何時ごろ来るといいよ』とか、『そういう話題なら何曜日のディレクターさんがいいよ』などと教えてくれるようになります」と笑顔で話してくれます。

山崎さんも緒方さんもなるべく番組はチェックするようにして、自社の本と類似の話題が出たときはその番組にアプローチするなど、地道かつ積極的に動いています。この行動力は見習いたいものですね。そうそう、リリースの連絡先には名字だけでなく、必ずフルネームを載せているのもいいところで、それで性別だけでなく、ある程度年代も伝わるものです。

File.12
ジェットスター・ジャパン

航空会社なのに？　意外性で心をキャッチ

ビジュアルインパクトで興味喚起型リリース

Jetstar

2017年1月26日

ジェットスター・ジャパン株式会社

スマホひとつで旅に出て、おいしいクーポンでさらにおトクに
ジェットスター、モバイル搭乗券利用で
「ガスト」のクーポン券プレゼント！

ジェットスター・ジャパン株式会社（本社：千葉県成田市、代表取締役会長 片岡 優、以下、ジェットスター・ジャパン）は、2017年2月1日（水）～4月30日（日）の期間、モバイル搭乗券をご利用いただいた方を対象に、クーポンをプレゼントするキャンペーンを実施します。

ジェットスター・ジャパンは現在運航する国内LCCとして唯一スマートフォンアプリ、モバイル搭乗券の運用を行っており、ご予約からご搭乗までのお手続きを全てアプリ上で行うことが可能です。今回のキャンペーンでは、モバイル搭乗券を使って、ジェットスター国内全就航都市で国内線を利用される方を対象に、搭乗口で発行される搭乗券の控えの裏に、全国の「ガスト」で使えるドリンクバー無料クーポンを印刷し、プレゼントします。

ジェットスターは、「日本の空、世界の空を、もっと身近に」というビジョンのもと、国内LCCとして最大となる年間500万人以上のお客様にご利用いただいています。そんな多くのお客様に、このクーポンのご利用で、ファミリーレストランとして唯一、全都道府県に店舗を構え、気軽に家族、友人との時間を楽しめる「ガスト」でちゃっかりおトクに楽しんでいただければと考えています。

■キャンペーン概要
1.提供期間
2017年2月1日（水）～4月30日（日）

2. クーポン内容
Café レストランガストで使えるドリンクバー無料クーポン

3. 対象
ジェットスター便が発着する国内全11空港から出発する国内線搭乗者で、モバイル搭乗券をご利用の方

1

Jetstar

2017年2月2日

報道関係各位

ジェットスター・ジャパン株式会社

「ちゃっかり、おいしい、802円[※1]の空の旅」
"ジェットスター、ラーメン価格に挑戦セール"
～航空券がラーメン1杯の値段！？～

— セール期間：2月3日（金）18時～2月7日（火）18時 —

URL：http://www.jetstar.com/jp/ja/deals

ジェットスター・ジャパン株式会社（本社：千葉県成田市、代表取締役会長：片岡優）は、2月3日（金）18時より国内全16路線を対象とした片道802円（座席数限定）の"ラーメン価格に挑戦セール"を実施いたします。

ジェットスターは、「日本の空を、かしこく、ちゃっかり。」をコンセプトに、ひとりでも多くのお客様に気軽に旅をしていただくため、日々お手頃な運賃で空の旅を提供しております。旅先での楽しみの一つはグルメ。なかでも気軽に楽しめるグルメといえば、今や日本の国民食として全国各地に広がるラーメン。そんな1杯のラーメンを食べるような気軽さで旅に出てほしいという想いから、「ラーメン1杯に払える値段」の全国平均である802円[※2]と同じ運賃で航空券を提供するセールを行います。2月3日（金）18時より4日間、毎日18時に4路線ずつ国内全16路線が曜日限定で片道802円[※1]となるこの機会をぜひご利用ください。

国内は北海道から九州・沖縄まで、国内LCCとして最大の国内路線網[※3]を持つジェットスターを利用し、ラーメン価格でふらっとご当地ラーメンの旅をするもよし、気になるあの地へさくっと行ってみるのもよし。2017年最初の「ちゃっかり、おいしい旅」へぜひ出かけてみてはいかがでしょうか。

自社と好相性なキーワードを採用

航空会社なのに、ラーメン!? そんな卓越したインパクトのビジュアルに惹かれるジェットスター・ジャパンのリリースを紹介します。

アジア太平洋地域に路線を持つジェットスターグループ。日本ではジェットスター・ジャパン（以下、ジェットスター）が設立され、2012年に首都圏で初めて国内便をローコストで就航するなどLCC業界の牽引役です。現在も国内線の路線数は最大規模を誇っています。そんな同社が2017年2月に配信したのが、片道802円とラーメン一杯分の価格で16路線の航空券を販売するキャンペーンのリリースです。席数は100〜200席に限りました。

国内外の空の旅をいつでも安く提供することをコンセプトにしている同社は、通常価格よりさらに安い〝インパクトセール〟にも力を入れています。2016年2月には、「777円セール」を

実施して話題になりました。

このラーメン企画が動き出したのは2016年11月。「実は、同年6月に1111円セールを実施しましたが、あまりインパクトがありませんでした。そこで重要なのは数字ではない、と企画を考え直しました」とマーケティング&PR本部マーケティングマネージャーの古屋臣さんは振り返ります。

何らかの関連付けが必要だと感じ、部員がリサーチしていく中で、「ラーメン1杯に払える値段の全国平均は802円」（ジェイ・キャスト調べ／2015年1月発表）という調査データに行きあたります。「ラーメンを食べに行くような気軽さで飛行機の旅に出てみませんか？」という同社らしいメッセージも伝えられるため、この価格を採用することにしました。他にもランチの代金などが候補に挙がりましたが、庶民的で親しみ深い点でラーメンに分があったようです。関係各部署と価格の妥当性などに関する検討を経て、実施する運びとなりました。席数が埋まった場合は別料金の席を勧めており、採算は取れているそうです。

リリースを作成したのはマーケティング&PR本部コンシューマーPRマネージャーの高橋里予さん。「読み流されず、記憶に残る内容」を意識し、「ラーメン」「802円」という2つの強い要素を前面に押し出す作戦としました。

販売開始前日にネットメディアを中心に配信し、記者クラブへの投げ込みも行いました。結果、約200件のメディア掲載となり、日経MJなど新聞掲載は6件に上りました。社会性のある話題ということで、「〝安さ〟と〝ラーメン〟。両方の切り口が揃っていたからここまで伸びたのでは」と高橋さんは分析します。

古屋さんによれば、ソーシャルメディアの反応からも消費者に好意的に受け止められたことが分かったといいます。「普段はLCCの安さや価格へのコメントがほとんどですが、今回は〝企画が面白い〟〝飛行機でラーメンを食べに行きたい〟といったコメントが多く、気軽に飛行機で旅に出てほしいというメッセージが響いた

「ラーメン価格に挑戦」リリース

1枚目

Jetstar

2017 年 2 月 2 日

報道関係各位

ジェットスター・ジャパン株式会社

「ちゃっかり、おいしい、802 円[*1]の空の旅」
“ジェットスター、ラーメン価格に挑戦セール”
～航空券がラーメン 1 杯の値段！？～

— セール期間：2 月 3 日（金）18 時～2 月 7 日（火）18 時 —

URL：http://www.jetstar.com/jp/ja/deals

ジェットスター・ジャパン株式会社（本社：千葉県成田市、代表取締役会長：片岡優）は、2 月 3 日（金）18 時より国内全 16 路線を対象とした片道 802 円[*1]（座席数限定）の“ラーメン価格に挑戦セール”を実施いたします。

ジェットスターは、「日本の空を、かしこく、ちゃっかり。」をコンセプトに、ひとりでも多くのお客様に気軽に旅をしていただくため、日々お手頃な運賃で空の旅を提供しております。旅先での楽しみの一つはグルメ。なかでも気軽に楽しめるグルメといえば、今や日本の国民食として全国各地に広がるラーメン。そんな 1 杯のラーメンを食べるような気軽さで旅に出てほしいという想いから、「ラーメン 1 杯に払える値段」の全国平均である 802 円[*2]と同じ運賃で航空券を提供するセールを行います。2 月 3 日（金）18 時より 4 日間、毎日 18 時に 4 路線ずつ国内全 16 路線が曜日限定で片道 802 円[*1]となるこの機会をぜひご利用ください。

国内は北海道から九州・沖縄まで、国内 LCC として最大の国内路線網[*3]を持つジェットスターを利用し、ラーメン価格でふらっとご当地ラーメンの旅をするもよし、気になるあの地へさくっと行ってみるのもよし。2017 年最初の「ちゃっかり、おいしい旅」へぜひ出かけてみてはいかがでしょう

POINT 1

タイトルのコピーに「ツカミ」がある

- 航空会社なのに「ちゃっかり、おいしい」って何?「ラーメン価格に挑戦」するの?といった、意外な想像を読み手に湧かせることで興味を喚起
- この1行で、キャンペーン内容が瞬時に分かる

1枚目

Jetstar

2017 年 1 月 26 日

ジェットスター・ジャパン株式会社

スマホひとつで旅に出て、おいしいクーポンでさらにおトクに
ジェットスター、モバイル搭乗券利用で
「ガスト」のクーポン券プレゼント！

ジェットスター・ジャパン株式会社（本社：千葉県成田市、代表取締役会長 片岡 優、以下、ジェットスター・ジャパン）は、2017 年 2 月 1 日（水）～4 月 30 日（日）[*1]の期間、モバイル搭乗券をご利用いただいた方を対象に、クーポンをプレゼントするキャンペーンを実施します。

ジェットスター・ジャパンは現在運航する国内 LCC として唯一スマートフォンアプリ、モバイル搭乗券の運用を行っており、ご予約からご搭乗までのお手続きを全てアプリ上で行うことが可能です。今回のキャンペーンでは、モバイル搭乗券を使って、ジェットスター国内全就航都市で国内線を利用される方を対象に、搭乗口で発行される搭乗券の控えの裏に、全国の「ガスト」で使えるドリンクバー無料クーポンを印刷し、プレゼントします。

ジェットスターは、「日本の空、世界の空を、もっと身近に」というビジョンのもと、国内 LCC として最大となる年間 500 万人以上[注3]のお客様にご利用いただいています。そんな多くのお客様に、このクーポンのご利用で、ファミリーレストランとして唯一、全都道府県に店舗を構え、気軽に家族、友人との時間を楽しめる「ガスト」でちゃっかりおトクに楽しんでいただければと考えています。

■キャンペーン概要

1.提供期間
2017 年 2 月 1 日（水）～4 月 30 日（日）[*1]

2. クーポン内容
Café レストランガストで使えるドリンクバー無料クーポン[*2]

3. 対象
ジェットスター便が発着する国内全 11 空港から出発する国内線搭乗者で、モバイル搭乗券をご利用の方[*3]

1

POINT 2

タイトル連動のビジュアルが秀逸

- 一目で内容が伝わる
- ビジュアルは社内で制作したオリジナル

「ガストのクーポン券プレゼント」リリース

のかなと感じています」。

売れ行きも好調で、人気の札幌便などは販売開始から5分で完売になってしまったとのこと。多くの人は「安いからとりあえず買っておこう」と思い購入したと想像されます。「国内ＬＣＣが始まった際も〝とりあえず買っておいて、旅の予定は後から考える〟という方が多く、今回も同じ現象が起こりました。この企画は、空の旅を身近なものにしたいという私たちのコンセプトを伝えるためにも有効だったと思います」と高橋さん。

タイアップでサービスの普及

もうひとつ紹介するリリースは、モバイル搭乗券を利用するとガストのドリンクバー無料クーポンがもらえるというもの（２０１7年1月配信）。スマートフォンでチェックインの上、モバイル搭乗券を利用すると受付カウンターでの発券が不要で、スマホだけで搭乗手続きが可能になります。日本航空や全日空では採用していますが、国内ＬＣＣでの導入はジェットスターだけです。受付カウンターでの待ち時間が減れば利用者・航空会社双方にメリットがあるため、もっと普及・浸透させていこうと、この無料クーポンサービスが企画されました。

両者は「賢くお金を使いたい若年層」というターゲットが一致しているため、高橋さんが先方に働きかけたところ、順調に話は進み、実施に至りました。余談ですが、私はファストフード店にほとんど行きませんが、別のサービスでビッグマックのクーポン券をもらうとマクドナルドに足を運んでみようかなと思うことがあります。このようにクーポンは新規ユーザーの送客効果があると考えられます。

「ラーメン価格に挑戦」リリース

2枚目

Jetstar

■セール概要

【名称】 "ジェットスター　ラーメン価格に挑戦セール"

【対象路線】 国内全 16 路線

【セール運賃】 片道 802 円[*1]（毎日 4 路線ずつ 18 時に販売開始、各路線 100～200 席、曜日限定）
片道 3,590 円[*1]～（全 16 路線、期間中、常時販売）

【販売期間】 2 月 3 日（金）18 時 00 分～2 月 7 日（火）18 時 00 分
※完売次第終了。販売期間は延長する場合があります。

【搭乗期間】 2017 年 4 月 5 日（水）～7 月 14 日（金）
※2017 年 4 月 28 日（金）～5 月 9 日（火）を除きます。路線ごとに異なります。
上記搭乗期間内でも、路線によってはセール運賃が適用されない日・フライトがあります。

*1 エコノミークラス「Starter」片道運賃。支払手数料、空港使用料等が別途必要です。
受託手荷物の料金は含まれません。諸条件が適用されます。
*2 J-CAST 調べ（http://j-town.net/tokyo/research/results/199240.html?p=all）
*3 国内路線数において（2017 年 2 月現在）

【ジェットスター・ジャパンについて】


「より多くのお客さまに、低運賃で安心・安全な楽しい空の旅をしていただきたい」というミッションを掲げ、ジェットスターグループは、日本に初めて就航した国際線LCCとして2007年3月に運航を開始しました。以来、幅広い層のお客さまにご利用いただいています。

また、より多くの日本のお客さまにLCCをご利用いただくべく日本の航空会社としてジェットスター・ジャパンが設立され、2012年7月に東京(成田)、大阪(関西)、札幌(新千歳)、福岡、沖縄(那覇)に就航し日本国内線の運航を開始しました。さらに名古屋(中部)、大分、鹿児島、松山、高松、熊本にも就航し、2015年2月からジェットスター・ジャパン就航以来初となる国際線として香港線を運航。同年11月には台北線、また2016年3月にマニラ線の運航を開始しました。

現在、年間500万人（注1）以上にご利用いただく日本国内最大のLCC（注2）として国内外14都市、24路線で1日最大92便を運航しています。より使いやすいカジュアルエアラインを目指し、お客さまが直接搭乗ゲートに向かうことができる国内LCC初のモバイル搭乗券を導入するなど、さらなる利便性を追求いたします。

ジェットスター・ジャパンは低運賃により、今後もより多くのお客さまに気軽に空の旅を楽しんでもらえる機会を創出してまいります。http://www.jetstar.com

（注1）2015年4月～2016年3月の搭乗実績
（注2）国内線路線数(2017年2月現在)

「ガストのクーポン券プレゼント」リリース

2枚目

Jetstar

*1 期間内であってもクーポンは無くなり次第終了します。延長の可能性があります。
*2 搭乗券 1 枚につき 1 名様 1 回限り有効です。ステーキガスト・S ガスト・宅配・テイクアウトではご利用できません。オーナー様割引券、家族優待券との併用はできません。ガスト全店（石岡店を除く）でご利用いただけます。「搭乗券の控え」の表面に「Jetstar Boarding Pass」の表記および搭乗者名の記載がないもの、コピーは無効です。
*3 クーポンは搭乗の際に発行される「搭乗券の控え」の裏面に付いています。モバイル搭乗券を発行しても、搭乗されない場合はクーポンをお受け取りいただけません。ジェットスターカウンターにて座席変更をご希望の場合は、モバイル搭乗ができなくなりクーポン発券対象になりませんのでご了承ください。システム障害などのやむをえない事情でクーポンを発行できない場合があります。その場合の補償はされません。キャンペーンは予告なく変更・中止となる場合があります。

■参考 URL

1.企画詳細／スマホ旅 How to ムービーについて
URL ： http://www.jetstar.com/jp/ja/app-guide

2.モバイル搭乗券について
URL ： http://www.jetstar.com/jp/ja/help/articles/can-i-use-a-mobile-boarding-pass

■ジェットスターグループについて

「より多くのお客様に、低運賃で安心・安全な楽しい空の旅をしていただきたい」というミッションを掲げ、ジェットスターグループは、日本に初めて就航した国際線LCCとして2007年3月から運航を開始しました。以来、幅広い層のお客さまにご利用いただいています。

また、より多くの日本のお客さまにLCCをご利用いただくべく日本の航空会社としてジェットスター・ジャパンが設立され、2012年7月より東京(成田)、大阪(関西)、札幌(新千歳)、福岡、沖縄(那覇)に就航し日本国内線の運航を開始しました。さらに名古屋(中部)、大分、鹿児島、松山、高松、熊本にも就航し、2015年2月からジェットスター・ジャパン就航以来初となる国際線として香港線を運航。同年11月には台北線、また2016年3月よりマニラ線の運航を開始しました。

現在、年間500万人（注3）以上にご利用いただく日本国内最大のLCC（注1）として国内外14都市、24路線で1日約100便を運航しています。より使いやすいカジュアルエアラインを目指し、お客さまが直接搭乗ゲートに向かうことができる国内LCC初のモバイル搭乗券を導入するなど、更なる利便性を追求いたします。

ジェットスターは低運賃により、今後もより多くのお客さまに気軽に空の旅を楽しんでもらえる機会を創出してまいります。http://www.jetstar.com

（注1）国内線路線数(2016年9月1日現在)
（注2）2017年1月23日現在、大阪（関西）～福岡の片道運賃
（注3）2015 年 4 月～2016 年 3 月の搭乗実績

2

POINT 3

企業概要を的確にまとめ毎回、同じ内容で掲載

- 企業概要を、ミッション→歴史→実績→現状→今後の方針の順にまとめ、数字も効果的に用いている
- 毎回同じ内容を載せることでメディアへの認知促進を図っている

このリリースは、ウェブ上で約60の媒体が掲載。通常は配信していない飲食系のメディアにも送ったところ、関連メディアなどに掲載されました。また、お得情報を専門に集めているサイトにも転載されるなど、一定の反響が得られたようです。

タイトルと写真の効果的な連動

それではこの2つのリリースの注目点を見ていきましょう。まず**タイトルが、しっかり読み手の気を引き付ける「ツカミ」の役割を果たしています**。航空会社なのに「おいしい」「ラーメン」という一見ミスマッチな言葉に驚かされ、興味をそそられます。「ラーメン価格に挑戦」という楽しそうな文言も、ユーモアのあるジェットスターの社風に合致しています。無料クーポンのリリースでは「スマホひとつで旅に出られる」「おトクなクーポン券をプレゼント」といった情報が過不足なく掲載され、一瞬で把握できます。

そして、何より秀逸なのは**ビジュアルがタイトルと連動し、一瞥しただけで内容が分かる表現になっている**点です。ラーメンの企画では、ストックフォトから選んだラーメンの写真を使用しました。「シズル感（食欲や購買意欲が刺激される感覚）があり、脂が浮いていて上品すぎない。いい意味でジェットスターらしい写真を探しました」（古屋さん）というこだわりよう。私はこれを見て、機内食でラーメンが出てくるのかと思ってしまいましたが、その勘違いさせる驚きも含めて効果的です。クーポンのリリースはスマホと機体をコラージュした斬新なビジュアルです。これはキービジュアルにワンフレーズを組み合わせるという海外のビジュアル事例を参考に、オーストラリア出身の社内デザイナーが作成したとのこと。オリジナルのビジュアルを出し続ければ、それもジェットスターらしさになります。

私はいつも、リリースの末尾に企業概要を載せることをお勧めしていますが、ジェットスターのリリースも末尾に**企業情報が的確にまとまっています**。まずＬＣＣのミッションから始まり、歴史、実績、現状、今後の方針と展開していて、改めてＬＣＣについての情報を復習できます。

国内線においてＬＣＣの旅客数シェアは約１０％（２０１７年／国土交通省）に過ぎず、まだまだ伸びしろがあると言います。新たな市場を築きつつあることや、地方に観光客を誘致し社会に貢献している側面からも、メディアに取り上げられるチャンスは多いようです。「大手航空会社と現在ある市場を奪い合うのではなく、これまでほとんど空の旅を利用していなかった層を対象に、新たなニーズを開拓していきたい。気軽に利用してみようと思っていただける価値をＰＲしていきます」と、お二人の目標も明確です。

File.13
くら寿司

注目の「糖質オフ」メニューでサプライズ連発

注目キーワードを使った巧技型リリース

回転寿司チェーン初の"糖質制限メニュー"
「糖質オフシリーズ」
「シャリ野菜」「7種の魚介らーめん 麺抜き」「シャリプチ」
〜全国のくら寿司にて8月31日(木)から販売〜

注目ワードの中にも自社のオリジナリティを

食品業界で注目された「糖質オフ」。中でも業界の人たちの間で話題になったのが、くらコーポレーションが展開する「くら寿司」の糖質オフシリーズです。以前から、回転寿司なのにラーメン、カレーを出すなど大胆なメニュー開発をしてきた同社ですが、この糖質オフも、シャリの代わりに大根の酢漬けを使う「シャリ野菜」、麺の代わりに蒸し野菜を使う「7種の魚介らーめん 麺抜き」、シャリを従来の半分にした「シャリプチ」という斬新なラインアップでした。

このプロジェクトが始まったのは2015年。当初は来店客の「サラダなども食べたい」という野菜を求める声に応え、焼き野菜をシャリにのせた寿司を試験販売しました。ところが「よく調べると、野菜をネタに使用した寿司はすでにたくさん存在していて、くら寿司らしいオリジナリティが乏しいと断念しました」と広報の辻明宏さんは明かします。

「シャリにメスを入れなければ」と考えた結果、酢飯を別のものに替えることに。よく豆腐やこんにゃくが使われたりしますが、食感や食べ応えなど需要を加味して食材を検討した結果、「大根の酢漬け」が最適という結論になったそうです。もともと刺身にはツマがついており、大根と魚介には親和性があったことも決め手のひとつ。従来の酢飯に使っていた合わせ酢をそのまま使うのではなく、ゆず胡椒を用いるなど大根に最も合う味つけを研究し、決定していきました。

他方で、「ダイエット中の消費者が回転寿司でシャリを残している」というニュースを社員が目に留めたのをきっかけに「シャリプチ」の開発も進んでいました。その間に世の中では「糖質オフ」への注目度が高まり、くら寿司でも糖質オフを企画の中心に据えることに。ラインアップの充実を図るため「らーめん 麺抜き」も加え、「糖質オフシリーズ」として、２０１７年8月末に販売を開始しました。

意外性が反響を呼ぶ鍵に

記者発表を行った２０１７年8月29日は、あいにく北朝鮮のミサイル発射と重なってしまい、「ニュースがそれでもちきりになるのでは」と心配したそうです。取材に来たＮＨＫの記者にも「ニュースで使うかどうか分からない」と言われたようですが、実際には『おはよう日本』などで紹介されるという結果に。ＴＢＳのニュースやＹａｈｏｏ！ニュースに出たこともあり、直後から大きな反響がありました。

私は「ご飯がつきものの寿司で糖質制限」という意外性やギャップが鍵だったと思います。辻さんは「メディアにはもともと『糖質オフ』を扱いたい潜在的な欲求があり、適当な素材がなかったところに当社がちょうど参入しました。当社を入り口に『糖質オフ』の特集を組むメディアが多いです」と分析しています。糖質オフをきっかけに改めてくら寿司に注目し、企業自体を特集するメディアも出てくるなど、波及効果もありました。

消費者の反応もよく、10日間で100万食と社内予想の倍以上の出足を記録。「ダイエットをしているので、いつも私だけ家族と違うメニューを食べていたけど、今日は一緒にお寿司を食べられました。ありがとう」といったお礼のメールも届いているそうです。

現場で培ったテクニックを活用

リリースを見ていきましょう。まず**タイトルは、メディアが注目するワードのオンパレード**。「糖質制限」という〝トレンド〟に「回転寿司チェーン初」という〝初モノ〟。8月31日の「野菜の日」もメディアが好む〝記念日〟で、私の知る範囲でもあやかろうとした企業は多数ありましたが、くら寿司のひとり勝ちでした。当初は9月1日発売の予定でしたが、広報が「野菜の日に合わせた方がいい」と提案し、1日早めた甲斐があったようです。寿司なのに「シャリ抜き」には〝サプライズ〟があります。しかもそれを「〝さび抜き〟の次は〝シャリ抜き!?〟」と、疑問形で面白みのある表現にしていて社風を感じさせます。

本文はその疑問に答える形になっています。**タイトルが疑問形なので、つい答えの本文まで読みたくなる**という戦略が成功しています。**各メニューの左側に表示された、「△%オフ」という丸いアイコンも効果的です**。単に数字や文章で示すと読み飛ばされてしまうところも、アイコンだとつい目が引き寄せられます。メニュー表や広告などで培われたテクニックが、リリースにも活用されているのでしょう。

POINT 2

タイトルの疑問を本文で解説

タイトルの「糖質オフ」で、「寿司＝米＝糖質なのにどういうこと?」と疑問を投げかけ本文で解説。すぐに内容を把握させている。

「糖質オフシリーズ」販売告知リリース

1枚目

無添《むてん》くら寿司

報道関係各位

2017年8月29日
株式会社くらコーポレーション

8.31「野菜の日」より発売

回転寿司チェーン初の“糖質制限メニュー”
「糖質オフシリーズ」
「シャリ野菜」「7種の魚介らーめん　麺抜き」「シャリプチ」
～全国のくら寿司にて8月31日（木）から販売～

“さび抜き”の次は“シャリ抜き！？”“麺抜き！？”

疑問

回転寿司チェーン「無添くら寿司」を運営する株式会社くらコーポレーション(代表取締役社長:田中邦彦　所在地:大阪府堺市)は、2017年8月31日(木)(野菜の日)より、昨今の“糖質制限意識”の高まりを受けて、糖質オフシリーズ「シャリ野菜」「7種の魚介らーめん　麺抜き」「シャリプチ」の3種(全10商品)を全国のくら寿司で販売します。

糖質オフシリーズ「シャリ野菜」「7種の魚介らーめん　麺抜き」「シャリプチ」

「シャリ野菜」は、シャリ(酢飯)の代わりに「大根の酢漬け」を使用した全く新しいお寿司になります。大根は、寿司ネタを邪魔せず、かつ食感も楽しめる、程よい厚さにカット。お酢をベースに砂糖・塩・醤油・ゆず胡椒を加えた特製合わせ酢で味付けしました。ベースに敷かれたサンチュで巻いて、そのままでも、お好みで醤油をつけても美味しくお召し上がりいただけます。また、大根の酢漬け、寿司ネタ、キュウリをサンチュで巻き、更にくら寿司自慢の海苔を使用した「シャリ野菜手巻き」も合わせて発売します。

回答

「7種の魚介らーめん　麺抜き」は、毎日店舗で作る「7種の魚介だし」で人気のラーメンスープに、麺の代わりに、ニンジン、チンゲン菜、モヤシ、キャベツの4種の蒸し野菜をたっぷりと使用。ラーメンスープの味を損なわないようにしつつ、食べ応えと彩りにこだわりました。キャベツとモヤシのシャキシャキとした食感は食べ応え十分。また、ニンジン、チンゲン菜で彩りを加え、ラーメンスープの魅力をさらに引き立てます。「シャリ野菜」「らーめん　麺抜き」ともに、厳選した“国産野菜”を使用しております。

「シャリプチ」は、「シャリが大きい」「他のお寿司も食べたいのにすぐにお腹がいっぱいになってしまう」等のお客様のニーズにお応えし、シャリを半分にしてご提供します。

【本リリースに関するメディアの皆様からのお問い合わせ先】
株式会社　くらコーポレーション　広報宣伝部

1

POINT 1

目をひくワードのオンパレード!

トレンドの「糖質制限」や「回転寿司チェーン初」という初モノ、寿司なのに「シャリ抜き」などメディアが注目するワードを多用。

さて、くら寿司は1977年に大阪で創業しました。これまでの沿革を見ていくと2011年までは子どもが楽しめるガチャガチャのような「ビッくらポン！」開発や「MYお箸キャンペーン」などサービス面に力を注いでいたのが、2012年の「7種の魚介醤油らーめん」から急激にサイドメニューの開発にシフトしています。「すしやのうな丼」「イベリコ豚丼」から「シャリコーラ」、期間限定の「キャラメルバナナ寿司」まで、「まさか回転寿司で！」と驚くようなメニューを次々に発表しています。

斬新なメニューの開発には、注文を受けた品だけを流す「オーダーレーン」や、皿を透明な蓋で覆う「鮮度くん」など、独自の提供システムが2011年までに完成したことも大きな影響を与えました。例えばラーメンなどは、誰も取る人がいなければどんどん伸びてしまうので、従来の回転レーンに流すのは不可能でしたが、オーダーレーンができたことで、温かいメニューも提供できるようになりました。常に競争が激しい回転寿司業界で、くら寿司が果敢に挑戦できるのは、他社とは一線を画した提供システムという強みがあったからなのです。

それにしても、なぜ寿司から離れたメニューをつくるのでしょう？　ラーメンとお寿司を一緒に食べられるなんて贅沢だ、と感じる消費者がいる一方で、当初は邪道だという声もあったといいますが、そこには経営者の「みんなで楽しめる店にしたい」という思いがありました。例えば、家族で小さい子どもが生魚を食べられない場合、両親や祖父母は寿司を、子どもは天丼やラーメンを食べることができます。友人同士で、たまたま一人が前日に寿司を食べていた場合でも、その人は別メニューを頼めばいいわけです。「もちろん寿司には最大の力を入れつつも、『とりあえず、くら寿司に行けば何とかなる』という店でありたいと思っています」と辻さん。私も、せっかくの機会を損失せずに済む優れた戦略だと思います。というのは、私の専門であるカレーでも、同様の話はたくさん身に覚えがあるからです。「最近はお客さまからのサイドメニューに対する期

3枚目

無添《むてん》 くら寿司

■糖質オフシリーズ「7種の魚介らーめん 麺抜き」(全4種) / 370円(税込399円)

7種の魚介らーめん 麺抜き 醤油

7種の魚介らーめん 麺抜き とんこつ醤油

7種の魚介らーめん 麺抜き 濃厚味噌

7種の魚介らーめん 麺抜き 胡麻香る担々麺

■糖質オフシリーズ「シャリプチ」(全2種) / 100円(税込108円)

シャリプチ とろサーモン

シャリプチ びんちょう赤身

■「トッピング野菜」も別売いたします!

商品名 / 価格:
「トッピング野菜」/100円(税込108円)

「らーめん 麺抜き」の中に入っている野菜を「トッピング野菜」としても販売いたします。
「麺抜き」の上にトッピングをして「野菜倍盛」としても、通常のらーめんの上に、
トッピングして「野菜らーめん」としてもお楽しみいただけます。

3

2枚目

無添 くら寿司

<販売概要>

商品名 / 価格: 「シャリ野菜」 / 100円(税込108円)
※全国の「無添くら寿司」(396店舗、8月29日現在)にて発売。

商品名 / 価格: 「7種の魚介らーめん 麺抜き」 / 370円(税込399円)
※全国の「無添くら寿司」(396店舗、8月29日現在)にて発売。
※一部店舗で価格が異なります。

商品名 / 価格: 「シャリプチ」 / 100円(税込108円)
※全国の「無添くら寿司」(396店舗、8月29日現在)にて発売。
※お持ち帰りも可能です。

■「糖質オフシリーズ」について

くら寿司は、更なる顧客満足度向上に向け、他社に先駆けてお客様のニーズに対応した商品開発を進めてまいりました。2015年より、新商品開発に向けて「糖質制限」に注目。時代のニーズをかなえる、"野菜を使ったお寿司"を模索し、当初、焼き野菜をシャリに乗せたお寿司を開発、試験販売するも、「くら寿司らしい、オリジナリティがない」ことから断念。より"くら寿司らしさ"のあるお寿司を目指した結果、野菜をネタに使うのではなく、"野菜をシャリとして使う"方向で再度開発。結果、シャリの代わりに大根の酢漬け、麺の代わりに4種の蒸し野菜を使うなど、お寿司屋でも、「無理せず、美味しく糖質制限」というニーズに応えた、くら寿司らしい「糖質オフシリーズ」が完成しました。

■糖質オフシリーズ「シャリ野菜」(全4種) / 各100円(税込108円)
※「糖質○%オフ」は自社調べ(シャリ野菜:シャリと大根の酢漬けを比較 らーめん 麺抜き/シャリプチ:自社通常品と比較)

シャリ野菜 えび

シャリ野菜 ビントロ

シャリ野菜 まぐろ手巻き

シャリ野菜 えびマヨ手巻き

2

POINT 3

アイコンを使ってポイントを的確に伝える

「糖質△%オフ」というアイコンを、目立つようにメニューにつけることで、要点を一瞬で伝えている。

待値も高まっていて、ハードルがどんどん上がっています」といいます。

年に3000種ものメニューが企画に挙がるものの、上層部からは「おもんない(面白くない)」の一言で却下されるものもあり、商品化するのは50点程度といいます。食べ終わった皿の受け入れ口があって、自動で皿が回収できるシステムは、女性客の「皿を積み上げているのは恥ずかしい」という声から生まれました。その受け入れ口で遊んでいる子どもを見て、どうせならゲームにしてしまおうと生まれたのが「ビッくらポン!」。店頭での顧客の声に耳を傾け、より楽しめる店にしています。これらの施策は広報との相性もピッタリで有効に機能していると思います。

File.14
東洋

常識を覆す広報企画で取材を呼びこむ

ユニークな企画のネーミング重視型リリース

News Release
ギネス認定！ クレーンゲーム台数
世界一のゲームセンター
2017/01/10
株式会社東洋
EVERYDAY UFO CATCHER AMUSEMENT

大学入試センター試験直前！受験生応援のための
滑らない合格祈願キャッチャー!!
〜順番待ちの行列が出来る程の大人気クレーンゲーム〜
受験生のみならず、ゲーム業界にも桜を咲かせる『明るいデータ』

News Release
ギネス認定！ クレーンゲーム台数
世界一のゲームセンター
2016/12/20
株式会社東洋
EVERYDAY UFO CATCHER AMUSEMENT

受験シーズン目前！ 受験生とその家族を応援!!
これで合格も掴みとれ！ 百発百中クレーンゲーム
滑らない！
「合格祈願キャッチャー」登場!!

人気番組での露出が転機に

ゲームセンターの中でも不動の人気を誇るクレーンゲーム。その多くは専門の景品業者が供給している中、「滑らない合格祈願キャッチャー」や「宝石キャッチャー」など異色の景品を自分たちで開拓し、テレビで話題となっているのが、ゲームセンター「エブリデイ」を展開する東洋です。

1987年に埼玉県北本市に創業した同社はアミューズメントのほか、リサイクルやITなど複数の事業を手がけてきました。娯楽の多様化で2011年には一度、クレーンゲームから撤退を余儀なくされましたが、代表取締役である中村秀夫さんの「100円玉ワンコインで楽しめること」に対する強いこだわりで、エブリデイ行田店を再開。2012年にはクレーンゲームの台数が世界で最も多い店舗としてギネス世界記録に認定（当時240台、現在は約350台に増加）されるなど、社長自らがPRに対する意識を高く持って営業を進めてきました。

それでも業界全体が右肩下がりの中、転機となったのが2014年4月に『月曜から夜ふかし』（日本テレビ）で紹介されたこと。当時、ゲームセンター部門の統括責任者だった緑川裕一さんが、藁をもつかむ思いで番組にメールをしたところ、「何もなさそうな埼玉にギネス記録のゲームセンターがある」と話題に。ゴールデンウィーク直前だったこともあり、翌日は開業以来、初めて駐車場が満車になったそうです。このことでPRの重要性が認識され、緑川さんは後に広報・販促責任者に。現場を熟知しているため、現在も自身で新たな企画を考え、リリースを書いて配信までワンストップで実行できるため、早い案件だと企画決定から1週間で配信するフットワークのよさです。

そんな緑川さんのヒット作が「滑らない合格祈願キャッチャー」。景品は縁起物であるダルマをパッケージに描いたトイレットペーパーで、クレーンのアーム部分にゴムが付いており、つかむ場所さえ間違えなければ百発百中で取ることができます。当初はお守りを景品に考えましたが、さすがに神社の授与品をゲームの景品にするのは難しく、次に目をつけたのがこのトイレットペーパー。「水にすぐ溶ける→問題がすぐ解ける」「アームが滑らない→試験に滑らない」などのかけ言葉も利用してリリースを配信したところ、すぐに地元の情報サイト「そうだ埼玉．com」などに掲載され、順番待ちができるほどの人気ゲームになりました。

原価計算では百発百中で取られると赤字になってしまう設定で、気になるプレイ結果を見てみると、約3週間で1731回プレイされ、景品獲得数が871個と、約1．98回に1個の割合で獲得されています。「本当はもうちょっと出費を覚悟していたのですが、年末年始はライトユーザーの来店も多く、こういう結果になりました。ワンコインで楽しんでいただけることを大切にしたいのと、この機械単体では採算を考えておらず、これを目当てに来てほかの機械でも楽しんでいただくことを考えれば、たとえ赤字になっても構わなかっ

POINT 1

インパクトと信用力を訴求

「世界一のゲームセンター＝ギネス認定」という表現で、単なるゲームセンターでなく最高峰にあることを強調。メディアに取材のきっかけと安心感を与えている。

POINT 2

構成は3つのアイキャッチ

リリースを一目見て分かるよう、1タイトル、2 3つのポイント（またはビジュアル）、3ビジュアル（またはポイント）と3つの視点で大まかな内容を理解させ、詳細に興味のある人は本文へ誘導する。

2016年12月 発売リリース

EveryDay　News Release　ギネス認定! クレーンゲーム台数 世界一のゲームセンター　2016/12/20 株式会社東洋

EVERYDAY UFO CATCHER AMUSEMENT EVERYDAY UFO CATCHER AMUSEMENT EVERYDAY UFO CATCHER AMUSEMENT

1

受験シーズン目前！ 受験生とその家族を応援!!
これで合格も掴みとれ！ 百発百中クレーンゲーム

滑らない！

「合格祈願キャッチャー」登場!!

2

↑滑らない合格祈願キャッチャーの写真

↑景品の画像

↑滑らない合格祈願キャッチャーのポスター

株式会社東洋（埼玉県北本市/代表取締役　中村秀夫）が経営する、1店舗当たりのクレーンゲーム設置台数が240台でギネス世界記録に認定されている「世界一のゲームセンター　エブリデイ行田店（埼玉県行田市）」は、12月17日（土）から、【滑らない合格祈願キャッチャー】を、登場させました。

滑らない合格祈願キャッチャーは、受験生と、受験生を抱える家族の方を応援するために設置したクレーンゲームです。アームと呼ばれる景品をつかむ部分の先端に、通常であればツメやネイルなどと呼ばれる金属製のパーツが付くところ、滑らない合格祈願キャッチャーは、ゴムが付いており、その名の通り、滑らないクレーンゲームとなっております。**景品は、縁起物として、広く親しまれている『ダルマ』のパッケージをしたトイレットペーパー**となっており、

3

①（トイレットペーパーなので水に）すぐとける ⇒ （問題が）すぐ解ける
②神に祈る ⇒ （紙）に祈る　（※トイレットペーパーなので『紙』）
③（トイレットペーパーは）拭く紙 ⇒ （福）（神）

など、合格祈願や縁起の良い言葉などが、色々とかかっており、**単に「景品を掴んで滑らない。」というだけのクレーンゲームとは一線を画しており**、登場した12月17日から早くも人気を博す台となっております。

滑らない合格祈願キャッチャーは、同店舗スタッフが実際にプレイした所、景品の中央の辺り（トイレットペーパーの一番太い辺り）を掴み、掴む場所さえクレーンの操作を誤らなければ、**百発百中で景品が獲得出来るクレーンゲーム**となっております。

UFO CATCHER AMUSEMENT EVERYDAY UFO CATCHER AMUSEMENT EVERYDAY UFO CATCHER AMUSEMENT EVERYDAY UFO CATCHER AMUSEMENT

【ご連絡・お問い合わせはこちら】
会社名：株式会社東洋
[illegible]

くすっと笑えるように文章を工夫している。

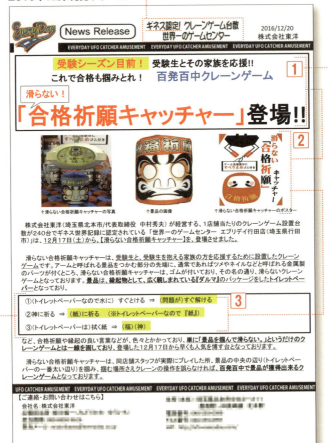

たんです」。もともと店内に「クレーンゲームの達人」がいて、取り方を指導してくれるなどお客さんに優しい店舗なのです。

7年越しの企画が大ヒット

もうひとつ、同店史上に残るヒット企画が、なんとダイヤモンドやルビーなど本物の天然石が取れてしまう「宝石キャッチャー」です。企画したのは2015年当時、リサイクルショップ「エブリデイゴールドラッシュ」の統括マネージャーだった天沼慎五さん。1店舗の店長だった2008年にも同じ提案をしましたが、まだ権限がなく実現には至りませんでした。「店には指輪などに加工しないと値段が付かないような天然石も多数持ち込まれます。そのころは石の種類も分かりませんでしたが、宝石の勉強をすると種類や価値が分かるようになり、ぜひゲームにしたいと思いました」。そして7年間で集めた1万点以上の天然石をもとに、温めていた企画を実現したのです。

ゲームで本物の宝石が取れるというインパクトは絶大で、『中居正広の身になる図書館』『スーパーJチャンネル』（ともにテレビ朝日）、『ぶらり途中下車の旅』（日本テレビ）、『Nスタ』（TBSテレビ）など数多くの番組に取り上げられました。その結果、同店の機械でひと月あたりの最高売上である27万円を大幅に更新し、48万円を記録。我々の取材時点では設置から2年1カ月で4500万円を売り上げるメガヒットになっています。クレーンゲームの景品は入れ替わりが早く、2年も続くことは異例中の異例。さらにこの人気を見て海外で宝石を調達する景品業者が現れ、全国に類似キャッチャーが現れるという業界トレンドまで生み出したのです。けれども景品業者が用意できる天然石は10種類程度に限られ、80種類ほどを揃えているエブリデイには遠

2017年1月 絶好調リリース

POINT 1

News Release

ギネス認定! クレーンゲーム台数 世界一のゲームセンター

2017/01/10
株式会社東洋

EVERYDAY UFO CATCHER AMUSEMENT EVERYDAY UFO CATCHER AMUSEMENT EVERYDAY UFO CATCHER AMUSEMENT

大学入試センター試験直前！受験生応援のための

滑らない合格祈願キャッチャー!!

～順番待ちの行列が出来る程の大人気クレーンゲーム～

受験生のみならず、ゲーム業界にも桜を咲かせる『明るいデータ』

↑滑らない合格祈願キャッチャーの写真

↑滑らない合格祈願キャッチャーのポスター

↑今年のお正月期間の店内の様子

株式会社東洋（埼玉県北本市/代表取締役　中村秀夫）が経営する、1店舗当たりのクレーンゲーム設置台数が240台でギネス世界記録に認定されている「世界一のゲームセンター　エブリデイ行田店（埼玉県行田市）」に、2016年12月17日（土）から登場した、【滑らない合格祈願キャッチャー】が、順番待ちが出来る程の大人気クレーンゲーム台となっております。

【滑らない合格祈願キャッチャー】は、受験生と、受験生を抱える家族の方を応援するために設置した、エブリデイ行田店オリジナルの面白クレーンゲームで、『アーム』と呼ばれる景品をつかむパーツ部分の先端に、すべり止めのゴムが付いており、その名の通り、滑らないクレーンゲームとなっております。

滑らない合格祈願キャッチャーは、2016年12月17日（土）の登場から、お正月期間が一段落した2017年1月9日の営業終了までの間、計871個の景品獲得されました。一方、871個の景品獲得に対し、同期間の、総プレイ回数は1731回にのぼり、約1．98回に1個の景品獲得割合というデータでした。

滑らない合格祈願キャッチャーは、景品の中央付近の太い辺りを掴み、掴む場所さえ誤らなければ、百発百中で景品獲得出来るクレーンゲームになっております。この為、クレーンゲームをやり慣れたプレイヤーであれば、1プレイ（1回）で景品1個獲得出来ますが、この『約1．98回のプレイで1個の景品獲得』というデータは、『年末年始の期間、普段クレーンゲームをやりなれないライトユーザーがクレーンゲームをやりにゲームセンターに足を運んだ。』というデータとも読み解けます。この【滑らない合格祈願キャッチャー】は、受験生に桜が咲くよう応援するのみならず、スマートフォン向けゲームの台頭や娯楽の多様化などで、年々ゲームセンター店舗数を減らし続けているアミューズメントゲーム業界にとっても、明るいニュースをもたらしてくれております。

UFO CATCHER AMUSEMENT EVERYDAY UFO CATCHER AMUSEMENT EVERYDAY UFO CATCHER AMUSEMENT EVERYDAY UFO CATCHER AMUSEMENT

【ご連絡・お問い合わせはこちら】
会社名：株式会社東洋
[illegible]

POINT 3

ひとつのネタで複数回の配信

機械の登場→好調（大人気）→記録達成と、ひとつのネタで複数回のリリースを配信し、粘り強く訴求している。

く及ばないようです。

「ギネス認定」という言葉の威力

ではそのヒットを生み出したリリースを見てみましょう。まず**レターヘッドに「ギネス認定!」「世界一」の文字が躍って、インパクトと信用を与えています**。ギネス認定には想像以上に費用がかかります。しかしメディアの目を引きますし、もしゲームセンターのどこかを取材しようとなったら、確実に「ギネス認定」を持っている会社を選ぶでしょう。「ギネス認定」の文字にはそういう効果があるのです。正直、いまだゲームセンターにはネガティブなイメージを持っている人もいる中で、この「ギネス認定」は費用を補って余りある効果があります。

また、**どのリリースも、タイトル、ビジュアル、ポイントの3つアイキャッチが効いています。さらに、ポイントを枠線で囲んだりすることで、その3つに自然と目が行き、リリースの概要が把握できます**。緑川さんは学生のノートのように重点を枠で囲んだり、マーカーを引いたりするそうで、基本的すぎてあまりやらない企業が多い中で有効な手段です。「ゲームセンターのことをあまり硬く伝えても仕方がないので」と、文章にユーモアがあるのもいいところ。

新商品は1回リリースを出して終わることが多いですが、**好調なときは進んで達成リリースも出しましょう**。メディアが最初のリリースで取り上げようと思っていても、別のネタが入って弾き出されてしまうことはよくあります。もう一度届けば復活する可能性は高まりますし、1回目で迷っていたメディアにはダメ押しになるからです。

2015年12月
大人気リリース

1枚目

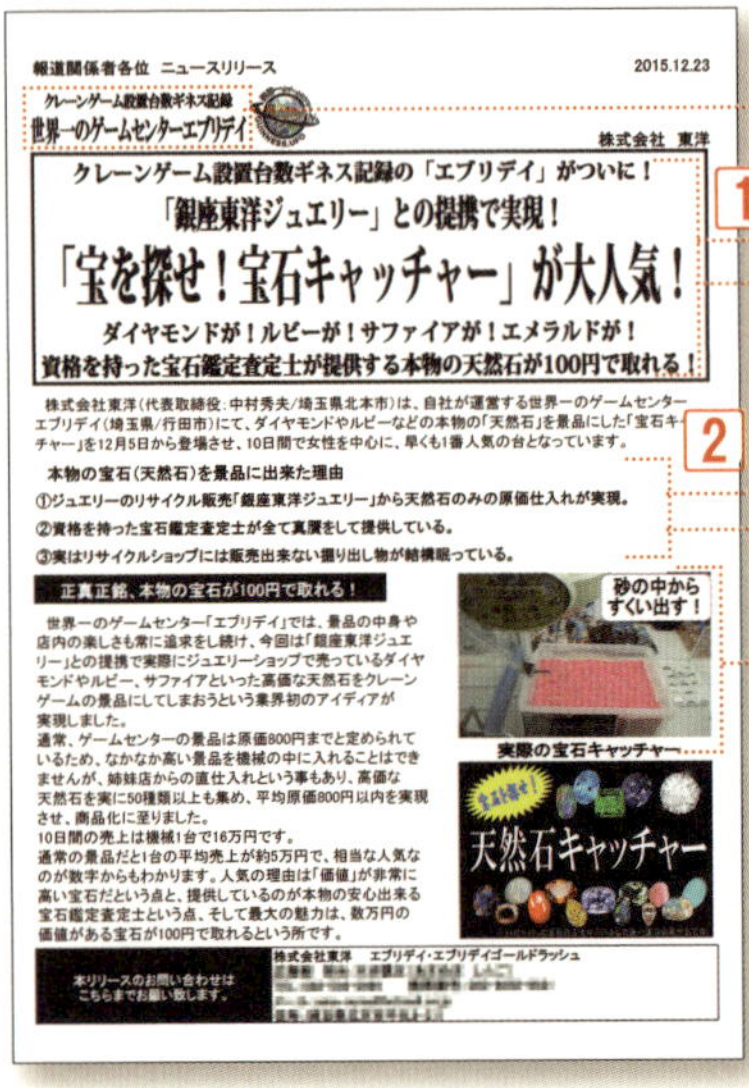

報道関係者各位　ニュースリリース　　2015.12.23

クレーンゲーム設置台数ギネス記録
世界一のゲームセンターエブリデイ

株式会社　東洋

クレーンゲーム設置台数ギネス記録の「エブリデイ」がついに！

「銀座東洋ジュエリー」との提携で実現！

「宝を探せ！宝石キャッチャー」が大人気！

ダイヤモンドが！ルビーが！サファイアが！エメラルドが！

資格を持った宝石鑑定査定士が提供する本物の天然石が100円で取れる！


株式会社東洋（代表取締役：中村秀夫／埼玉県北本市）は、自社が運営する世界一のゲームセンターエブリデイ（埼玉県／行田市）にて、ダイヤモンドやルビーなどの本物の「天然石」を景品にした「宝石キャッチャー」を12月5日から登場させ、10日間で女性を中心に、早くも1番人気の台となっています。

本物の宝石（天然石）を景品に出来た理由
①ジュエリーのリサイクル販売「銀座東洋ジュエリー」から天然石のみの原価仕入れが実現。
②資格を持った宝石鑑定査定士が全て真贋をして提供している。
③実はリサイクルショップには販売出来ない掘り出し物が結構眠っている。

正真正銘、本物の宝石が100円で取れる！


世界一のゲームセンター「エブリデイ」では、景品の中身や店内の楽しさも常に追求をし続け、今回は「銀座東洋ジュエリー」との提携で実際にジュエリーショップで売っているダイヤモンドやルビー、サファイアといった高価な天然石をクレーンゲームの景品にしてしまおうという業界初のアイディアが実現しました。

通常、ゲームセンターの景品は原価800円までと定められているため、なかなか高い景品を機械の中に入れることはできませんが、姉妹店からの直仕入れという事もあり、高価な天然石を実に50種類以上も集め、平均原価800円以内を実現させ、商品化に至りました。

10日間の売上は機械1台で16万円です。

通常の景品だと1台の平均売上が約5万円で、相当な人気なのが数字からもわかります。人気の理由は「価値」が非常に高い宝石だという点と、提供しているのが本物の安心出来る宝石鑑定査定士という点、そして最大の魅力は、数万円の価値がある宝石が100円で取れるという所です。

砂の中から
すくい出す！

実際の宝石キャッチャー

天然石キャッチャー

本リリースのお問い合わせはこちらまでお願い致します。
株式会社東洋　エブリデイ・エブリデイゴールドラッシュ

POINT 1

POINT 2

1

2

3

2016年12月
達成リリース

1枚目

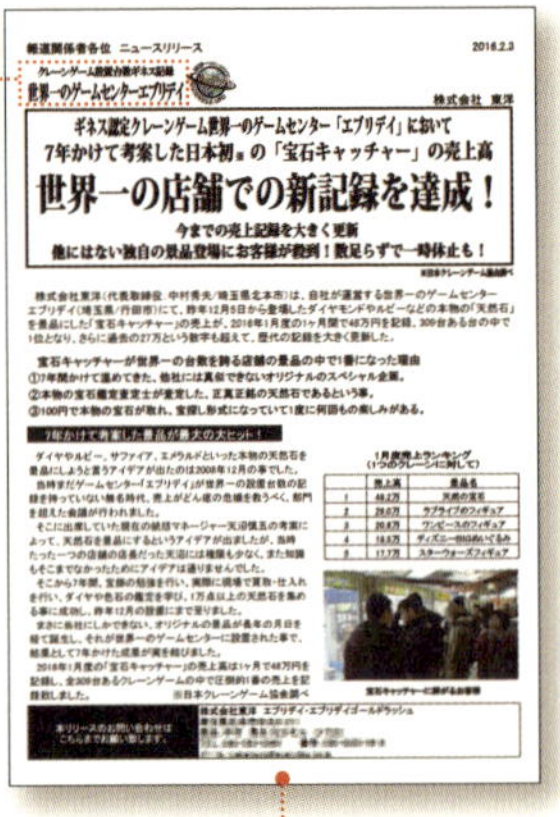

報道関係者各位　ニュースリリース　　2016.2.3

クレーンゲーム設置台数ギネス記録
世界一のゲームセンターエブリデイ

株式会社　東洋

ギネス認定クレーンゲーム世界一のゲームセンター「エブリデイ」において
7年かけて考案した日本初※の「宝石キャッチャー」の売上高
世界一の店舗での新記録を達成！
今までの売上記録を大きく更新
他にはない独自の景品登場にお客様が殺到！数足らずで一時休止も！

※日本クレーンゲーム協会調べ

株式会社東洋（代表取締役：中村秀夫／埼玉県北本市）は、自社が運営する世界一のゲームセンターエブリデイ（埼玉県／行田市）にて、昨年12月5日から登場したダイヤモンドやルビーなどの本物の「天然石」を景品にした「宝石キャッチャー」の売上が、2016年1月度の1ヶ月間で48万円を記録、309台ある台の中で1位となり、さらに過去の27万という数字も超えて、歴代の記録を大きく更新した。

宝石キャッチャーが世界一の台数を誇る店舗の景品の中で1番になった理由
①7年間かけて温めてきた、他社には真似できないオリジナルのスペシャル企画。
②本物の宝石鑑定査定士が査定した、正真正銘の天然石であるという事。
③100円で本物の宝石が取れ、宝探し形式になっていて1度に何回もの楽しみがある。

7年かけて考案した景品が最大の大ヒット！


ダイヤやルビー、サファイア、エメラルドといった本物の天然石を景品にしようと言うアイデアが出たのは2008年12月の事でした。

当時まだゲームセンター「エブリデイ」が世界一の設置台数の記録を持っていない無名時代、売上がどん底の危機を救うべく、部門を超えた会議が行われました。

そこに出席していた現在の統括マネージャー天沼慎五の考案によって、天然石を景品にするというアイデアが出ましたが、当時たった一つの店舗の店長だった天沼には権限も少なく、また知識もそこまでなかったためにアイデアは通りませんでした。

そこから7年間、宝飾の勉強を行い、実際に現場で買取・仕入れを行い、ダイヤや色石の鑑定を学び、1万点以上の天然石を集める事に成功し、昨年12月の設置にまで至りました。

まさに当社にしかできない、オリジナルの景品が長年の月日を経て誕生し、それが世界一のゲームセンターに設置された事で、結果として7年かけた成果が実を結びました。

2016年1月度の「宝石キャッチャー」の売上高は1ヶ月で48万円を記録し、全309台あるクレーンゲームの中で圧倒的1番の売上を記録致しました。　※日本クレーンゲーム協会調べ

1月度売上ランキング
（1つのクレーンに対して）

	売上高	景品名
1	48.2万	天然の宝石
2	29.0万	ラブライブのフィギュア
3	20.8万	ワンピースのフィギュア
4	18.5万	ディズニーBIGぬいぐるみ
5	17.7万	スターウォーズフィギュア

宝石キャッチャーに群がるお客様

本リリースのお問い合わせはこちらまでお願い致します。
株式会社東洋　エブリデイ・エブリデイゴールドラッシュ

POINT 3

2枚目

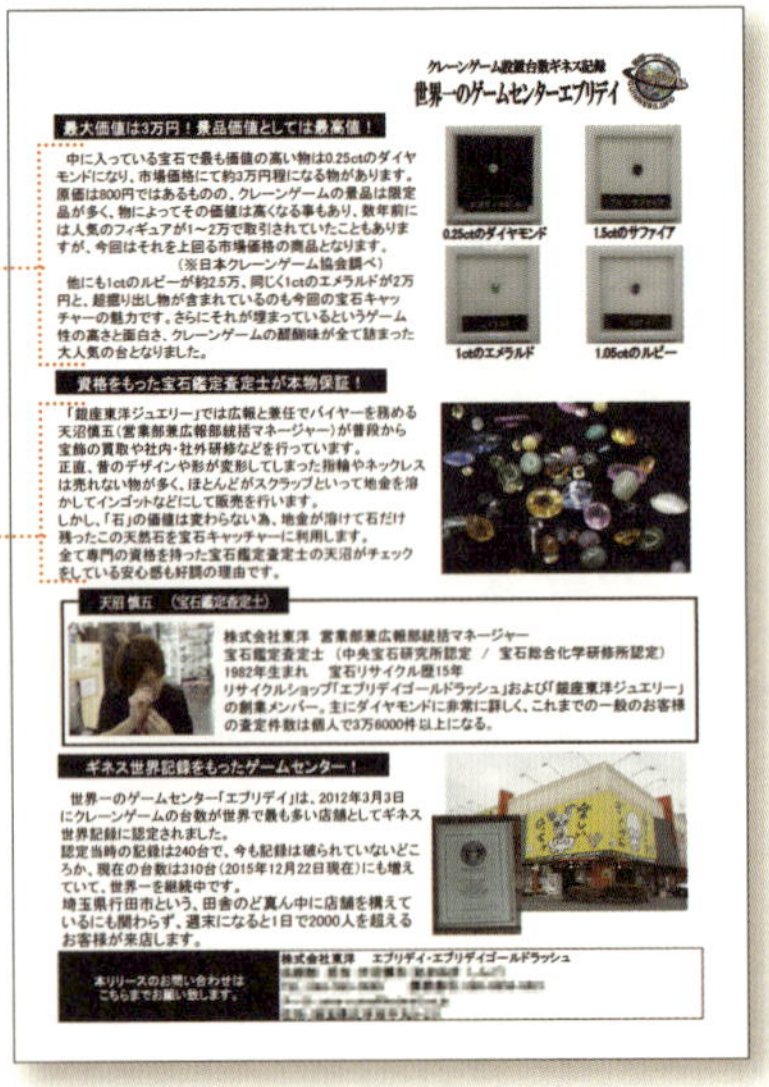

クレーンゲーム設置台数ギネス記録
世界一のゲームセンターエブリデイ

最大価値は3万円！景品価値としては最高値！


中に入っている宝石で最も価値の高い物は0.25ctのダイヤモンドになり、市場価格にて約3万円程になる物があります。原価は800円ではあるものの、クレーンゲームの景品は限定品が多く、物によってその価値は高くなる事もあり、数年前には人気のフィギュアが1〜2万で取引されていたこともありますが、今回はそれを上回る市場価格の商品となります。

（※日本クレーンゲーム協会調べ）

他にも1ctのルビーが約2.5万、同じく1ctのエメラルドが2万円と、超掘り出し物が含まれているのも今回の宝石キャッチャーの魅力です。さらにそれが埋まっているというゲーム性の高さと面白さ、クレーンゲームの醍醐味が全て詰まった大人気の台となりました。

0.25ctのダイヤモンド　1.5ctのサファイア
1ctのエメラルド　1.05ctのルビー

資格をもった宝石鑑定査定士が本物保証！


「銀座東洋ジュエリー」では広報と兼任でバイヤーを務める天沼慎五（営業部兼広報部統括マネージャー）が普段から宝飾の買取や社内・社外研修などを行っています。

正直、昔のデザインや形が変形してしまった指輪やネックレスは売れない物が多く、ほとんどがスクラップといって地金を溶かしてインゴットなどにして販売を行います。

しかし、「石」の価値は変わらない為、地金が溶けて石だけ残ったこの天然石を宝石キャッチャーに利用します。

全て専門の資格を持った宝石鑑定査定士の天沼がチェックをしている安心感も好調の理由です。

天沼 慎五　（宝石鑑定査定士）

株式会社東洋　営業部兼広報部統括マネージャー
宝石鑑定査定士　（中央宝石研究所認定　／　宝石総合化学研修所認定）
1982年生まれ　　宝石リサイクル歴15年
リサイクルショップ「エブリデイゴールドラッシュ」および「銀座東洋ジュエリー」の創業メンバー。主にダイヤモンドに非常に詳しく、これまでの一般のお客様の査定件数は個人で3万6000件以上になる。

ギネス世界記録をもったゲームセンター！


世界一のゲームセンター「エブリデイ」は、2012年3月3日にクレーンゲームの台数が世界で最も多い店舗としてギネス世界記録に認定されました。

認定当時の記録は240台で、今も記録は破られていないどころか、現在の台数は310台（2015年12月22日現在）にも増えていて、世界一を継続中です。

埼玉県行田市という、田舎のど真ん中に店舗を構えているにも関わらず、週末になると1日で2000人を超えるお客様が来店します。

本リリースのお問い合わせはこちらまでお願い致します。
株式会社東洋　エブリデイ・エブリデイゴールドラッシュ

理由をロジカルに解説。

もちろん1回だけの露出では数日間のブームで終わってしまいますが、同社の場合、ほぼ月替わりで新しいクレーンゲームのリリースを配信しており、その積み重ねで今のポジションを築いています。元来、ゲームセンターは通りすがりに入るもので、特定の店舗を目指して行くようなものではありませんでした。けれどもエブリデイ行田店には、夏休みなどには駐車場に北から南まで全国のナンバープレートが並びます。ＹｏｕＴｕｂｅを見て海外からやって来るファンもいるそうです。「ここだけにしかない」という差別化を上手に情報発信していることが勝利の鍵と言えそうです。

通いつめるお客さんも多く、パートをしながら月に20万円分のクレーンゲームを楽しむ70代の女性も。ご主人を亡くしてふさぎ込んでいるときに息子さん夫婦に誘われ、景品が取れたことで明るさを取り戻せたそう。「きっとここに来ることが生きがいになっているのでしょうね」と言います。緑川さんも「最近やっと、クレーンゲームのテーマパークだと認識してもらえるようになってきました」と話しており、今後も業界全体のイメージアップを含めて、奮闘してくれそうです。

File.15
七呂建設

地方企業に全国から50人の記者が集結

新規事業の全国発信型リリース

冷戦時に発足したアトラス・サバイバル・シェルターズ社のシェルターを日本で初めて輸入！！

◆アトラス・サバイバル・シェルターズ社とは

七呂建設 会社概要

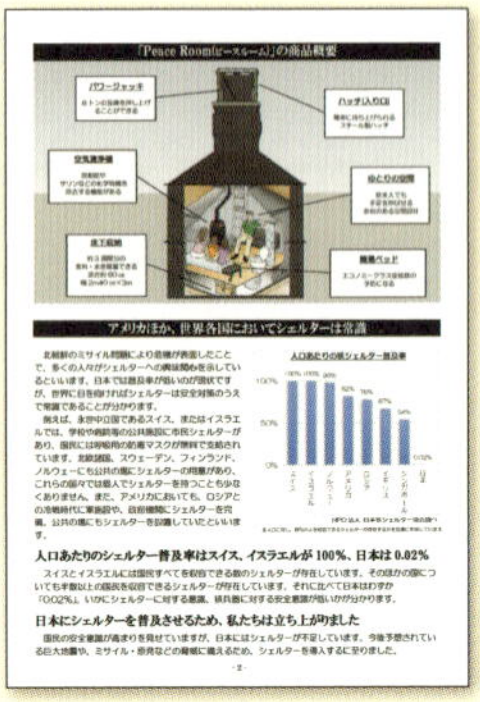
「Peace Room[ピースルーム]」の商品概要

アメリカほか、世界各国においてシェルターは常識

人口あたりのシェルター普及率はスイス、イスラエルが100%、日本は0.02%

日本にシェルターを普及させるため、私たちは立ち上がりました

七呂建設 ニュースリリース

SHICHIRO★NEWS 2017.10.23

アメリカ大手企業の核シェルターを日本初導入

アトラス・サバイバル・シェルターズ社

商品名「Peace Room」11月17日(金)発売

「Peace Room[ピースルーム]」の特徴

(1)放射能やサリンなどの化学物質を除去する空気清浄機

(2)パワージャッキ付きのドア

(3)床下収納、簡易ベッド、簡易トイレ付きで、避難生活を少しでも快適に！

導入の理由・背景

一級品のニュースバリュー

2017年7月ごろ、とある広報関連の講座で受講生の方から「ある案件を見てもらえないか」とオファーをもらいました。私はレギュラー案件だけで手一杯なので、スポットのコンサルティングは受けないことにしています。しかし、少し話を聞いてみると大変興味深く、一級品のネタだったので、強引に時間を空けて引き受けることにしたのが、「核シェルター」をアメリカのメーカーから初輸入するという事案です。なかなか身近に接する機会がない商品ですし、北朝鮮のミサイルの脅威も高まっていた時期だったので、話題性も抜群だと感じました。

よく、「Jアラートが発令されたら、地下もしくは安全な建物に避難してください」と言われますが、具体的な場所は思いつかない人がほとんどではないでしょうか。スイスやイスラエルなどでは人口当たりのシェルター普及率が（公共施設に設置されているものも含めて）100％であるのに対し、日本では0・02％しかないそうです。平和ボケと言われる日本らしい話で、社会的にも意義のある案件だと感じました。日本に初輸入される「Ｐｅａｃｅ Ｒｏｏｍ」という商品はアメリカ大手のシェルターメーカーが製造しているもので、実証実験で基準を満たしている安心感のある商品です。

声をかけてきたのは七呂建設の代表取締役・七呂恵介さんで、鹿児島の企業でありながら、わざわざ東京まで私の講座を聞きに来るほど勉強熱心な方です。ただＰＲに関しては、これまでリリースを配信したことがない初心者だったので、リリースの構成やメディアリストの作成法など、基礎からの指南が必要でした。

広報業務は社内で営業補佐の方が担当することになり、まずは情報を出す〝Ｘデー〟を定めることに。会社として見本のシェルターを1台輸入してモデルルームを設置する予定があったので、その公開日に向けて準備を進めていきました。苦労したのはアメリカ本社がなかなか情報を出してくれないこと。商品が商品だけに軍事機密があるらしいのです。担当者は輸入代理店をせっついたり、本社のホームページを翻訳したりして情報を集めました。そうしてまとめたリリースを、私が5回以上添削を繰り返し、形を整えました。

特長を絞り、図説を活用

では、そのリリースを見ていきましょう。まずはいつものことですが、**タイトルにメディアが注目しそうなポイントを凝縮**しました。

何より「核シェルター」は社会性とインパクトがありますし、「アメリカ大手」には著名性や信頼性、「日本初導入」には新奇性があり、ニュースバリューの塊になっています。黒字に白抜き文字を使って目立たせるテ

POINT 1

タイトルに威力あり！

「アメリカ大手」で著名性、「核シェルター」で社会性、「日本初導入」で新奇性と、タイトルがニュースバリューの塊になっている。デザインも、黒地に白抜きで目立つよう工夫。

1枚目

鹿児島県注文戸建住宅年間棟数 No.2！

七呂建設 ニュースリリース

SHICHIRO★NEWS　2017.10.23

アメリカ大手企業の核シェルターを日本初導入※

アトラス・サバイバル・シェルターズ社

商品名「 Peace《ピース》 Room《ルーム》 」 11月17日(金)発売

※アンカーハウジング社調べ

株式会社七呂建設(本社：鹿児島市石谷町、代表取締役：七呂恵介)は、自然災害や北朝鮮の核・ミサイルから身を守るための効果的な手段として「家庭用核シェルター」を11/17(金)より発売します。なお、弊社の住宅展示場内にショールームを開設予定です。

※販売開始日の前日16日(木)に内覧会及びプレスセミナーを開催する予定です。

「Peace Room(ピースルーム)」の特徴

(1)放射能やサリンなどの化学物質を除去する空気清浄機

シェルターに備え付けられている空気清浄機は、放射能やサリンなどの化学物質を除去する機能を持っています。また、6歳児でも簡単に回せる手動クランクが付いており、電力を失っても再起動させる事が可能です。

(2)パワージャッキ付きのドア

入口のドアには、8トンの重さがのしかかっても押し上げることができるパワージャッキがついています。入口のドアが瓦礫等で覆われても、ドアを開口することができるため、安心して避難できます。

(3)床下収納、簡易ベッド、簡易トイレ付きで、避難生活を少しでも快適に！

シェルターには、食料や水などを保管できる床下収納や簡易トイレのほか、家族が安心して睡眠をとれる簡易ベッドもついています。簡易ベッドを備えることで、エコノミークラス症候群の予防になります。

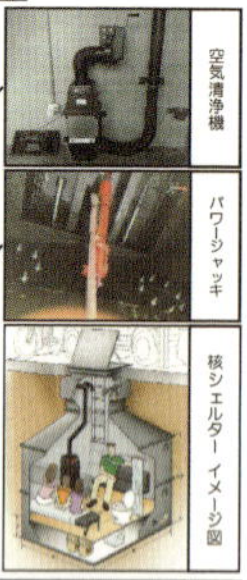

導入の理由・背景

理由①：度重なる北朝鮮のミサイル発射、挑発行為により、改めて社会的な防災意識が高まっています。命を守るために、自らの力で必要最小限の備えをすることが重要です。

理由②：鹿児島では、北朝鮮ミサイルリスクのほか、桜島や霧島の噴火リスク、地震リスクを抱えています。また、川内原子力発電所もあり、原発からの放射性物質というリスクも抱えています。

理由③：代表取締役(七呂恵介)が常にたくさんの出会いと情報を求めていく中で、核シェルターの問い合わせが増加していることを知りました。現在、核シェルターの普及率が極端に低い日本に、今後ますますニーズが高まると予想されるシェルターを供給するため、立ち上がりました。

お問い合わせ先　株式会社七呂建設

POINT 2

注目点を絞って列挙

商品特長や背景として伝えたいことは多くあるが、メディアの視点でポイントを3点に絞り、簡潔にまとめて優先順に列挙。補足事項は2枚目に記述。

クニックは、タイトル以外にも随所に使いました。

1枚目は商品の特長と導入の理由をまとめました。**多数の特長があふれていた中でも注目されそうな3点に絞り込み、優先順位の高い順に掲載**。特長を3点に抑えても、核シェルターという特殊な商品を導入することにした理由が必要だと感じました。そこで七呂さんから話を聞くと、鹿児島という土地柄、噴火や原発の危険が身近にあるため防災への意識が高いことが分かり、掲載することで説得力が増しました。

2枚目にはさらに詳しい情報を。メーカーの資料には文字情報しかなく分かりづらかったので、**ポイントを図にまとめました**。シェルターの普及率が国によって大きく異なり、日本は0・02%しかないという事実も、数字にインパクトがあるのでグラフで掲載しました。

3枚目は会社情報。メーカーはアメリカで大手とはいえ、日本人にはそのすごさが分からないため、情報が必要だと感じました。そして七呂建設自体、地元では知られていてもメディアにはまだ無名の存在です。何しろリリースを配信したことがないのですから。そこで歴史と実績を簡潔にまとめ、長く営業している信頼の置ける企業であることを伝えました。

配信は鹿児島県のほか、宮崎県、熊本県、福岡県の記者クラブへ。会社が以前、取材を受けたメディアの記者に直接配信したぶんや、私が東京のメディアに配信したぶんも含めて、延べ300通ほど。2017年11月16日に開催する記者発表会の案内を3週間ほど前に配信したところ、気の早いメディアが税関に問い合わせをしたようだと耳にし、手応えを感じました。

そして記者発表会当日。鹿児島の民放テレビはほとんど全局が来たほか（NHKは会見当日、天皇陛下の鹿児島行幸があったため来られなかった）、5大紙の鹿児島県版すべて、九州最大の西日本新聞や業界紙も取材に来ました。私が声をかけた小学館『DIME』の記者も東京からやって来て、50人ほどが集まる盛況となり

2枚目

「Peace Room(ピースルーム)」の商品概要

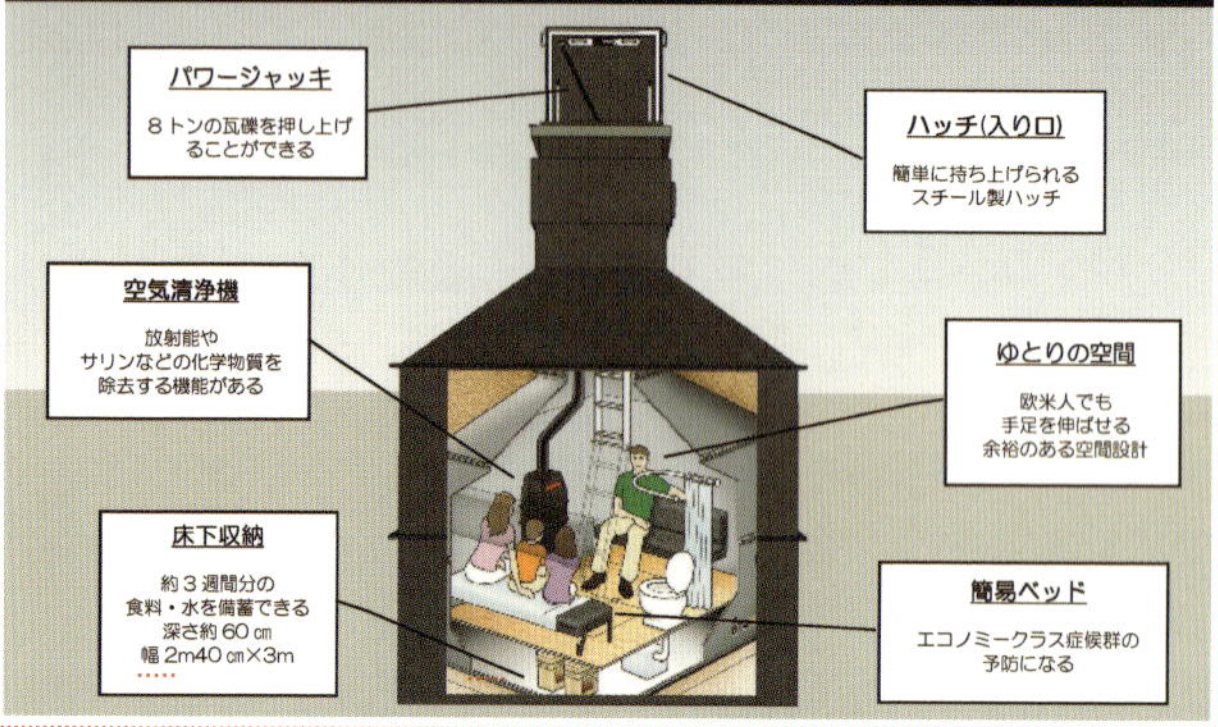

アメリカほか、世界各国においてシェルターは常識

北朝鮮のミサイル問題により危機が表面したことで、多くの人々がシェルターへの興味関心を示しているといいます。日本では普及率が低いのが現状ですが、世界に目を向ければシェルターは安全対策のうえで常識であることが分かります。

例えば、永世中立国であるスイス、またはイスラエルでは、学校や病院等の公共施設に市民シェルターがあり、国民には呼吸用の防毒マスクが無料で支給されています。北欧諸国、スウェーデン、フィンランド、ノルウェーにも公共の場にシェルターの用意があり、これらの国々では個人でシェルターを持つことも少なくありません。また、アメリカにおいても、ロシアとの冷戦時代に軍施設や、政府機関にシェルターを完備。公共の場にもシェルターを設置していたといいます。

人口あたりの核シェルター普及率

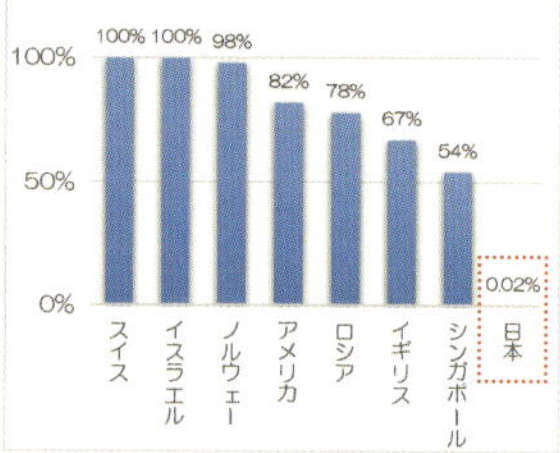

NPO法人 日本核シェルター協会調べ
全人口に対し、何%の人を収容できるシェルターが存在するかを基準に作成しています。

人口あたりのシェルター普及率はスイス、イスラエルが100%、日本は0.02%

スイスとイスラエルには国民すべてを収容できる数のシェルターが存在しています。そのほかの国についても半数以上の国民を収容できるシェルターが存在しています。それに比べて日本はわずか「0.02%」。いかにシェルターに対する意識、核兵器に対する安全意識が低いかが分かります。

日本にシェルターを普及させるため、私たちは立ち上がりました

国民の安全意識が高まりを見せていますが、日本にはシェルターが不足しています。今後予想されている巨大地震や、ミサイル・原発などの脅威に備えるため、シェルターを導入するに至りました。

- 2 -

POINT 3

図表で特長と背景を補完

膨大な文字のみで分かりにくかった商品特長を図で解説し、「0.02%」の数字がインパクトのあるシェルター導入背景はグラフを中心に強調。1枚目の情報を補完している。

ました。

七呂建設が苦心していたのは当日のオペレーションです。モデルルームは会社にあるガレージの地下に設置し、社内の会議室で記者発表を行いました。記者発表後の個別取材は、順番に1社ずつしかモデルルームに入れず、会議室からガレージへの移動も1分ほどかかるため、前の社の取材が終わる前に会議室を出て、ロスタイムがなく入れ替わりができるよう、リハーサルを繰り返していました。そうはいっても、会議室での待ち時間が生じてしまうため、社長が記者からの質問に答える時間にあてました。

ちょうど昼どきだったこともあり、お弁当を用意し、核シェルター用の備蓄食料の試食も盛り込みました。さらにシェルター生活を体験したご当地女性芸人のマイクさんに感想を話してもらうなど、ロスタイムをなくす仕掛けが満載です。マイクさんは備蓄食料が意外とおいしいことや、地下なのですごく静かだけど、車の音は小さく聞こえるので無音よりもよく眠れたことなどを話してくれて場が和みました。

テレビは午前中に時間を確保

テレビは紙媒体以上に取材時間がかかるため、私から七呂建設の方に指示を出しました。当初は全社取材が終わったあとに別時間を取ろうと考えたそうですが、そうすると夕方のニュースに間に合わなくなるため、必要な社には午前中に来て取材をしてもらうよう連絡を取らせたのです。するとやはり全社が午前中に来たそうです。テレビのニュース映像はＹａｈｏｏ！のトップページにもリンクされ、多くの人の目に触れることができました。

このＰＲの成功によって、地元はもとより全国から多くの問い合わせがあり、核シェルターの販売および設

3枚目

冷戦時に発足したアトラス・サバイバル・シェルターズ社のシェルターを日本で初めて輸入！！

アトラス・サバイバル・シェルターズ社(以下アトラス社)は、これまでにカナダ、イギリス、インド、南アフリカ、メキシコ、トルコに輸出していますが、日本への輸出は七呂建設が初めてとなります。

アトラス社(本社はテキサス州のダラス)は、冷戦時の1950年に発足し、現在ではアメリカ全土でのシェルターを生産しています。アメリカに３つの工場があり、毎年1000以上のシェルターを生産。2016年度の売上げは500%アップと飛躍していますが、昨今の世界情勢も踏まえると、シェルターのニーズは今後ますます高まっていくものと予想されます。

家庭用核シェルター外観

主にカリフォルニアの工場でシェルターの研究・開発を推進しており、工場は一般人も見学可能。シェルターのモデルルームも用意されています。

◆アトラス・サバイバル・シェルターズ社とは

アメリカ・カリフォルニア州ロサンゼルスに本拠を置くシェルターのメーカー。創業者でありオーナーのRD Hubbardは、1981年以来鉄鋼製造に従事。同国の中では、特にテキサス州・カリフォルニア州・ユタ州・アリゾナ州でのサービス提供に注力しています。

七呂建設 会社概要

◆会社名	株式会社 七呂建設
◆創業	昭和35年4月1日
◆会社設	昭和38年5月1日
◆資本金	8,700万円
◆事業概要	注文住宅 受注・設計・施工 収益物件（賃貸共同住宅、有料老人ホーム、保育園、グループホーム）受注・設計・施工 太陽光発電所 施工 リフォーム 受注・設計・施工 宅地造成 外構工事 設計・施工 保育園運営 シェルター 販売・施工
◆従業員数	84名（保育園スタッフを含む）
◆有資格者	一級建築士 6名 二級建築士 10名 一級建築施工管理技士 4名 二級建築施工管理技士 1名 福祉住環境コーディネーター2級 3名 宅地建物取引士 7名 太陽光発電システム施工監理士 2名

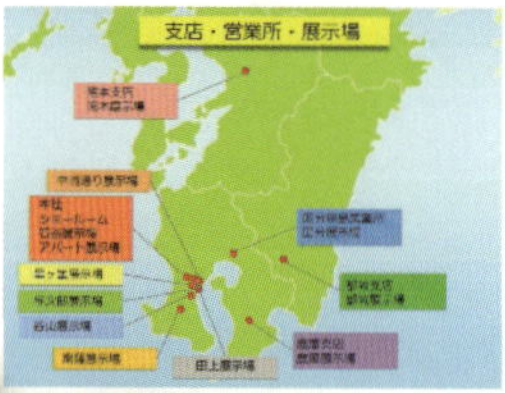

四季ZEN　なないろ保育園

鹿児島を拠点としたハウスメーカーとして57年に渡る誠実な取り組みにより、地域の皆様からの信頼を獲得。着工棟数では、県内総合２位となっています。

「アメリカ大手」の情報を追加することで信頼性を訴求！

置への手応えは十分だそうです。何よりＰＲ効果として大きかったのは、メディアに七呂建設の名前が知れ渡ったことです。実はシェルターの前に、練習で1件だけリリースを配信してもらっていました。それは女性社員のために社内保育園を開設したニュースでしたが、残念ながらメディアの反響はありませんでした。ところがシェルター後にもう一度この話をすると、「あれは七呂建設のリリースだったのか」ということで、さかのぼって記事にしてくれるメディアがあったそうです。建設業は地域密着型の業種なので、一度親しくなるとメディアも気にかけてくれるようになります。

また、外食産業と並んで労働力不足が深刻な業界でもあります。そんな中でも、もし働き口を探すとしたら「あのテレビや新聞によく出ている会社に入りたい」と思うのは当然で、会社のブランディングとともにリクルート効果も絶大なのです。

File.16
トラストバンク

「ふるさと納税」で事業創出支援

特定メディアを狙い打ちした理念追求型リリース

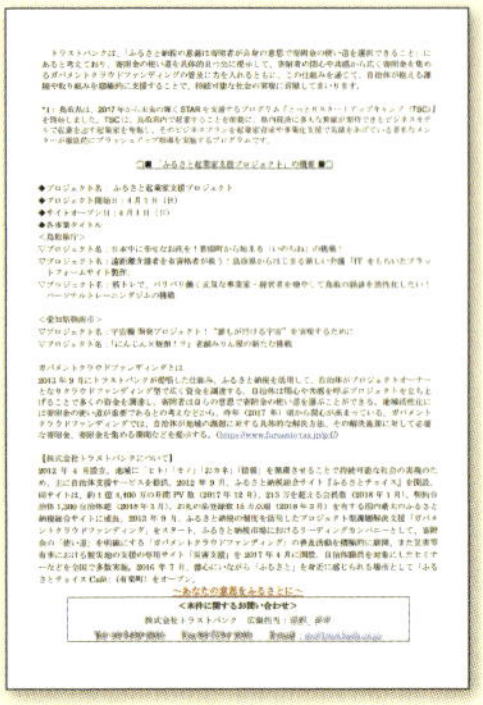

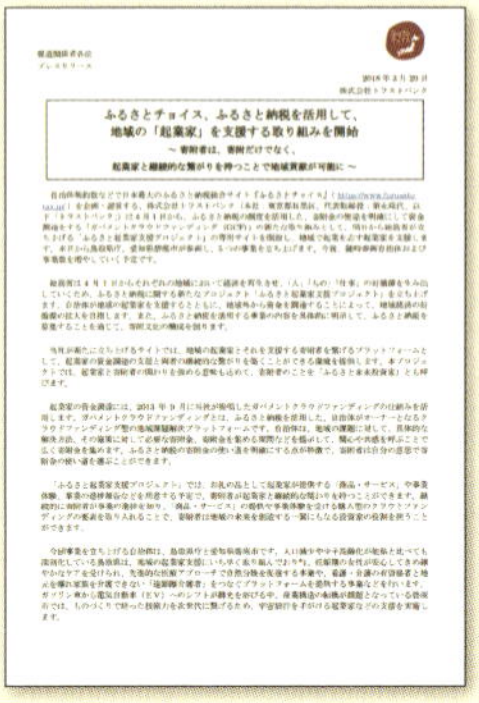
報道関係者各位
プレスリリース
株式会社トラストバンク
ふるさとチョイス、ふるさと納税を活用して、
地域の「起業家」を支援する取り組みを開始
〜寄附者は、寄附だけでなく、
起業家と継続的な繋がりを持つことで地域貢献が可能に〜

「ふるさと納税」のリーディングカンパニー

以前、山口県下関市にあるニッシンコーポレーションという企業の「プレミアムふぐカレー」という商品をプロデュースしたことがあります。ふぐはカレーソースとは別のパックにし、しっかりふぐを味わえる我ながら自信作。試食した市長から開口一番に言われたのが、「ふるさと納税の返礼品にしよう！」でした。地方自治体にとって、いい商品ができると真っ先に思い浮かぶほど、ふるさと納税が重要項目になっているのだと感じた出来事でした。

そのふるさと納税をここまで牽引してきたのが、今回取り上げるトラストバンクだといっても過言ではないでしょう。ふるさと納税制度がスタートしたのは2008年。同社は12年に設立され、「ふるさとチョイス」という全国の返礼品情報などをまとめた総合サイトをつくることで、世の中にふるさと納税の存在を浸透させました。地方自治体に寄附をすれば、おいしい食材などを返礼品としてもらえる上、税金が控除されるため、利用している読者も多いのではないでしょうか。私の知り合いにも年間２００万～３００万円の寄附をする強者がいるほどです。

けれど近年は寄附金集め競争が過熱化し、地元とはまったく関係のない海外の電化製品などを返礼品にする自治体も現れています。ついには総務省から返礼品に関する通知も出ました。

寄附金の〝使い道〟を明確化

そうした中、トラストバンクが２０１８年４月に新しく開設したのが「ふるさと起業家支援プロジェクト」というサイトです。同社では、ふるさと納税に寄附した人が寄附金の使い道を選べる仕組みを「ガバメントクラウドファンディング（ＧＣＦ）」と名づけて、２０１３年から提唱してきました。

ふるさと納税とはそもそも、地方で成長した人たちが納税者となる年齢には都市に出てしまっていて、税の格差が起こっているのを改善するためのものでした。返礼品をもらえる「お得感」ばかりが目立って、納めた税金の使い道にはあまり目が向けられない中、この方法なら自分たちが寄附した貴重なお金がどのように使われるか見届けることができるメリットがあります。

ＧＣＦを利用する事業は、２０１６年に66件だったのが翌年には１００件を超えるなど、着実に増加してきています。これまでは自治体が主体でしたが、２０１７年秋には総務省が個人の起業を対象にした「ふるさと起業家支援プロジェクト」をスタートさせることを示唆。そのタイミングに合わせて、トラストバンクが専用サイトを開設したのです。

POINT 1

タイトルで解決策を提示

ふるさと納税が、社会的課題である「起業家育成」と「地域活性化」の一挙両得の手段であることを端的かつストレートに訴求している。

タイトルとリードで情報の主要要素を伝えており、この部分を読むだけで取材意欲を喚起する仕掛けになっている。

取り組み開始リリース

1枚目

報道関係者各位
プレスリリース

2018年3月29日
株式会社トラストバンク

ふるさとチョイス、ふるさと納税を活用して、
地域の「起業家」を支援する取り組みを開始

～ 寄附者は、寄附だけでなく、
起業家と継続的な繋がりを持つことで地域貢献が可能に ～

自治体契約数などで日本最大のふるさと納税総合サイト『ふるさとチョイス』（https://www.furusato-tax.jp/）を企画・運営する、株式会社トラストバンク（本社：東京都目黒区、代表取締役：須永珠代、以下「トラストバンク」）は4月1日から、ふるさと納税の制度を活用した、寄附金の使途を明確にして資金調達をする「ガバメントクラウドファンディング（GCF）」の新たな取り組みとして、同日から総務省が立ち上げる「ふるさと起業家支援プロジェクト」の専用サイトを開設し、地域で起業を志す起業家を支援します。本日から鳥取県庁、愛知県碧南市が参画し、5つの事業を立ち上げます。今後、随時参画自治体および事業数を増やしていく予定です。

総務省は4月1日からそれぞれの地域において経済を再生させ、「人」「もの」「仕事」の好循環を生み出していくため、ふるさと納税に関する新たなプロジェクト「ふるさと起業家支援プロジェクト」を立ち上げます。自治体が地域の起業家を支援するとともに、地域外から資金を調達することによって、地域経済の好循環の拡大を目指します。また、ふるさと納税を活用する事業の内容を具体的に明示して、ふるさと納税を募集することを通じて、寄附文化の醸成を図ります。

当社が新たに立ち上げるサイトでは、地域の起業家とそれを支援する寄附者を繋げるプラットフォームとして、起業家の資金調達の支援と両者の継続的な繋がりを築くことができる環境を提供します。本プロジェクトでは、起業家と寄附者の関わりを強める意味も込めて、寄附者のことを「ふるさと未来投資家」とも呼びます。

起業家の資金調達には、2013年9月に当社が提唱したガバメントクラウドファンディングの仕組みを活用します。ガバメントクラウドファンディングとは、ふるさと納税を活用した、自治体がオーナーとなるクラウドファンディング型の地域課題解決プラットフォームです。自治体は、地域の課題に対して、具体的な解決方法、その施策に対して必要な寄附金、寄附金を集める期間などを提示して、関心や共感を呼ぶことで広く寄附金を集めます。ふるさと納税の寄附金の使い道を明確にする点が特徴で、寄附者は自分の意思で寄附金の使い道を選ぶことができます。

「ふるさと起業家支援プロジェクト」では、お礼の品として起業家が提供する「商品・サービス」や事業体験、事業の進捗報告などを用意する予定で、寄附者が起業家と継続的な関わりを持つことができます。継続的に寄附者が事業の進捗を知り、「商品・サービス」の提供や事業体験を受ける購入型のクラウドファンディングの要素を取り入れることで、寄附者は地域の未来を創造する一翼にもなる投資家の役割を担うことができます。

今回事業を立ち上げる自治体は、鳥取県庁と愛知県碧南市です。人口減少や少子高齢化が他県と比べても深刻化している鳥取県は、地域の起業家支援にいち早く取り組んでおり*1、妊娠期の女性が安心してきめ細やかなケアを受けられ、先進的な医療アプローチで自然分娩を促進する事業や、看護・介護の有資格者と地元を離れ家族を介護できない「遠距離介護者」をつなぐプラットフォームを提供する事業などを行います。ガソリン車から電気自動車（ＥＶ）へのシフトが脚光を浴びる中、産業構造の転換が課題となっている碧南市では、ものづくりで培った技術力を次世代に繋げるため、宇宙旅行を手がける起業家などの支援を実施します。

POINT 2

5W1Hを盛り込んだリード

企画内容をすべて盛り込み、鳥取県庁などの活動スタートを伝えて実態があることを提示。総務省の関与を明記し、信頼性も得ている。

同社では2017年12月にプロジェクトを告知する第1弾のリリースを、18年3月にサイト開設と本格的なプロジェクト開始を告げる第2弾を配信しました。ここからは、そのリリースを見ながら話を進めましょう。

まず、**タイトルで社会的課題の解決策を提示し、メディアの目を引いています**。実は私も、地域を活性化させるには、起業家を育成することが大事だという考えを以前から持っていて、地方自治体とまちおこし事業に取り組む際はいつも訴えています。いくら地域の商品をつくり出してお客を呼び込んでも、それは一過性のものでしかありません。それより地域に事業を創出し、雇用を生み出すことが地域の発展には最重要だと思うからです。このタイトルは、そうした「起業家支援」や「地域貢献」といった重要なワードを盛り込んでいます。

次に**リードですが、その完成度に目をみはります。わずか7行の中に、企画の5W1Hを盛り込んでいます**。2017年末に配信されたリリースから進展した形で、鳥取県庁や愛知県碧南市で具体的に事業がスタートすることが書かれており、読み手の期待感を呼び起こします。また、総務省という官庁の関与を明示することで、プロジェクトに対する信頼性も獲得しています。2枚目下段の**会社概要もうまくまとめています。数字や「国内最大」など、メディアが興味を抱くツボを押さえて文章化しているのが分かります**。

ところで、この「起業家支援プロジェクト」のリリースは、私が普段推奨しているリリースとはいささか体裁が異なります。私が1枚目には必ず目を引くような図版を入れ、文章は箇条書きで済ませるくらいシンプルなものがいいと言い続けているのは、ここまでこの本を読んでくださっている皆さんならお分かりいただいていると思います。だから反対に、なぜ文章だけのリリースをつくるのか、聞いてみたいという興味もありました。

2枚目

トラストバンクは、「ふるさと納税の意義は寄附者が自身の意思で寄附金の使い道を選択できること」にあると考えており、寄附金の使い道を具体的且つ公に提示して、寄附者の関心や共感から広く寄附金を集めるガバメントクラウドファンディングの普及に力を入れるともに、この仕組みを通じて、自治体が抱える課題や取り組みを積極的に支援することで、持続可能な社会の実現に貢献してまいります。

*1：鳥取県は、2017 年から未来の輝く STAR を支援するプログラム『とっとりスタートアップキャンプ（TSC)』を開始しました。TSC は、鳥取県内で起業することを前提に、県内経済に多大な貢献が期待できるビジネスモデルで起業を志す起業家を発掘し、そのビジネスプランを起業家育成や事業化支援で実績をあげている著名なメンターが徹底的にブラッシュアップ指導を実施するプログラムです。

□■「ふるさと起業家支援プロジェクト」の概要 ■□

◆プロジェクト名：ふるさと起業家支援プロジェクト
◆プロジェクト開始日：4 月 1 日（日）
◆サイトオープン日：4 月 1 日（日）
◆各事業タイトル：
<鳥取県庁>
▽プロジェクト名：日本中に幸せなお産を！智頭町から始まる「いのちね」の挑戦！
▽プロジェクト名：遠距離介護者を有資格者が救う！鳥取県からはじまる新しい介護「IT をもちいたプラットフォームサイト製作」
▽プロジェクト名：筋トレで、バリバリ働く元気な事業家・経営者を増やして鳥取の経済を活性化したい！パーソナルトレーニングジムの挑戦

<愛知県碧南市>
▽プロジェクト名：宇宙機 開発プロジェクト！“誰もが行ける宇宙”を実現するために
▽プロジェクト名：「にんじん×焼酎！？」老舗みりん屋の新たな挑戦

ガバメントクラウドファンディングとは
2013 年 9 月にトラストバンクが提唱した仕組み。ふるさと納税を活用して、自治体がプロジェクトオーナーとなりクラウドファンディング型で広く資金を調達する。自治体は関心や共感を呼ぶプロジェクトを立ち上げることで多くの資金を調達し、寄附者は自らの意思で寄附金の使い道を選ぶことができる。地域活性化には寄附金の使い道が重要であるとの考えなどから、昨年（2017 年）頃から関心が高まっている。ガバメントクラウドファンディングでは、自治体が地域の課題に対する具体的な解決方法、その解決施策に対して必要な寄附金、寄附金を集める期間などを提示する。（https://www.furusato-tax.jp/gcf/）

【株式会社トラストバンクについて】
2012 年 4 月設立。地域に「ヒト」「モノ」「おカネ」「情報」を循環させることで持続可能な社会の実現のため、主に自治体支援サービスを提供。2012 年 9 月、ふるさと納税総合サイト『ふるさとチョイス』を開設。同サイトは、約 1 億 4,400 万の月間 PV 数（2017 年 12 月）、213 万を超える会員数（2018 年 1 月）、契約自治体 1,300 自治体超（2018 年 3 月）、お礼の品登録数 15 万点超（2018 年 3 月）を有する国内最大のふるさと納税総合サイトに成長。2013 年 9 月、ふるさと納税の制度を活用したプロジェクト型課題解決支援「ガバメントクラウドファンディング」をスタート。ふるさと納税市場におけるリーディングカンパニーとして、寄附金の「使い道」を明確にする「ガバメントクラウドファンディング」の普及活動を積極的に展開。また災害等有事における被災地の支援の専用サイト「災害支援」を 2017 年 4 月に開設。自治体職員を対象にしたセミナーなどを全国で多数実施。2016 年 7 月、都心にいながら「ふるさと」を身近に感じられる場所として「ふるさとチョイス Café」（有楽町）をオープン。

～あなたの意思をふるさとに～

<本件に関するお問い合わせ>
株式会社トラストバンク　広報担当：[illegible]
[illegible]

POINT 3

会社概要の見せ方に工夫

数字を多用し、「最大」などのワードを上手く使うなど、メディアが興味を持つツボを押さえている。

図版よりも思いを伝える

広報リーダーの宗形深さんは、以前は大手ECサイトに在籍し、元新聞記者であった上司に指導を受けたと言います。「上司には『リリースは会社が出す公式文書で契約書のようなもの。だから正確に事実のみを書かなくてはいけない』と強く言われました。私自身も、リリースは当社の思いをメディアに伝えるものであり、図版を入れることでその思いがリリースの下段や2枚目になってしまうのは嫌だという思いがあり、文章だけでまとめました」と宗形さん。

なるほど、いろいろな考え方があるものです。また、このリリースはあくまで新聞狙いで、テレビ向けには図版を使ったキャッチーなリリースをつくるなど、メディアの特性に合わせて使い分けているとのこと。ふるさと納税が頻繁にテレビで取り上げられているのは、その効果もあるのでしょう。

今回のリリースは配信サービスを使った約300と自社リストによる約200、計500のメディアに配信。日経新聞や日経MJ、経済界などに掲載がありました。そして取材当時、約10件の起業家支援プロジェクトをサイトに掲載していました。看護・介護の有資格者と遠距離介護者をつなぐプラットフォームの提供から、宇宙旅行を実現させる事業までプロジェクトは多種多様で、寄附も少しずつ集まってはいたものの、当時はなかなか目標額の達成は難しいという実状があったようです。やはり「ふるさと納税＝お得」という認識が定着している現状では、一気に意識改革するのは難しい部分もあったのでしょう。

けれど宗形さんや広報チームの田中絵里香さんは、起業家支援プロジェクトのリリースに先駆けてGCFのリリースを集中投下するなど、戦略的な広報を実施しています。その結果、GCFのメディア露出は2016年度の33件から17年度の115件と約4倍に増加し、ウェブ百科事典の「コトバンク」ではトラストバンクの

事前リリース

報道関係者各位
プレスリリース

2017年12月6日

株式会社トラストバンク

トラストバンク、ふるさと納税総合サイト「ふるさとチョイス」を通じた
「ふるさと起業家創出プロジェクト」を発表
～ 民間、自治体、NPO 等の協働を通じて、未来の起業家に対して、
資金支援に加えてマッチング支援、事業サポート、人材育成など包括的にサポート ～

日本最大級のふるさと納税総合サイト『ふるさとチョイス』（https://www.furusato-tax.jp/）を企画・運営する、株式会社トラストバンク（本社：東京都目黒区、代表取締役：須永珠代、以下「トラストバンク」）は本日、「ふるさとチョイス」を通じて、未来の起業家を支援する「ふるさと起業家創出プロジェクト」を来年4月を目途に開始することを発表します。本プロジェクトでは、当社、自治体、NPO団体等が協働し、資金支援、マッチング支援、事業サポート、人材育成などの機会を起業希望者に提供することで、起業しやすい環境を整備するとともに、挑戦を称える社会意識を醸成することで起業家の力を最大限発揮し、日本経済の発展に繋げることを目指します。

昨今、ふるさと納税において、寄附金の使い道を明確にして、寄附者の共感を呼ぶことで寄附金を広く募る「ガバメントクラウドファンディング（GCF）」（注）の仕組みが注目されています。今年は、昨年の 66 プロジェクトに対して、100 を超える GCF のプロジェクトが立ち上がる見込みです。一方、寄附金の使い道として、「子育て支援」「環境保全」「災害支援」など地域の課題に対するものが多い中で、これらの課題を行政だけで解決することは難しいのが実情です。トラストバンクは、こうした構造的な地域課題に対して、立場の異なる組織（行政、企業、NPO、財団、有志団体など）が、組織の壁を越えてお互いの強みを出し合い社会的課題の解決を目指す「コレクティブ・インパクト」のアプローチが重要だと考えています。

今回、当社は GCF のプロジェクトにおいて、地域課題を解決するために、行政だけでなく、専門的な知識や経験などを有するスペシャリストの参画を促すことで、地域だけに留まらず日本全体の課題解決を加速させるために、まずは、ふるさと納税の活用とコレクティブ・インパクトのアプローチを通じて、「ふるさと起業家創出プロジェクト」を行ってまいります。

■「ふるさと起業家創出プロジェクト」の内容

1）資金支援：
当社は、最大約 1 億 4,300 万月間 PV 数（2016 年 12 月）を有する日本最大級のふるさと納税総合サイト「ふるさとチョイス」を通じて、起業家を支援するための特設ページ「GCF 起業家支援」（仮称）を来年 4 月を目途に立ち上げる予定です。サイトでは、起業家支援に特化した GCF プロジェクトを集約し、過去の成功事例の紹介や、共感を呼ぶプロジェクトへの呼びかけなどを行うことで起業家支援のための資金調達を行います。

2）自治体と起業家のマッチング支援：
当社は、全国 1788 自治体の内、現在（12 月 5 日時点）1,300 以上の自治体と契約しています。この自治体との関係性を活かして、当社サイトだけでなく、リアルイベントなどを通じて、自治体と未来の起業家をマッチングする機会を作ります。数万人の来場者を動員した「ふるさと納税大感謝祭」や日本各地で自治体職員向けに行っている「ふるさと納税サミット」といったリアルイベントにおける実績とノウハウを活かして、自治体が求める有望な起業家の発掘を目指すとともに、起業家には地域で新たな挑戦をするきっかけを提供します。

告知リリースを事前配信

プロジェクト開始の3カ月ほど前に、告知リリースを配信。これにより、その後の配信効果も高まる。

テレビ用リリース

報道参考資料

2018年2月26日
株式会社トラストバンク

オリンピック銅メダリスト「カーリングチーム」出身地、
北海道北見市のふるさと納税サイトへのアクセスが3倍増！
～ 赤いサイロが 1 位、カーリング体験が 3 位にランクイン
お祝いの言葉も続々投稿 ～

国内最大のふるさと納税総合サイト『ふるさとチョイス』(https://www.furusato-tax.jp/)を企画・運営する、株式会社トラストバンク(本社：東京都目黒区、代表取締役：須永 珠代)では、ふるさと納税を通じた、地域の取り組みや各地の変化などを、報道関係者の皆様に向けて定期的に発信しています。

「そだねー」ジャパン効果！
地元北見市へのアクセスが数日で3倍増

北海道北見市のここ数日のアクセス数を調べたところ、右図のとおり、銅メダルを獲得した24日から顕著な伸びを示し、約3倍伸びています。

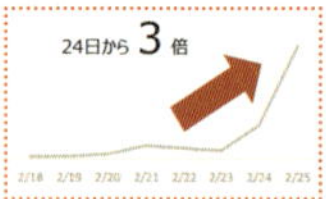

北見市のふるさと納税「お礼の品」ランキング
1位は休憩中に食べていた話題の「赤いサイロ」
3位に「カーリング体験60分」がランクイン

順位	お礼の品名	最低寄附金額（円）
1位	赤いサイロ	10,000
2位	北の魚味・ほっけ三昧	10,000
3位	アドヴィックス常呂カーリング体験60分	20,000

ランキング抽出期間：2/24-25

カーリング体験が人気上昇！

日本全国からお祝いのコメント多数！

カーリング銅メダルおめでとうございます。本当に感動しました。ほんの気持ち程度の寄付ですが、お役立てください。次の北京オリンピックに向け頑張ってください。応援しています。

オリンピックでカーリングをみて、活動資金が不足していることを知りました。ぜひ、チーム北見の活動に役立ててほしいです。

カーリングに感動しました。
選手育成に少しでも協力できたら…と思いました

カーリング女子に感動しました！
応援したくなったのともぐもぐしたくなったので、赤いサイロを。

カーリングLS北見の活動に感動しました。ぜひ自治体として十分な支援をお願いいたします。継続寄付をさせていただきます。

平昌オリンピック銅メダルおめでとうございます。
北見市、カーリングを応援させていただく意味として、初めてふるさと納税をします。
サイロも楽しみです。いつか行ってみたいです。

【本件に関する問い合せ】
株式会社トラストバンク 広報担当：[illegible]
Tel [illegible] Fax [illegible] E-mail：[illegible]

文字中心のリリースは新聞向け、図版を使ったキャッチーなリリースはテレビ向けと、特性に合わせて使い分け。

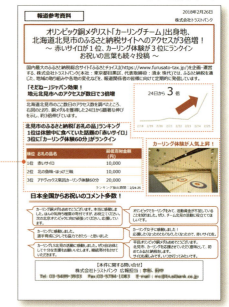

社名入りで解説されるようになるなど、着実な効果がありました。中でも当時の野田聖子総務大臣が、自身の発言の中で「ガバメントクラウドファンディング」という言葉を使ってくれたのが大きかったと宗形さんが言うように、言葉自体は着実に浸透してきているようです。

もともと同社は、創業者で代表取締役の須永珠代さんが「NPOでもいいから社会の役に立つことがしたい」と創立した企業。その意思をよく理解しているからこそ、広報もぶれずに活動ができるのでしょう。

宗形さんたちは、事業担当者が地方で自治体向けにふるさと納税のセミナーを開く際に同行し、記者向けにGCFの有効性を説明しているそうです。さらに、メディアでふるさと納税に批判的な記事を書いている人にアポを取って会いに行くこともあるそうで、「そういう方は大概、寄附集め競争になっている現在のふるさと納税に批判的なので、直接会って話すと当社の考えをよく理解していただけます」と話します。そこまでする姿勢に頭が下がりますが、宗形さんも田中さんもまだまだやりたいことがたくさんあって手が回らないようです。この分野のリーディングカンパニーであるトラストバンクの広報力で、ふるさと納税が本来あるべき姿になったらいいですね。

File.17
そごう・西武

ウェブへ誘導で動画再生120万回を突破

定番イベントの新付加価値訴求型リリース

実体験を元にイベントを企画

「母の日」や「父の日」などのカレンダーイベントは、小売業にとって大切な商機です。2018年、そごう・西武では、5月の母の日に合わせて「自分の母親のことをどのくらい知っているか」を試験する「全国一斉母の日テスト」を開催し、話題を呼びました。

贈り物やギフト商品を多く扱う百貨店にとって、カレンダーイベントの重要性は言うまでもありません。けれどクリスマスやハロウィンなどが伸長しているのに対し、母の日は大きな変化がありません。

その理由を、広告・宣伝担当の吉元誠治さんは「フォーマルギフトの印象が強いからではないか」と推測します。母の日は昔からずっと変わらず、気軽に参加する人が少ない傾向にあるというのです。しかし考えようによっては「母自身が自分にご褒美をあげる」「母を亡くした人は、好きだった物を食べるなどして母を偲ぶ」「品物をあげるだけでなく、母と一緒に何かを楽しむ」など、母の日の過ごし方はまだまだ広がる可能性があります。とにかく、母の日に「参加する」層を増やすことが大事だと考えました。

そこには吉元さん自身の反省もありました。広島在住の母にカープ観戦のチケットを贈り、喜ぶだろうと思っていたら、高齢のためトイレの心配の方が大きく、「母親のことをよく分かっていなかった」と感じたそうです。そこから自分が母親をどれだけ知っているかを試すテスト企画につながっていきました。

また、母の日についてアンケートを取ったところ、「形あるプレゼント以上に感謝の言葉などのコミュニケーションが嬉しい」との結果が出ており、「男性だと恥ずかしくて面と向かって言えないことも、テスト形式のメッセージカードなら書けるし、母親にとっては自分のことを考えてくれた時間自体が嬉しいだろうと考えました」。

実施方法は、①店頭でテスト付きのメッセージカードを配布、②特設サイトにテストを掲載、③朝日と毎日のこども新聞にテストを掲載、④12店舗で親子参加型のテストを実施、の4パターン。4月24日からキャンペーンを始め、①は全国15店舗で10万部を配布。④は昔のテストのようにわら半紙に刷ったところがお洒落です。

②は制限時間30分で100問というボリュームのある内容。私が最も興味を持ったのが、この問題を現役東大生に解いてもらい、その動画をウェブ上で公開していたことです。尺が5分7秒ある、なかなかの感動大作でした。

参加してくれる東大生を募集し、当日は38人が集まりました。画面からは和やかで自然な空気が伝わってきます。お昼に集まってテストを開始しますが、制限時間の30分では足りず15分延長。その後、母親に電話をか

POINT 1

タイトルで興味喚起

タイトルに、太い赤字で「東大生でも意外と解けない」と表記することで、“どのような問題?”と興味がわくよう工夫している。

POINT 2

リードで問題を提示

近年、母の日が盛り上がりに欠けることを伝え、イベントの背景となる理由（Why）を訴求。

「全国一斉母の日テスト」告知リリース

Press Release

SEIBU SOGO

2018年4月

株式会社
そごう・西武

東大生でも意外と解けないテスト？！

母の日は、お母さんのことをもっと知る日に…

「2018年全国一斉母の日テスト」開催

そごう・西武では現在、「今年こそ、ちゃんと母の日。」をテーマに各店で母の日プロモーションを展開しています。近年母の日は、他のイベントに比べて参加しないという方が多く、市場規模が縮小傾向にあります。そこでそごう・西武では、「2018年全国一斉母の日テスト」を開催。母の学生時代のあだ名、母が最近一番うれしかったこと、母の幼い頃の夢…など、知っているようで知らない母にまつわる問題を答えることで、母の日にお母さんのことをもっと知ってもらうきっかけづくりを行います。特設サイトでは現役東大生38名を集めて実際に行った母の日テストの様子を動画で公開。今まで母の日に参加していなかった人も巻き込み、母の日商戦を盛り上げてまいります。

【「2018年全国一斉母の日テスト」展開概要】
■会期：4月24日（火）～5月13日（日）
■店舗：そごう・西武全15店舗　※そごう神戸店と西武高槻店での展開はございません。
■内容：①全国一斉母の日テストのメッセージカードの配布
②特設サイトにてWEBテストの実施
③こども新聞（朝日新聞・毎日新聞）に母の日テストの掲載
④各店にて親子参加型「全国一斉母の日テスト」開催　※展開会期は店舗によって異なります。
（展開店舗）そごう横浜店、千葉店、広島店、大宮店、徳島店、川口店、
西武池袋本店、所沢店、秋田店、岡崎店、東戸塚店、大津店　＝計12店舗
■母の日特設WEBサイト：https://www.sogo-seibu.jp/mothersday18/　※4月23日（火）より公開

親子参加型「全国一斉母の日テスト」開催！

そごう・西武の各店では、一部店舗を除いて親子で一緒にご参加頂ける「全国一斉母の日テスト」を開催いたします。お母さまとお子さまで同時にテストをご回答いただき、その場で採点。成績優秀な3組の方にプレゼントをお渡しいたします。※一部店舗では抽選式になります。
■参加条件：お母さまとお子さま一緒にご参加できる方
※店舗によって参加人数制限がございます。
※ご参加頂いた方全員に参加賞をご用意しております。
■優秀賞：木村カエラさん直筆サイン入り絵本…各店3名様

「2018年全国一斉母の日テスト」WEB動画公開！

母の日特設WEBサイトにて、「2018年全国一斉母の日テスト」特別WEB動画を公開いたします。現役で東京大学に通う学生38名が集まり、実際に母の日テストを受けてもらいました。
【2018年全国一斉母の日テスト】特別動画
■URL：https://youtu.be/WZCVWW0oiv4
【今年こそ、ちゃんと母の日】特別動画
母の日に向けた、メッセージ動画も同時公開いたします。
■URL：https://youtu.be/itS_Z5pEiao
※4月23日（火）より公開。YOUTUBE 限定公開。

POINT 3

詳細は動画へ誘導

リリースの文章で詳細を伝えるのではなく、YouTubeの特別動画へと誘導。ビジュアルを載せることでアピール力もアップ。

1枚にまとめたシンプルなリリース。的確に情報を伝え、高確率での掲載につなげている。深掘りしたい場合はホームページや動画へ誘導。

けて答え合わせのできる人が3分の1ほど残り、収録は夕方まで続いたといいます。

さて、ここからは広報の話。リリースは通常、キャンペーンの始まる1週間前までに配信しています。同社では企画がほぼまとまった段階で広報に案件がまわってくる体制で、社長室広報・CI担当の高田依子さんも3月中旬からこの案件に関わりました。

「東大生」というワードを活用

リリースを見てみましょう。まず、**「東大生でも意外と解けないテスト?!」というインパクトのあるタイトルでメディアの興味を喚起しています**。これは企画のレクチャーを受けたとき、高田さん自身が一番印象に残った要素だったそうです。「母親に関するテスト」だけでも企画としては十分に面白いですが、東大生の企画が入っているのと、入っていないのを想像すると、「東大生」に圧倒的なパワーがあることが分かります。

リードで「市場規模が縮小傾向にある」という問題をさりげなく提示しているのも上手なところです。こうした問題提示と、それを解決する型の企画はメディア好み。高田さんも経済部の記者と接する機会が多いので、どんな要素が読み手に刺さるかは心得ているのです。

そして**リリース自体はシンプルに1枚でまとめながら、もっと詳しく知りたい人には、ウェブで公開している100問テストと、東大生の動画をチェックするよう誘導**しています。テストは誰もが受けてみたくなりますし、リリースには好感度の高い東大生女子の写真も載っていて、動画を見てみたくなります。おそらく多くの記者たちが、この術中にはまったのではないでしょうか?

実際、今回のPRではこの動画の果たした役割が非常に大きかったのです。動画では電話の向こうの母親が

ウェブに公開されたテスト用紙

テスト内容をホームページで公開! 自分で解くことで、共感を得られるように仕掛けている。

声を詰まらせる瞬間などがあり、胸に迫るものがあります。実は社内で検討した際、「5分7秒は長すぎる」という声があったそうです。1分を超えたら長いと言われるウェブ動画では当然の反応でしたが、自信作だと確信していた吉元さんは「絶対に100万回再生を取ります」と宣言して押し切りました。

高田さんも、同社では通常、1案件あたり1回しかリリースを出さないところ、ウェブ動画が公開される4月23日に母の日の第2弾としてリリースを出してダメ押し。普段付き合いのある新聞やテレビなど約100人にメールやファクスで配信したほか、ウェブから動画視聴につなげるため、配信会社を通じて300媒体にも配信しました。

テストと動画の2本柱で拡散

すると5月1日にTBSの『ビビット』で動画が紹介され、それが呼び水となりテレビ局からの問い合わせが続き、結果的に14番組で紹介される大反響を得ました。ほかにも新聞18、ラジオ1、通信社2、ウェブでは約200と、「ここまで大きな反響があるとは予想しませんでした。近年ではほかに例がありません」と2人は声を揃えます。気になる動画の再生回数も6月初旬の段階で120万回以上と、公約の100万回を突破しました。「初めてウェブ広告を最後まで見た」という書き込みも寄せられるなど、作り物でない映像が視聴者の心をつかんだようです。

店舗での親子参加型のテストには800人が参加。「父の日もぜひやってほしい」との声も聞かれ、早速6月に実施しました。インスタで「西武でこんなテストやってるよ」とアップする人がいたり、趣旨に賛同したのか、100問テストをホームページに転載する人がいたり、漫画家が自作の中でこのテストを取り上げたり

母の日ギフト提案リリース

1枚目

Press Release　　　2018年4月

SEIBU SOGO

株式会社
そごう・西武

縮小傾向にある母の日ニーズを掘り起こし！

テーマは「今年こそ、ちゃんと母の日」

そごう・西武では4月10日（火）よりそごう・西武全15店舗で母の日プロモーションを展開いたします。

近年母の日は、他のイベントに比べて参加しないという人が多く、自分へのご褒美需要も低いなど市場規模が縮小傾向にあります。そこでそごう・西武では、「今年こそ、ちゃんと母の日」をテーマに、「母が楽しむ、母と楽しむ、母を想う」の3つの切り口で母の日ギフトを提案いたします。また、プロモーションではアーティストの木村カエラさんが4月22日（日）に発売する絵本「ねむとココロ」とコラボレーションした、母の日限定の木村カエラさん描き下ろしイラストのラッピングツールやメッセージカードの展開、そして木村カエラさんの絵本原画展示など、贈る人だけでなく母自身も楽しめるコト・モノ提案をし、母の日商戦を強化してまいります。

【母の日展開概要】
■会期：4月10日（火）～5月13日（日）　■店舗：そごう・西武全15店舗＝各対象売場

木村カエラさん描き下ろし限定ラッピングツールが登場！

※本リリースの掲載画像はイメージです。

木村カエラさんがそごう・西武のために描き下ろしたイラストの母の日プロモーション限定ラッピングツールが登場します。
ショッピングバッグの他、包装紙、シール、メッセージカードの4種類展開です。
■会期：4月10日（火）～5月13日（日）※ラッピングツールは各店無くなり次第終了とさせて頂きます。
■店舗：そごう・西武全15店舗　※店舗によって会期が異なる場合がございます。※そごう神戸店・西武高槻店では開催いたしません。
■対象売場：各店母の日ギフト対象売場（店舗によって異なります。）

ショッピングバッグ　包装紙　メッセージカード　シール

【木村カエラさん絵本「ねむとココロ」原画展示会】
■西武池袋本店（2階＝中央 A7婦人雑貨フロア特設会場）4月22日（日）～5月8日（火）
■そごう横浜店（7階＝中央エスカレーター横特設会場）4月25日（水）～5月13日（
内容：絵本の原画展示やキャラクターのラフスケッチ、作画道具などを展示。ココロちゃん

【木村カエラさん初めての絵本が 4 月 22 日（日）に発売予定】

木村カエラさんがデビュー当時からの夢であった絵本を初めての描き下
出版することが決定。小さい頃から絵本が大好きで、自身の作品の創
インスピレーションを受けているという彼女。今回、カエラさん初となる絵
アルバム『PUNKY』に収録されている「BOX」という曲をもとにして描かれ

2枚目

そごう・西武が提案するおすすめ母の日ギフト

※本リリースの掲載画像はイメージ、全て税込価格です。

■お母さん自身が楽しめるギフト
母親同士が集まって楽しめる見た目も華やかなスイーツや、母親のコトはじめのきっかけづくりの工芸茶セットなどお母さん自身が母の日を楽しめるアイテムをご用意しました。
写真①新宿高野／ローゼ／2,160 円
販売：西武池袋本店、そごう横浜店ほか 2 店舗（5/10～13）
写真②クロイソス／工芸茶／3 種アリエルポット付き／5,400 円
販売：西武・そごう全 15 店舗（5/8～13）

■お母さんを楽しませるギフト
母の日ギフトを止めてしまい、もう一度始めることがちょっと恥ずかしい人へ、ハンカチや携帯バッグなど気軽に贈れて、お母さんも喜ぶギフトをご用意しました。
写真①ロイヤルコペンハーゲン／婦人ガーゼハンカチ 1,080 円～
販売：西武、そごう 15 店舗
写真②ロイヤルコペンハーゲン／携帯トートバッグ 1,296 円
販売：西武、そごう 15 店舗

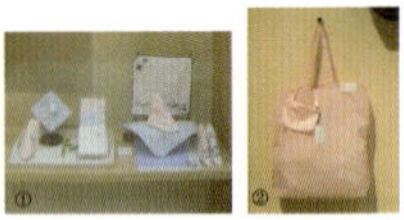

■お母さんを想うギフト
仕事や家事の日ごろの疲れをリフレッシュしてもらうアイテムや、母への贈り物と同じものを買って離れていても同じ美味しさを一緒に味わうなどお母さんへの想いが伝わるギフトです。
写真①URUNA／足指解放ソックス／1,944 円
販売：西武、そごう全 15 店舗
写真②日比谷花壇／花咲くローズカップタルト 1 箱
直径約 7cm × 6 個（姫ローズ、あまおうイチゴ、瀬戸内レモン 各 2 個）要冷凍 4,400 円
販売：西武、そごう 15 店舗（5/1～13）

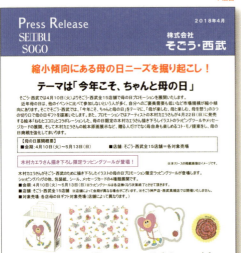

と、後半は完全に企画が独り歩きしていたようです。

そこまでの大反響ならばセールスに結びついたのでは？　と問うと、期間中の売上は「まずまず」という程度だったそう。ただ、今回の母の日企画は売上の数字以上の効果があったと手応えを感じているそうです。

「売上などで一概に結論は出ないと思っています」と吉元さん。「売ることばかりを前面に押し出せば、これほどの共感は得られなかったとも思います。力のあるコンテンツだということは分かったので、単年で終わらせず、じっくりと取り組んでいきたい」。いい動画が制作できて、リリースで上手に誘導できたのが成功の要因と言えるでしょう。

「百貨店を取り巻く環境は激変し、インバウンド売上は好調ではあるものの、楽観してばかりもいられない状況です。当社では旗艦店を中心に成長を図る首都圏戦略を重視しており、そのことをお客さまやメディアの方たちに分かりやすく発信していくこと、そごう・西武のブランド価値を上げていくことが目標です」と高田さんは話しています。

File.18
レナウン

時流を先取りメディアとのつながりを拡大

ロジカルな人事施策訴求型リリース

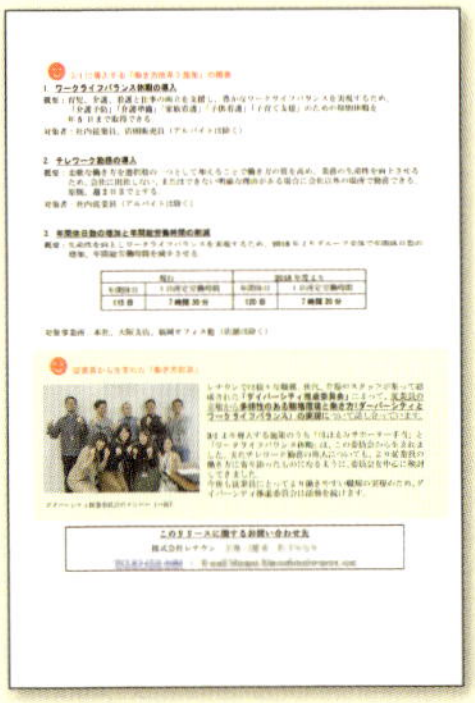

働き方改革の中でユニークな取り組み

企業の働き方改革が推進される中、アパレルメーカーのレナウンでユニークな取り組みが始まりました。子育て中で時短労働や休日を優先取得する販売員がいる店舗で、同僚の人たちに手当てが出る「ほほえみサポーター手当」という制度です。

同社の店舗で働くスタッフは圧倒的に女性が多く、働き方について多数の要望が挙がっていました。そこで2016年に各部を網羅するスタッフが集まり「ダイバーシティ推進委員会」が発足。26人（リリース作成時）が参加し、社内のコミュニケーションを活性化させる役割も果たしているといいます。

そうして働き方について検討していく中で、「子育てをする人も大変だけど、その人の分まで時間を調整して働く同僚も大変」「時短で働く人も、周りの人に対して心苦しい思いをしている」

といった声から生まれたのが「ほほえみサポーター手当」です。「各店舗には3〜4人しかおらず、1人が休むと大きな影響が出ます。それに子育て中は、土日や夕方に出られないことも多いので」と説明するのは広報・IR室の松下みなみさんです。

リリースには、ほかにも働き方に関する3つの制度が載っています。ひとつめは「ワークライフバランス休暇の導入」。年5日の特別休暇が取得でき、例えば老親に会いに行くときも利用できます。「遠方に住んでいると親に会いに行く機会も少なくなりますが、会って話をするだけでも認知症の予防になると言われています」と同室専門課長の円谷博明さんは言い、かなり手厚い制度と言えます。

ふたつめは「テレワーク勤務の導入」。育児や介護など明確な理由がある場合に、週2日まで会社以外の場所で働ける制度です。本社スタッフは2時間くらいかけて通勤しても、1日のほとんどがデスクワークで終わってしまう日もあり、無駄な通勤時間を節約した方がいいと、もともと会社としても積極的に検討していたそうです。「特に当社のある有明地区は2020年の東京オリンピック時には通勤に支障をきたすと言われており、その準備もあります」と円谷さん。

最後は、年間の休日を115日から120日に増やし、1日の労働時間を7時間30分から7時間20分に減らすというもの。いずれも同社の期の始まりである3月1日に施行するため、2月19日にリリースを配信しています。

定石とは異なる手法もあり

ではそのリリースを見てみましょう。まず目につくのが、**本文が制度の背景や課題などを前面に押し出して**

いるところです。私も企画理由は必ず書くよう指導しますが、どういう制度かをまず案内してから背景を説明するのが定石で、このリリースは異なる形式を採っています。メディアの立場になってよく考えてみると、理由のあとに結果がある方が腑に落ちやすく、記事も書きやすいので、この手もありだなと感じました。

1枚目には企画概要を載せて全体像が把握できるようにし、いったん完結。2枚目以降で詳細を説明する方式は定石どおりです。

このリリースでは4つの制度を伝える中で、「ほほえみサポーター手当」に1ページ使い、残り3つで1ページというように**コンテンツに優先順位をつけています**。

松下さんは最初、4つを同列に扱っていましたが、他社では見たことがない「ほほえみサポーター手当」を最優先した方がいいと判断し、全面的に書き直したといいます。私もその判断は正しかったと思います。何か強力なコンテンツがある場合は、それを優先した方がメリハリがつきます。

実はレナウンが広報に力を入れ始めたのはごく最近のこと。そのため配信メディア数は少なく、このリリースも15社ほどにしか配信していないそうです。けれど日経、朝日、毎日、読売、産経と大手5紙すべてに掲載され、通信社から地方紙にも拡散しました。そこから日経CNBCの取材が入ったほか、NHKでは春闘にまつわる話題で取り上げられ、J-WAVEでは8月になって施行後の話が取り上げられました。

わずか15通の配信でずいぶん効率のいいPRができたのは、この「ほほえみサポーター手当」が他社では聞いたことのない珍しい制度だったからでしょう。取材に来た女性記者たちも「こういう制度が必要ですよね」と共感を寄せていたそうです。

社内にも徐々に浸透しているそうで、今後出産するスタッフが増えればますます利用の機会が広がりそうです。

POINT 1

背景・課題などの理由を第一に伝える

時事性や社会背景をしっかり書くことで、企画自体の必要性が分かり、読み手は納得する。

「レナウン働き方改革」リリース

1枚目

PRESS RELEASE

RENOWN

報道関係者各位

2017年2月19日
株式会社レナウン

子育て社員を「応援する社員」を給与で応援！
ほほえみサポーター手当て　3/1よりスタート
レナウン働き方改革・他にも三つの制度を導入

株式会社レナウン（東京都江東区有明/代表取締役社長 北畑稔）は働き方改革の一環として、3月1日より育児休職から復帰し、短時間勤務等で働く販売員が所属する担当店舗において、その同僚の販売員に対しての手当として「ほほえみサポーター手当の支給」を決定しました。また「ワークライフバランス休暇の導入」、「テレワーク勤務の導入」、「年間休日数の増加と年間総労働時間の削減」といった働き方改革に関する3施策を導入します。
2月中に労使協定締結の見込みで、同時に従業員への説明会を実施します。

子育てを「応援する」販売員に手当支給！「ほほえみサポーター手当」導入の背景

■現状と課題
当社では、育児休職から復帰する販売員に対し、短時間勤務（1日6時間）と、始業時間・終業時間の繰上げ・繰り下げ（各々30分）を、それぞれ小学校卒業まで取得できる育児援助施策を実施しています。

ただし販売員が短時間勤務などで不在の時間帯のフォローや休日の優先取得などに対しては、売場にいる同僚の販売員の理解と協力が必要不可欠です。同僚の販売員は、子育てをする販売員が不在の時間帯のフォローをしたり、勤務シフト、休みなどを融通したりする必要があるため、子育てをする販売員がいない職場と比べると、勤務の調整などが大変であるという実態がありました。

■みんながほほえむ安心の職場へ
そこでその負担を考慮し、子育てをする販売員を応援する同僚の販売員を「ほほえみサポーター」として、手当を支給することにしました。
これによって子育てをする販売員、それを支える同僚の販売員がさらに安心して協力し合える職場を目指します。

「ほほえみサポーター手当」の概要

支給対象者：店頭において、育児休職から復帰する販売員が弾力的な働き方（短時間勤務、固定シフト、土日優先休日取得等）をしており、その売場にパートやアルバイトなどの人員の補充がない場合の同僚の販売員。
育児休職から復帰する販売員本人は対象外
支給額：一人あたり￥3,000/月
支給期限：弾力的な働き方を選択している販売員の子が小学校を卒業するまで

POINT 2

1枚目の企画概要で全体像を把握

1枚目に概要を的確にまとめて載せることで全体像が把握しやすい。詳細は2枚目以降で説明する構成。

POINT 3

ニュース性の高い内容から伝える

複数ある人事施策を並列に伝えるのではなく、優先順位をつけている。ほかにはない「ほほえみサポーター手当」を第一にしている。

2枚目

3/1 に導入する「働き方改革 3 施策」の概要

1. **ワークライフバランス休暇の導入**

概要：育児、介護、看護と仕事の両立を支援し、豊かなワークライフバランスを実現するため、「介護予防」「介護準備」「家族看護」「子供看護」「子育て支援」のための特別休暇を年 5 日まで取得できる。

対象者：社内従業員、店頭販売員（アルバイトは除く）

2. **テレワーク勤務の導入**

概要：柔軟な働き方を選択肢の一つとして加えることで働き方の質を高め、業務の生産性を向上させるため、会社に出社しない、またはできない明確な理由がある場合に会社以外の場所で勤務できる。原則、週 2 日までとする。

対象者：社内従業員（アルバイトは除く）

3. **年間休日数の増加と年間総労働時間の削減**

概要：生産性を向上しワークライフバランスを実現するため、2018 年よりグループ全体で年間休日数の増加、年間総労働時間を減少させる。

現行		2018 年度より	
年間休日	1 日所定労働時間	年間休日	1 日所定労働時間
115 日	7 時間 30 分	120 日	7 時間 20 分

POINT 3

対象事業所：本社、大阪支店、福岡オフィス他（店舗は除く）

従業員から生まれた「働き方改革」

ダイバーシティ推進委員会のメンバー（一部）

レナウンでは様々な職種、世代、立場のスタッフが集って結成された**「ダイバーシティ推進委員会」**によって、従業員の立場から**多様性のある職場環境と働き方（ダーバーシティとワークライフバランス）の実現**について話し合っています。

3/1 より導入する施策のうち「ほほえみサポーター手当」と「ワークライフバランス休暇」は、この委員会から生まれました。またテレワーク勤務の導入についても、より従業員の働き方に寄り添ったものになるように、委員会を中心に検討してきました。
今後も従業員にとってより働きやすい職場の実現のため、ダイバーシティ推進委員会は活動を続けます。

このリリースに関するお問い合わせ先

株式会社レナウン

時流を読むことも重要

同社でもうひとつ、対外向けでも話題になったリリースがあったので紹介しましょう。ビジネス用のスーツを販売するのではなくリースをし、シーズンオフの引き取りや衣替え、クリーニング、保管までを月額制で提供してくれる「着ルダケ」というシステムです。

服が捨てられないのは日本人の特性だそうで、服がどんどん増えてしまう経験は誰にでもあると思います。そんな中、「所有する」のでなく「利用する」に発想を転換させたのがこの「着ルダケ」です。

スーツは自分の目で見て選びたいという人が多い一方で、選ぶところからスーツにまつわるすべてが面倒だという人もいて、そうした人にはうってつけのサービスです。加えて近年は職場での衣服がどんどんラフ化し、冬場でもビジネススーツの着用が減ってきました。「着ルダケ」には、レナウンの強みである紳士用スーツを一度体験してもらいたいという狙いもあるのです。

このサービスは2018年の春夏から始まりましたが、当初は提携先の企業に提供するだけで、大々的なリリースはしませんでした。けれど年末の懇親会で社長が話題にしたこともあり、内々に実施していたにもかかわらず、多くのメディアから問い合わせがあったといいます。レナウンほどの老舗が、販売だけでなくリース業態に乗り出したことが関心を呼んだのでしょう。

このリリースも、本文の最初に開発の背景を入れているところは「ほほえみサポーター手当」と同じです。こちらは記者発表も開き、約30媒体が集まる盛況ぶりでした。配信会社も活用し、テレビ局やウェブも含めて100社ほどに配信したところ、日経電子版に大々的に掲載されたほか、『ワールドビジネスサテライト』（テレビ東京）や『Nスタ』（TBS）などの番組でも紹介されました。ちょうど同時期に同業のAOKIがリー

「月額定額サービス『着ルダケ』」リリース

1枚目

PRESS RELEASE

RENOWN INCORPORATED

報道関係者各位

2018 年 7 月 10 日
株式会社レナウン

レナウンの月額制・ビジネスウェアトータルサポートサービス 「着ルダケ」秋冬シーズン申し込みスタート

2018 秋冬よりサイズを拡充、コンシェルジュサービスも開始

株式会社レナウン（東京都江東区有明/代表取締役社長 北畑稔）は、7 月 10 日（火）より、ビジネスウェアの提供、クリーニング、保管、衣替え、引き取りまでを一連で行う月額定額制サービス「着ルダケ」の 2018 年秋冬シーズンの申し込みを開始します。

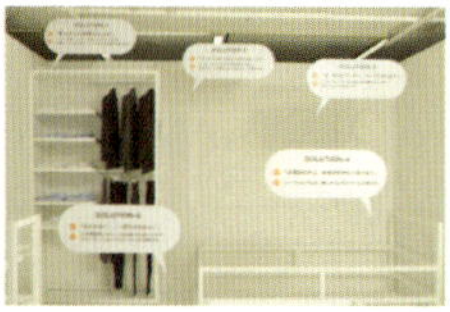

■販売からサービスへ-「着ルダケ」開発の背景

昨今、「所有」から「利用」へと消費者の価値観が変化していく中で、必要な時に・必要な分だけ利用するという考え方が広く浸透し始めています。その結果、「定額利用・サブスクリプション」や「シェア」などの形態のサービスが注目を集めています。ビジネスシーンにおいても服装の多様化から、スーツを購入する世帯が減少傾向にある中で、当社も従来のシーズンごとの「販売」というビジネスモデルのみではなく、よりニーズに沿った「サービス」の提供を目指したいと考え、「着ルダケ」を開発しました。

POINT 2

■お客様は着るだけ！-サービス概要

着ルダケは、2018 年 3 月よりサービス提供を開始した、月額制・ビジネスウェアトータルサポートサービスです。
着ルダケでは、春夏・秋冬のシーズンごとに、最低 2 着ずつ、レナウンの高品質のスーツ（※）をお送りし、さらにこれらのスーツのクリーニング、保管、衣替え、引き取りまで一括して行うサービスです。（※オプションでシャツ、ネクタイの追加もできます）

プランを申し込んだ後は、お客様はビジネスウェアを着るだけ、スタイリングのお悩みやシーズン外の面倒な手間は全てレナウンが解決します。

POINT 3

レナウン 1 / 3

2枚目

■自分専用で安心-シェアしないサービス
「所有」から「利用」へと消費者の意識が向かう中、市場では衣服のレンタルサービスも成長しています。しかし、一方で衣服をシェアすることへの抵抗を感じる消費者の存在も見逃せません。
着ルダケの最大のポイントは「ビジネスウェアを他人と共有しないこと」です。自分専用のビジネスウェアを着用でき、さらに2シーズンごとに新品の商品に交換できるので、シェアへの抵抗感をお持ちの方も安心して利用できます。また幅広いサイズ展開から選べるので、体型に合ったものを着用できます。

■選べるプラン
2つのサービスプランからニーズにあったプランが選べます。

「START UP」スタートアッププラン
・月額費用：¥4,800（＋税）～
・プラン内容：スーツ2着（×2シーズン）をご提供
※スーツは5種類のデザインから選べます
・オプション内容：
-スーツのみ：¥4,800/月
-スーツ+シャツ5枚：¥6,100/月
-スーツ+シャツ5枚+ネクタイ3本：¥6,800/月
※写真はシャツとネクタイのオプション付きです

「ENTERPRISE」エンタープライズプラン
・月額費用：¥5,800（＋税）～
・プラン内容：スーツ3着（×2シーズン）をご提供
※スーツは5種類のデザインから選べます
・オプション内容：
-スーツのみ：¥5,800/月
-スーツ+シャツ10枚：¥9,200/月
-スーツ+シャツ10枚+ネクタイ5本：¥9,800/月
※写真はシャツとネクタイのオプション付きです

○サービスは2年単位です。半年ごとに1年目の商品をクリーニングして、衣替え時まで当社でお預かりし、2年目に再度お届けします。
○継続2年ごとに新品商品と交換し、使用済み分は当社で引きとります。（買取可※有料）
○ご契約期間は半年単位です。

レナウン 2/3

企画内容はメディアに必要なものだけを簡潔にまとめている。

3枚目

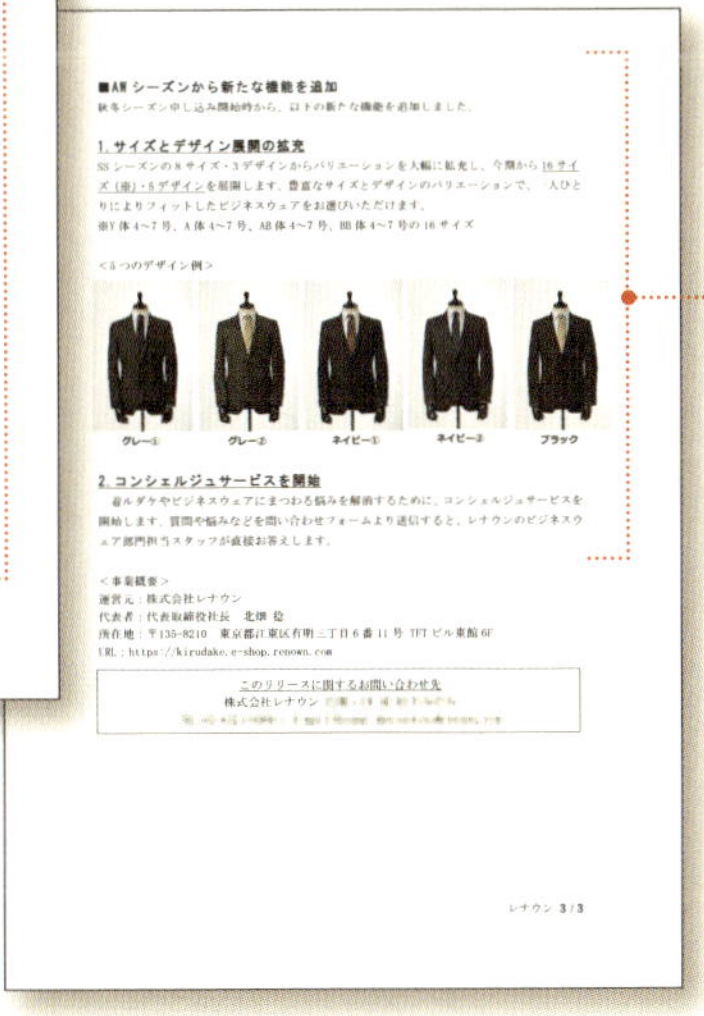

■AWシーズンから新たな機能を追加
秋冬シーズン申し込み開始時から、以下の新たな機能を追加しました。

1.サイズとデザイン展開の拡充
SSシーズンの8サイズ・3デザインからバリエーションを大幅に拡充し、今期から16サイズ（※）・5デザインを展開します。豊富なサイズとデザインのバリエーションで、一人ひとりによりフィットしたビジネスウェアをお選びいただけます。
※Y体4～7号、A体4～7号、AB体4～7号、BB体4～7号の16サイズ

<5つのデザイン例>

グレー①　グレー②　ネイビー①　ネイビー②　ブラック

2.コンシェルジュサービスを開始
着ルダケやビジネスウェアにまつわる悩みを解消するために、コンシェルジュサービスを開始します。質問や悩みなどを問い合わせフォームより送信すると、レナウンのビジネスウェア部門担当スタッフが直接お答えします。

＜事業概要＞
運営元：株式会社レナウン
代表者：代表取締役社長　北畑 稔
所在地：〒135-8210　東京都江東区有明三丁目6番11号 TFTビル東館6F
URL：https://kirudake.e-shop.renown.com

このリリースに関するお問い合わせ先
株式会社レナウン

レナウン 3/3

スサービスを始めたこともあり、時流として取り上げられるケースが多かったようです。
　こうしたメディアへの露出効果で会員数も着実に増加中。まだ今のサービスで完成形ではなく、試行錯誤をしながらノウハウを蓄積して、より使い勝手を改善していきたいそうです。
　それにしても今回の案件は2件とも、時流に乗った（あるいは先を行った）ことが、PR成功の理由でしょう。松下さんも「タイミングが合うとこんなにも取り扱ってもらえるんだ」と手応えを感じたそうで、円谷さんも「その時流を知るためにも、ニュースを見ておくことは大事だと感じています」と話していました。この2件でメディアとのつながりも増え、レナウンの広報はさらに進化していきそうです。

おわりに　働き方改革の時代にこそ必要な仕事術

この本を書きながら私は、文書作りに忙殺されて、同僚たちとの人間関係に疲れ切っていた20年近く前のことを思い出していました。本書の冒頭でも触れましたが、近年の「働き方改革」問題を見て、本書のコンテンツは今の時代にこそ必要な仕事術なのではないかと感じています。

20年前は、仕事の効率が上がれば、ますます仕事量を増やせるというのが私たち世代の喜びでした。けれど現代では、仕事に対する考え方は大きく変わってきています。

今の若者たちは、仕事や収入もそれなりに大事だけど、それ以上に家庭や趣味など、自分のプライベートや休日を最優先したいと考える新世代です。若い社員たちの労働環境を死守するために、管理職や中間管理職だけが残業をして、本来は部下がすべき実務もこなしているという、笑えない事態も生じています。そのことの是非はひとまず置くとしても、各企業が業務形態の根本的な見直しを迫られているのは確かです。

労働時間を減らしたからといって、生産も同様に減らしてしまえば、会社は衰退するばかり。そこで必要なのが、業務の徹底した効率化を図り、業務時間を短縮することに他なりません。

そんな時、リリース一本で全ての文書を済ませてしまう「リリース汎用法」は、極めて有効だと感じます。必要な文書を一つひとつ書き起こす方法と比べると、業務時間は3分の1、いや4分の1にも減らせるでしょう。無駄に長い会議を開かなくても済みますし、残業もなくなります。

「よくそんなに大量の仕事がこなせますね？」

そんなふうに周りの人たちに驚かれることが多い私ですが、そのひとつの理由は、この仕事術にあると言えます。先輩広報の方にヒントとなる言葉をいただき、この20年間で私なりの工夫・改良を加えて確立してきたものです。

これまで公開したことはありませんでしたが、まさに時代が求める仕事術になってきたのではないかと実感し、宣伝会議 編集部の勧めもあり、本書の執筆を決めました。

出版にあたり、ご尽力いただきました宣伝会議の栗村卓生様、フリーライターの古沢保様にはこの場をお借りしてお礼を申し上げます。

ぜひ、効率的に仕事をこなして人生を楽しみたい若い世代にも、そんな若手社員の対応に内心頭を悩ませている管理職世代にも、この本をお読みいただき、何かのお役に立てていただければ嬉しく思います。

二〇一九年三月

井上戦略PRコンサルティング事務所　代表
株式会社カレー総合研究所　代表取締役

井上　岳久

井上岳久（いのうえ・たかひさ）
井上戦略PRコンサルティング事務所 代表
戦略広報プランナー

元横濱カレーミュージアム・プロデューサー。横濱カレーミュージアムの立ち上げから携わり、2002年11月にプロデューサーに就任。入館者数減少に悩む同館を復活に導く。PRを主体としたマーケティング戦略を用いてV字カーブで復活を果たしフードテーマパークNo.1の座に成長させた。2006年11月に退任。

現在は年間100以上ものイベントを実施し1週間に2回以上のリリースを配信するなどの様々な独自のPR戦略を展開する。また自らテレビ、新聞、雑誌にカレー界の第1人者として1年に100以上の媒体に出演した。著書に、『実践！ プレスリリース道場 完全版』（宣伝会議）などがある。慶應義塾大学、法政大学卒。中小企業診断士。

最強のビジネス文書
ニュースリリースの書き方・使い方

発行日　　　2019年3月28日　初版

著者　　　　井上岳久
発行者　　　東　彦弥
発行所　　　株式会社宣伝会議
〒107-8550　東京都港区南青山3-11-13
Tel.03-3475-3010（代表）
https://www.sendenkaigi.com/
装丁　　　　朝日メディアインターナショナル株式会社
印刷・製本　株式会社暁印刷

ISBN 978-4-88335-465-8　　C2063